BIBLIOTHÈQUE D'HISTOIRE MÉDIÉVALE
sous la direction de Martin Aurell,
Élisabeth Crouzet-Pavan et Bruno Dumézil
32

Le Pic et la Plume

Ouvrage publié avec le soutien de l'université Toulouse – Jean-Jaurès,
UMR 5136 du CNRS

Sandrine Victor

Le Pic et la Plume

L’administration d’un chantier (Catalogne, XVe siècle)

PARIS
CLASSIQUES GARNIER
2023

Sandrine Victor est maîtresse de conférences HDR à l'Institut national universitaire Champollion (Albi). Membre de l'UMR 5136 (Toulouse), elle travaille sur la société et l'économie des chantiers du bas Moyen Âge, en particulier dans la sphère catalane. Elle investigue en particulier les entrepreneurs de bâtiment et les agents administratifs des chantiers, à partir des sources comptables.

ISBN 978-2-406-14238-6 (livre broché)
ISBN 978-2-406-14239-3 (livre relié)
ISSN 2107-1853

ABRÉVIATIONS

ACA	*Archivo de la Corona de Aragón*
AHG	*Arxiu historìc de Girona*
AHPB	*Arxiu històric del protocol de Barcelona*
AMG	*Arxiu municipal de Girona*
ADG	*Arxiu diocesà de Girona*
ADPO	Archives départementales des Pyrénées-Orientales
AGS	*Archivo general de Simancas*
BNE	*Biblioteca nacional de España*
BNF	Bibliothèque nationale de France
CCA	*Camara de Castilla*
CED	*Libro registros de cedulas*
HGL	Histoire générale du Languedoc
Leg.	*Legajo* (« liasse »)
Núm.	Numéro (Espagne)
RAH	*Real Academia de la Historia*
SHMESP	Société des historiens médiévistes de l'enseignement supérieur public

Monnaies :

mrs	maravedis
lb	livres
s.	sous
drs	deniers

AVERTISSEMENTS

Sauf mention contraire, les traductions sont de l'auteure.

Certaines références bibliographiques renvoient non pas, comme la tradition le veut, à des numéros de pages, mais à des paragraphes. Ceci est la marque des temps où la pandémie nous a éloignés des bibliothèques, mais a aussi permis l'ouverture et l'accès à de nombreuses ressources sous forme numérique. Le renvoi à des paragraphes correspond ainsi à la mise en page dématérialisée de certains ouvrages consultés en ligne.

Les citations placées aux titres de chapitre sont extraites du poème de Berthold BRECHT, *Questions que pose un ouvrier qui lit* (1935), l'Arche, Paris, 1997.

INTRODUCTION

« Qui a construit Thèbe aux sept portes ? »

FIG. 1 – Robinet Testard (enlumineur), « Dagobert visitant le chantier de la construction de Saint-Denis », *Les Grandes Chroniques de France*, Poitiers, 1471 (Bibliothèque nationale de France, Français 2609, f° 60 v°).

Le roi visite son chantier. Il se tient, en majesté, au bord de la zone de travail. Les débris de pierres jonchent le sol. L'enlumineur a pris soin de représenter toute l'étendue de la construction en cours. Les pierres arrivent de la carrière sur des charrettes tirées par des chevaux blancs. Les engins de levage hérissent le bâtiment, la cage à écureuil sera bientôt recouverte par la charpente si elle n'est pas démontée. Les pierres de taille arrivent également à dos d'homme, tout comme les pierres plus petites qui serviront aux remblais et aux farcis. La loge protège outils, ouvriers et pièces en cours de réalisation. Les tailleurs sont à l'œuvre. L'un d'entre eux, bedonnant, utilise avec assurance une équerre. Cette enluminure des *Grandes Chroniques de France* a souvent été retenue pour illustrer le chantier médiéval. On aime y voir la vie des ouvriers, leurs tâches, leurs outils. Il est en revanche remarquable de constater qu'on ne s'attarde que peu sur la partie gauche de l'image. Le roi est accompagné de deux nobles hommes, chaussés de poulaines, qui lui présentent le chantier. Ils sont le relais entre le roi et ce monde besognant ; ils sont ses intermédiaires, maîtres d'œuvre, architectes, gestionnaires, capitaines peut-être. Derrière lui, des clercs, des hommes de confiance, ceux qui administrent le royaume. Un homme lève le regard sur l'église en construction.

Qui est-il ?

Si la vie du chantier nous est bien connue, l'action et l'œuvre des administrateurs, des relais d'autorité, des gestionnaires, de ceux qui ont fait le lien entre la volonté royale et son inscription dans la pierre le sont bien moins. C'est l'objet de ce travail que d'aborder les administrations qui ont assuré la gestion des chantiers royaux.

DU PIC À LA PLUME

En 1954, Lucien Febvre (1954, p. 555-556) commence le compte-rendu qu'il fait de l'ouvrage de Pierre du Colombier (1953) avec ce mot : « Enfin ! ». Selon le fondateur des *Annales*, il était inexplicable que, malgré la publication quelques années auparavant de l'ouvrage majeur de Douglas Knoop et G. P. Jones (1933), aucune enquête d'envergure sur les chantiers n'ait vu le jour. Le chantier en tant que tel n'attirait que peu les travaux d'historiens. Les historiens de l'art s'intéressaient à l'étude du bâti monumental et de l'architecture de pierre, au premier rang de laquelle figurait la cathédrale. Quand Pierre du Colombier publie son ouvrage en 1953, tout en ouvrant le propos au chantier et aux bâtisseurs, il reste attaché à cet édifice emblématique. Il ne sera pas le seul (Gimpel, 1980 ; Bechmann, 1981 ; Erlande-Brandenburg, 1989). Le chantier, compris désormais dans son organisation, sa structure et son fonctionnement, est au cœur d'une réflexion large sur la construction médiévale. En 1960-1961, Marcel Aubert développe une étude générale mettant le chantier au cœur de ses préoccupations (Aubert, 1960-1961), après avoir commencé l'exploration du thème par l'étude des loges (Aubert, 1958, p. 231-241). Les années 1970-1980 représentent le grand moment où les historiens s'emparent « enfin » du chantier pour l'étudier dans ses aspects économiques, sociaux, structurels, organisationnels et techniques. Christiane Klapisch-Zuber (1969) marque cette voie, avant que le congrès de la Société des historiens médiévistes de l'enseignement supérieur public ne prenne définitivement possession du sujet en 1972 (SHMESP, 1973), en l'ouvrant de surcroit aux chantiers de la maison d'habitation et de la construction rurale. La construction et le chantier sont désormais abordés par une approche technique de l'architecture, par le prisme également de l'histoire des sciences, et par des problématiques humaines et sociales. À partir des années 1990, l'histoire de la construction poursuit son développement, et suscite d'abord la création d'associations d'historiens[1], puis l'organisation de congrès et colloques[2]. L'Angleterre est la première à s'y intéresser fortement. En 1952, Salzman étudiait déjà le dossier anglais (Salzman, 1952). Un autre terrain est favorable à cet élargissement, l'Espagne (*La construction dans la péninsule Ibérique*, 1985),

1 La *Construction History Society* est créée en Angleterre en 1982. Après elle, la *Sociedad Española de Historia de la Construcción* apparaît en 1996, l'*Associazione Edoardo Benvenuto* en Italie en 1998, la *Construction History Society of America* en 2007 et, en 2013, la *Gesellschaft für Bautechnik Geschichte* en Allemagne. En France, l'Association Francophone de l'Histoire de la Construction voit le jour en 2010.

2 En 1996, à Madrid, se réunissait le 1[ero] *Congreso Nacional de Historia de la Construcción*. Le colloque international *Towards History of Construction* en hommage à Edoardo Benvenuto a eu lieu à Gênes en 1999, avant qu'en 2003, toujours à Madrid, le *First International Congress on Construction History* soit le premier d'une désormais longue série. Pour la France, le 1er Congrès francophone d'Histoire de la Construction a eu lieu à Paris en 2008 (Carvais, Nègre, Sakarovitch et Guillerme, 2010).

où la discipline acquiert ses galons académiques dès 1997, grâce aux deux cours supervisés par Santiago Huerta et Luis Villanueva à Madrid[3]. Parallèlement, les scientifiques se posent la question de la définition du champ qui naissait sous leurs yeux (Summerson, 1985, p. 1-2 ; Potié, 1987, p. 7-8). Les études et dossiers se sont multipliés, déverrouillant toujours plus la question à des disciplines complémentaires. Le chantier (Hamon, 2009a, p. 210-212), puis la construction (Bernardi, 2002a, p. 336-337) sont donc devenus des objets de recherche complets, autour desquels l'archéologie, l'architecture, l'histoire de l'art, mais aussi l'histoire, le droit, l'économie ont établi un dialogue fécond. Le bâtiment n'est plus seulement envisagé comme le livrable, mais bien comme le marqueur et le résultat d'une série d'interactions humaines (Yarza Luaces, 1983, p. 129-169 ; Barral i Altet, 1986), de mises en œuvre et en synergie de compétences, de procédés et processus, fruits à la fois des contextes techniques, mais également économiques, politiques et sociaux. En fait, le bâtiment intéressait toujours, mais le « bâtir » intéressait tout autant, comme l'annonce le titre de l'ouvrage fondamental de Philippe Bernardi (2011). Le jeune champ a vite démontré une particulière vitalité[4].

L'enquête proposée ici, si elle prend place dans le monde du chantier, ne concerne cependant pas exactement celui-ci. Elle invite à un pas de côté, délaissant, sans pour autant les ignorer, ouvriers, matériaux, outils et techniques. Elle suggère de regarder, à gauche de la miniature des *Grandes Chroniques de France*, les hommes qui ont géré et dirigé le chantier et ont répondu administrativement aux volontés du commanditaire. L'historiographie a tôt envisagé le pan économique et gestionnaire de la construction. La première entrée fut celle des prix et des salaires. Marc Bloch s'interrogeait dès 1935 sur les rémunérations des ouvriers (Bloch, 1935, p. 216-217). Le salaire et les prix ont permis de réaliser des études, parfois quantitatives, parfois qualitatives, souvent les deux, des conditions économiques et financières du travail sur les chantiers. Il faut ici souligner les études pionnières de Charles de La Roncière (1982), ou de Bronislaw Geremek (1992), respectivement sur Florence

3 Santiago Huerta et Luis Villanueva, « Histoire de la construction I : de l'Antiquité au Moyen Âge » et « Histoire de la construction II : de la Renaissance au XXe siècle », École d'Architecture de Madrid, 1997 (Huerta, 2004, p. 45).

4 Pour preuve, la riche et prolifique (1314 pages) publication des actes du 3e Congrès francophone d'Histoire de la construction (Bienvenu, Monteil et Rousteau-Chambon, 2019).

et Paris, ou encore la publication du travail mené par Patrice Beck, Philippe Bernardi et Laurent Feller (2014), et dernièrement, la thèse de Thomas Roy (2019). Le rapport entre les conditions économiques et la production artistique interrogea longtemps le contexte autant budgétaire (Lopez, 1952, p. 433-438.) que politique du bâti (Boucheron, 1998). Cette problématique fut d'ailleurs un thème fort de la question du CAPES pour les sessions 2010-2012. Tout comme la cathédrale fut dans un premier temps l'édifice emblématique, voire tautologique, de l'étude de la construction au Moyen Âge, les fabriques (Borlée, 2009, p. 359-360), ces structures administratives chargées de la construction et de l'entretien du siège de l'évêque, ont été les premières à attirer l'attention des chercheurs qui voulaient explorer le gouvernement du chantier. Le mot apparaît d'abord pour désigner l'atelier de l'ouvrier, puis les revenus affectés à la construction, pour enfin désigner l'organisme qui gère ces finances. Ces institutions résument à elles seules, pour les grands ouvrages de référence, comme les dictionnaires historiques, le mode de gestion des grands chantiers cathédraux (Gauvard, 2002 ; Charron et Guillouët, 2009)[5]. Le mode de fonctionnement de la fabrique, dont les fonds documentaires ont été souvent conservés, a été sujet de nombreuses productions scientifiques. Mortet et Deschamps ont fait le lien entre le commanditaire et le chapitre en charge de la gestion des revenus octroyés à la construction (Mortet et Deschamps, 1911)[6]. C'est aussi le cas des études sur le financement, menées par Jean-Louis Biget (1976, p. 127-164) pour le Midi, puis Audrey M. Erskine (1981) pour le dossier anglais, Henry Kraus (1991) pour l'Europe du Nord ou encore Wim Vroom (2010), ainsi que sur ses incidences supposées. Glissement supplémentaire, on s'est intéressé, après les fabriques cathédrales, aux fabriques des grands édifices publics (Haines et Riccetti, 1996 ; Rondinini, 2003). Ce pan financier et gestionnaire est incorporé désormais largement à l'étude du chantier et de la construction, et en fait partie intégrante (Bernardi, 2011 ; Victor, 2008). Il faut cependant distinguer les travaux portant sur le versant financier de la construction (Victor, 2006, p. 133-140 ; Soulard, 1997, p. 76-92), de ceux qui s'intéressent davantage au volet organisationnel et administratif de celle-ci (Madeline, 2014, p. 61-76 ; Conesa Soriano, 2019). L'intérêt pour l'étude économique du chantier

5 Notable exception : le *Dictionnaire de l'historien* (Gauvard et Sirinelli, 2015).

6 L'approche mettait surtout en avant le lien avec les « architectes » et maîtres d'œuvre.

correspond à un renouveau de l'Histoire économique en France (Daumas, 2012 ; Barjot, 2012). Ce regain intérêt pour le champ s'explique particulièrement bien pour le domaine de la construction de par la nature économique des documents produits par les fabriques et conservés au fil du temps. Les comptabilités (Hamon, 2009b, p. 267-268) sont ainsi devenues les sources premières et privilégiées pour étudier l'organisation du chantier. Ces « écritures de l'économie », pour reprendre l'expression de Laurent Feller (2020), passé l'engouement pour les comptabilités marchandes (Lemarchand, 2018, p. 455-456) ou la question de la partie double, permettent en effet d'accéder, pour le monde de la construction, à un niveau de détails très fin du quotidien des chantiers. La revue d'histoire des comptabilités, *Comptabilité(S)*[7], née en 2010, cristallise ainsi cet intérêt pour ce type de source, appétence née de nombreuses années auparavant[8]. Dans le domaine de la construction, les études s'appuyant sur cette documentation ont été nombreuses (Victor, 2011, 19-30), même s'il faut mettre particulièrement en lumière les travaux de Patrice Beck (Beck et Mattéoni, 2015) et de Jean-Baptiste Santamaria (2019, p. 113-132).

Tout comme le regard des chercheurs s'intéressant à l'histoire de la construction s'est détourné de la seule cathédrale, les études sur la gestion administrative et financière envisagent désormais les modes de fonctionnement des chantiers hors des seules fabriques. En particulier, les agents des chantiers princiers ou royaux sont scrutés (Pécout, 2020), ainsi que leurs pratiques, par exemple dans les travaux de Fanny Madeline (2014, p. 61-76) ou Véronique Gérard-Powell (1991, p. 155 *sq.*). Le chantier est ainsi vu comme le lieu où se manifeste le pouvoir du prince, il est l'endroit où sa volonté politique se matérialise dans la pierre, comme l'a largement démontré Patrick Boucheron (1998) pour le cas italien. Pour que leur volonté se fasse, les princes, et plus largement les États, doivent s'assurer de relais d'autorité. L'enjeu est ici de comprendre l'usage d'une pratique sociale, le recours à l'écriture, comme trace matérielle de l'action, mais également comme support de mise en œuvre et de réalisation de cette action. Jack Goody (2018) a interrogé dans divers

7 Accessible en ligne, dans le bouquet Open Edition.

8 Sur le terrain européen, citons également les revues espagnole (*De computis* – 2001), italienne (*Rivista di contabilità e cultura aziendale* – 2004), ou anglo-saxonne (*Accounting, Business & Financial History* – 1990 devenue en 2011 *Accounting History Review*).

domaines (Goody, 1979 ; Goody, 2007) ce qu'il a appelé « la logique de l'écriture ». La question de la place et de la pratique de l'écrit n'est pas neuve (Zimmermann, 2003 ; Anheim et Chastang, 2009, p. 5-10). Mais, ces dernières années, les historiens ont travaillé plus particulièrement la question de l'administration par l'écrit (Dewez et Tryoen, 2019), moyen de conjurer la distance (Pécout, 2010 ; Beauchamp, 2008, p. 45-64), de valider la décision et d'en faire mémoire. Par ce biais, se pose la question des serviteurs de l'État, discussion entamée par la SHMESP (1999), et plus largement du rapport entre écrit, pouvoirs et sociétés, pour reprendre la formulation de la question des concours de l'enseignement 2019. C'est le moyen d'étudier à la fois les scripteurs (Arturo, 2000, p. 41-55) et leur production documentaire, dont les comptabilités (Morsel, Lemarchand, Gautié, Coquery, Menant et Weber, 2006). Les traces écrites de cette gestion du chantier ouvrent ainsi à la question du statut des « écritures grises » (Fossier, Petitjean et Revest, 2019 ; Bertrand, 2015). Car, c'est une montagne de papiers qui nait sous la plume des divers interlocuteurs, donneurs d'ordres, contrôleurs, experts, rapporteurs, maîtres des comptes et comptables, capitaines, maîtres d'ouvrages, et bien évidemment notaires (Faggion, Mailloux et Verdon, 2008 ; Menant, 2009). L'écrit et sa production échappent désormais aux seuls clercs, et les laïcs, agents d'État ou entrepreneurs locaux, pratiquent l'écrit pour compter, projeter, contrôler ou rapporter. Ainsi, le regard de l'historien peut englober un champ large, quittant les chanoines gestionnaires de la fabrique cathédrale, pour s'intéresser à tous les acteurs de l'administration et de la gestion du chantier, à quelque niveau que ce soit. En élargissant la focale, il est également possible d'envisager les maîtres artisans comme producteurs de ces écrits économiques (Claustre, 2021), de ces écritures d'entreprises. Ils ont en effet récemment été considérés à nouveaux frais comme de véritables professionnels (Sibon et Victor, 2017), entrepreneurs (Aymard, 1991 ; Verin, 2011 ; Verna, 2011, p. 339-371 ; Dubois Morestin, 2022), experts (SHMESP, 2012 ; Madeline, 2012). Loin, grâce entre autres au travail de Philippe Bernardi (2009), de la vision traditionnelle de la hiérarchie des métiers qui proposait un modèle très contraint de la production artisanale (Bonnassie, 1975). Ainsi, comme on est passé du monument à la société des ouvriers qui l'ont construit, on peut regarder qui sont les relais techniques de la décision politique de bâtir, mais également les parcours administratifs, entrepreneuriaux et gestionnaires des acteurs économiques, quels qu'ils soient (Arribet-Deroin, 2016, p. 64-80). Cette approche met l'homme au cœur des préoccupations (Braunstein, 1996, p. 9-12), qu'il soit homme de l'art ou homme de plume. L'enquête s'ouvre sur le groupe comme sur l'individu, nous permettant de passer de la biographie à l'histoire (Loriga, 2010) et de penser par cas (Passeron et Revel, 2005).

Ainsi, l'enquête présentée propose de lier ces trois grands mouvements historiographiques : l'histoire de la construction et de la société du chantier, celui du gouvernement par l'écrit, et celui de la gestion administrative, technique et financière d'une construction. Le propos est de prendre le chantier et son fonctionnement administratif comme terrain d'observation des processus administratifs, décisionnaires et financiers qui transforment un moment politique en monument de pierre et laissent trace des initiatives entrepreneuriales.

LE VERROU ET LA CLEF

Le terrain choisi pour cette enquête devait donc proposer au regard du chercheur à la fois des chantiers d'importance, hormis ceux des cathédrales, et une documentation riche. Deux sites d'observations s'imposèrent : Gérone, la « clef du royaume » et Salses, son « verrou ».

La Gérone tardo-médiévale est au cœur de la crise politique qui débouche sur une guerre civile entre 1462 et 1472 dans la couronne d'Aragon. Les origines de cette crise sont à chercher dès les années 1410, à la mort de Martin l'Humain (Rucquoi, 1993). Le compromis de Caspe règle la question successorale et place Ferdinand Ier au pouvoir en 1412. L'arrivée de cette nouvelle dynastie des Trastamare ne parvient cependant pas à calmer l'aristocratie catalane, opposée à l'intronisation de Ferdinand Ier, qui profite de la fragilité de la situation pour lancer une offensive « pactiste[9] » et accroître les pouvoirs de la *Diputació*[10]. Le règne

9 « [...] résultat d'un rapport de forces dans lequel une minorité [...] en utilisant ses richesses et son ascendant social, impose ses normes au monarque et se sert en même temps du pacte pour consolider sa position économique et sociale ». J. L. Martín (Menjot, 1996, p. 194).

10 La *Diputació* est une institution née en 1359. Elle est la représentation de la Catalogne auprès du souverain. Les *Corts*, réunies à Cervera, décidèrent que chaque « bras » – répartition

d'Alphonse V (1416-1458) entraîne toutes les forces de la noblesse catalane dans la laborieuse et couteuse guerre contre Naples, ce qui contraint le monarque à faire de larges concessions aux Grands. Enfin maître de la ville, il s'y installe et laisse son frère Jean, ainsi que la reine, gouverner la métropole. Jean, qui deviendra Jean II à la mort de son frère, laisse s'installer une grave crise sociale, marquée par les épisodes de la *Busca*[11] et des *remences* (Victor, 2001, p. 18-19). Jean II était opposé à son fils, Charles de Viana, pour le trône de Navarre, dont il avait épousé une infante (Gerbet, 2000, p. 295), mais dont il refusa de laisser la couronne à la mort de celle-ci. Charles a bénéficié dans cette affaire de la protection de son oncle Alphonse V. Mais quand celui-ci meurt, Jean II fait prisonnier son propre fils, provoquant l'opposition des *Corts.* La mort du prince Charles en 1461 marque le début de la guerre civile entre la *Diputació del General* de Catalogne et Jean II. Parallèlement, les paysans de *remensa* se révoltent. À leur tête Francesc de Verntallat, avec le soutien de Jean II, lutte contre la noblesse de la *Generalitat*[12]. Ces paysans, ainsi que les *buscaires* et leurs partisans, sont soutenus par Louis XI (Marcet i Juncosa, 1995, p. 431-444) et Gaston de Foix. La guerre dure jusqu'à l'entrée de Jean II victorieux à Barcelone le 28 octobre 1472 et la Capitulation de Pedralbes. Les rebelles catalans sont matés grâce à l'aide des oligarchies aragonaises et valenciennes. La fin du règne de Jean II sera vainement consacrée à récupérer le Roussillon et la Cerdagne qu'il a remis en gage à Louis XI contre son aide militaire. Nous y reviendrons.

---

en 3 catégories des représentants de la société – nommeraient trois députés (*diputats*) assistés chacun d'un conseiller pour les comptes. C'est l'origine de la *Diputació del General*, c'est-à-dire de l'ensemble de la Catalogne. – Par simplification abusive, cette institution est souvent appelée *Generalitat* (Nadal i Farreras et Wolff, 1982, p. 328).

11 Au XVe siècle, les crises politiques successives que connut la Catalogne se cristallisèrent dans l'apparition à Barcelone de deux blocs politiques : la *Biga* et la *Busca.* La *Biga* – traduire « la poutre » – était composée des citoyens honorables et de certains grands marchands, dont le mode de vie s'apparentait à celui d'un groupe nobiliaire. Il détenait le pouvoir municipal et refusait l'accès à celui-ci aux représentants du monde artisanal. En opposition, la *Busca* – traduire « l'écharde, le petit bois » – est le parti des marchands, des artisans, ayant à cœur de faire appliquer les privilèges et libertés obtenus pour les citoyens barcelonais (Ryder, 2007).

12 La Généralité de Catalogne doit son origine aux députations permanentes (*diputacións*) créées pour assurer l'administration entre les réunions des *Corts* ou *Cortes* qui, pendant le règne de Jacques Ier le Conquérant (1208-1276), sont convoquées par le roi. L'ensemble des délégués les composant, et représentant l'ensemble de la population catalane, était appelé le « général de Catalogne » (*Diputacio del General*) (Nadal i Farreras et Wolff, 1982, p. 326).

Jean II était mal vu en Catalogne, déjà lorsqu'il était *lugarteniente general*, car il avait favorisé la *Busca* et avait pris parti pour les *remences*. Après le décès de Charles, il envoya donc son fils Ferdinand, futur Roi Catholique, âgé alors de 9 ans, accompagné de sa mère, Joana Enríquez, pour prendre possession de la *lugartenencia* du *Principat*[13]. La reine et l'infant doivent se réfugier à Gérone, où ils étaient arrivés en mars 1462[14], quand les troupes de la *Generalitat* conduites par le comte de Pallars quittent Barcelone en mai 1462. Ils vont tenir le siège durant l'été de cette même année, dans la ville défendue par Rocabertí, blottis entre les murs de la Força Vella, partie haute de la cité, la partie basse ayant été facilement gagnée par les hommes de Pallars[15]. L'intervention du comte de Foix desserre l'étau de la *Generalitat* et libère la ville le 23 juillet. C'est ce moment du siège (Sobrequés i Vidal, 1962) qui nous fournit notre premier terrain d'enquête. En effet, durant ces mois de réclusion, des travaux doivent être effectués pour maintenir les murailles (Freixas i Camps, 1979, p. 395-406), les portes, le système de défense tout entier (Camós Cabruja, 1936, p. 98-119). D'autant que l'enceinte est dans un piteux état : les textes parlent déjà du mur *vell* (« vieux »), et le quartier tout entier est qualifié de Força « *Vella* » (Sobrequès i Vidal, 1962, p. 16). Ces chantiers sont menés dans un contexte très particulier : en espace clos, sous contraintes de ressources financières, matérielles et humaines limitées. Les liens avec le pouvoir royal sont distendus, la gestion doit se faire en interne, les prises de décisions également, ce qui peut laisser supposer que nous pourrons voir en dehors des grandes machines administratives auliques les éléments essentiels d'un processus administratif

13 Depuis le règne de Pierre de Cérémonieux (1336-1387), désigne le comté de Barcelone, excluant les comtés catalans septentrionaux (Nadal i Farreras et Wolff, 1982, p. 319).

14 AMG, Manuals d'Acords, RG. 17 564, 1462-1464, vol. 71, f° 45. La reine et l'infant font leur entrée en ville, accueillis par les honorables *jurats* « [...] *vestits ab lurs samarres de drap de grana ferrades de bays blanchs* [...] ». La municipalité les reçoit à côté du portail des Albadiners où « *ha stat fet hun cadafal ben fort* [...] *de XX palms de long e XVI dample* [...] *lo qual cadafal stave garnit e ornat e empaliat de draps ras* [NT : satin], *tot lo sol amb drap de peu e la scala aiximateix que havia tant dampla com lo cadafal, cuberta de drap de peus e lo dit cadafal era cubrit dalt ab un bell drap de ras e ala paret del mur havia altre drap de ras ab un dosser de drap dor e de seda* [...] *al mig del cadafal havia una cadira reyal cuberta de hun drap dor.* » Gérone est une ville que les rois d'Aragon connaissent bien (Fita y Colomé, 1873 ; Batlle i Prats, 1952, p. 156-266).

15 AMG, Manuals d'Acords, RG. 17 564, 1462-1464, vol. 71, f° 128 v° : « [...] *per força e pahor del comte de Pallars e dela gent qui ab ell era e tenia siti en la força veylla de la ciutat e dels menaçes e terros de aquell* [...] »

de construction. Il a fallu au personnel enfermé dans la Força Vella s'adapter aux contraintes, au manque de ressources, à l'urgence. Donc décider, prioriser, hiérarchiser, faire preuve d'adaptabilité.

Les sources géronaises ont été maintes fois évoquées pour leur richesse (Guilleré, 1993 ; Victor, 2008 ; Castelnuovo et Victor, 2017). Si l'enquête veut se développer sur ce terrain, elle peut compter sur les *manuals d'Acords*[16] des *Jurats* de la ville et les lettres royales (Arnall Juan, 2000 ; Ruiz Gómez, 2014) pour connaître contexte et décisions, et sur les fonds des notaires[17]. Mais surtout, les Archives de la Couronne d'Aragon, outre les registres de la *Real Cancilleria*[18] possèdent un document tout à fait remarquable : le livre des comptes du juriste géronais Pere Miquel[19]. Il gère les fonds donnés à la reine et l'infant par le roi pour soutenir le siège, paye les soldats, les dépenses de la vie de la cour, et bien évidemment, les travaux. La responsabilité de l'encadrement humain des chantiers durant le siège est, elle, donnée au chevalier Narcís de Sant Dionís[20]. Ce document avait été publié en partie par Luis Camós Cabruja (1936), et n'avait fait l'objet que d'un commentaire historique assez linéaire[21].

Le terrain semble donc propice à l'enquête : un chantier urbain, réalisé sous contraintes selon les ordres du roi, éloigné, mais avec une administration royale en partie sur place. Une documentation riche, avec en particulier une pièce complète de gestion des chantiers, peut soutenir la réflexion. C'est un intense moment de construction, dans l'urgence, sous pression, dans des conditions qui poussent à faire avec les moyens à disposition. C'est un processus comptable, administratif qui semble simplifié à l'extrême en local, mais qui s'insère ensuite dans les rouages existants au niveau régional. C'est aussi un temps de

---

16 AMG, Manuals d'Acords, RG. 17 564, 1462-1464, vol. 71.

17 Arxiu històric de Girona (dorénavant AHG), Fons notarial Girona, Gi.1, 462-471 ; Gi.3, 92 ; Gi. 4, 198 ; Gi. 6, 188 ; Gi. 9, 63.

18 Archivo de la Corona de Aragón (dorénavant ACA), Registros de la Real Cancillería, Registros de Juan II, Comune, núm. 3495, 1461-1462, núm. 3496, 1461-1462, núm. 3497, 1461-1462 ; Registros de Juan II el Grande, Registros de la lugartenecia del infante y la reina, Comune, núm. 3495, 1461-1462, núm. 3496, 1461-1462, núm. 3497, 1461-1462.

19 ACA, Real Patrimonio, Maestre Racional, Tesoreria Real de Aragon, Libros ordinarios de la tesoreria de la Reina, núm. 0547.

20 ACA, Real Patrimonio, Maestre Racional, Tesoreria Real de Aragon, Libros ordinarios de la tesoreria de la Reina, núm. 0547, f° 13 r° : « *Ha carrecch de fer obrar i reparar la Força Vella* ».

21 Il fut publié de nouveau en 1952, par le même auteur, sans analyse historique, exceptée une contextualisation très générale (Camós Cabruja, 1952, p. 60-141).

destruction, comme le soulignent les mentions de « maisons détruites et brûlées[22] » dans les courriers des *Jurats* au roi, donc marqueur d'une restructuration du tissu urbain.

Mais ce ne saurait être suffisant. Tout d'abord parce que les sources mobilisées ne peuvent se résumer à un registre de comptes. La comptabilité est le support par lequel on entre souvent sur le chantier, c'est elle qui dans la majeure partie des cas nous en ouvre les portes. Mais elle n'est qu'un des écrits pragmatiques mobilisés dans le long processus décisionnaire et gestionnaire d'un chantier. Le cas géronais nous offre de plus une focale assez étroite, invoquant certes l'autorité royale, mais dans un cadre très contraint. La tentation de se frotter à une grande machinerie administrative d'État est trop forte pour se contenter d'une si petite entrée.

En jouant sur les éléments du contexte, un autre chantier s'impose à l'étude : celui de la forteresse de Salses. Nous retrouvons autour de ce dossier bien des protagonistes laissés quelques années auparavant. Louis XI avait récupéré le Roussillon et la Cerdagne en gage de son soutien à la guerre de Jean II. Cette terre est riche, si l'on en croit Jérôme Münzer, qui écrit en 1493 :

> [...] Cette plaine est appelée comté de Roussillon, et il y a ici près de cent villes, châteaux et forteresses, dont Perpignan est la principale ville. [...] C'est une terre abondante pour toutes sortes de fruits, et particulièrement un délicieux vin moscatel. [Il y a ici des jardins] dont la vue nous donna l'illusion d'être dans un paradis (Münzer, 1924, p. 42-43).

À la mort de Louis XI, Anne de Beaujeu ne s'intéresse pas immédiatement au cas roussillonnais (Sagnes, 1999, p. 201-202). Non plus « le », mais « les » souverains espagnols, unis désormais, mais indépendants (Marcet i Juncosa, 1994, p. 101), Ferdinand II d'Aragon et Isabelle de Castille, de leur côté, ont beaucoup à faire au sud de la péninsule, et ne veulent pas ouvrir un nouveau front au nord. Le 19 janvier 1493, Ferdinand II signe le traité de Tours-Barcelone avec le roi de France Charles VIII : ce dernier rend le Roussillon et la Cerdagne au roi d'Aragon, même si celui-ci n'a pas remboursé entièrement sa dette de guerre[23]. Charles VIII veut s'assurer de la neutralité aragonaise alors

22 AMG, Manuals d'Acords, RG. 17 564, 1462-1464, vol. 71, f° 167 v°.

23 « Depuis trente ans le comté était territoire du roi de France, car il l'avait reçu en gage du roi d'Aragon ; mais l'année où don Fernando prit Grenade, il le réclama au Français, qui leur rendit, revenant ainsi à la couronne d'Espagne » (Münzer, 1924, p. 43).

qu'il s'apprête à conquérir le royaume de Naples. Ceux qui seront bientôt nommés les Rois Catholiques[24] entrent en septembre 1493 dans Perpignan en liesse. Le moment est d'importance, comme en témoigne ce notaire perpignanais qui écrit sur la couverture de son registre de l'année : « Ce fut l'année 1493 que les comtés du Roussillon et de Cerdanye [*sic*] furent rendus au roi d'Espagne[25] ». Dès lors, les terres roussillonnaises deviennent un champ de bataille presque permanent entre les deux puissances : les Rois Catholiques ayant tôt fait de prendre parti contre le roi de France, malgré la bonne entente séculaire des trois couronnes (Dufourcq, 1977, p. 101-118). La question de la restitution du Roussillon, celle de la Navarre, et les renversements d'alliances sur la face atlantique, mais surtout la conquête de Naples (Ladero Quesada, 1977, p. 135) ont largement dégradé les relations entre les royaumes. En 1496, les Français, conduits par le maréchal de Saint-André[26], mettent Salses à sac, égorgeant sans pitié les soldats qui s'y trouvent[27]. La version française des évènements peut être lue sous la plume de Philippe de Commines :

> Vray est que grand nombre de gens de cheval entrèrent en Languedoc, et y feirent du pillage, et couchèrent audict païs : et y en eut plusieurs qui furent

24 En 1496 (Ladero Quesada, 1977, p. 119-139).

25 Archives départementales des Pyrénées-Orientales (dorénavant ADPO), 1 B 413, couverture.

26 Notices des chroniques de l'abbaye de Saint-Paul de Narbonne, *Histoire générale du Languedoc* (dorénavant HGL), t. V, col. 48 : « *Anno MCCCCXVI (sic) fuit captum castrum de Salsis per dominum de Sancto Andrea, locumtenentem domini nostri Franciae regis et igni traditum, et ibidem occisa magna multitudo Hisponorum et Aragonensium* ».

27 Médiathèque Municipale de la ville de Perpignan, *Mémoriaux de l'église Saint-Jacques*, I, f° 4 v°. (« Sources narratives locales de l'histoire de Roussillon en Langue catalane », 1913, p. 227) : « *A vint e vuyt de octobre del any mill quatre cent norante e sis intraren los Francesos en Rossello, y posaren seti al castell de Salses de manera quel pringaren per força y deguollaren los qui eren dins sens misericordia.* » Également : « *Y como los Franceses supieron de la partida del Rey, procuraron de venir sin ser sentidos sobre el castillo de Salsas, que estava en la frontera del dicho condado, hacia Francia ; al qual destruyeron y echaron por el suelo, matando los que estavan dentro, salvo algunos que rescataron. En que heran por todos quinientos hombres, y estava por alcayde y capitán de ellos don Diego de Açebado, hijo de arçobispo de Santiago* » (Santa Cruz, 1951, p. 155-157). Le récit de l'évènement se trouve aussi chez Germain de Lafaille (1687, p. 272-274), preuve du retentissement de ce sac. Changeant de perspective, en prenant cette fois comme source les écrits pragmatiques, l'évènement transparait également dans les comptes du procurateur royal Antonio Desvivers (ACA, Real Patrimonio, volumenes generals, libro ordinario del procurador Antonio Desvivers, vol. 114, 1497-1498, f° 101 v°) : « *Castell de Salses. Des VIII homens ordonats per la magestat del Senyor Rey per la guarda del dit castell e del salari de aquell lo dit procurador real non fa data alguna per so com lo dit castell per causa de la guerra es stat derrocat per los enemichs francesos.* »

> sur ledict païs, deux ou trois ou quatre iours : mais autre exploict ne feirent ils. Monseigneur de Sainct-André, de Bourbonois, estoit à ceste frontière, pour monseigneur le Duc de Bourbon, gouverneur du Languedoc. Celuy-là entreprit de prendre Sausses, une petite ville que estoit en Roussillon : car de là ilz faisoyent la guerre au Roy, deux ans devant : et leur avoit le Roy rendu ledict païs de Roussillon, où est assis le païs de Perpignan [...] toutesfois ledict seigneur de Sainct-André conduisit son entreprinse si sagement, et si secrettement, qu'en dix heures il print ladicte place, comme ie vey, par assault : et y mourrut trente ou quarante gentilz-hommes d'estime, Espaignolz [...] et trois ou quatre cens autres hommes : lesquelz ne s'attendoyent point que si tost on les deust prendre : car ilz n'entendoyent point quel exploict faisoit nostre artillerie : qui à la vérité passe toutes les artilleries du monde (Commines, 1552, f° CLXIII v°-CLXIIII).

Ferdinand n'a d'autre choix que de consolider la frontière[28], en faisant construire ce qui sera la forteresse la plus moderne de son temps : Salses. Il fait de même consolider et renforcer les châteaux de la ligne qui constitue désormais la « frontière de Perpignan » (Ladero Galán, 2004, p. 225-283). Depuis 1495, Isabelle et Ferdinand avaient envisagé de renforcer leur frontière pyrénéenne[29]. Le 14 mars, Ferdinand II a ordonné à Pere d'Ortaffa, lieutenant du gouverneur général et à Antonio Desvivers, procurateur royal des comtés de Roussillon et de Cerdagne, de prendre les mesures nécessaires à la défense de Perpignan, Salses et autres forteresses[30]. Ils avaient envoyé à Perpignan comme capitaine général Enrique Enríquez de Guzmán, fils du Comte de Alba,

---

28 « *Y sabido por los Reyes Católicos, enbiaron alli más jente de guarnición, mandando tornar a edificar a fortaleza de Salsas, muy bien, de manera que se pudiese defender a los enemigos. Y asi se hiço* » (Santa Cruz, 1951, p. 155).

29 « *A principio de octubre* [1495], *mandò el Rey a don Henrique Henriquez de Guzman general que avia elegido contra el Frances en la frontera de Francia, para que se apressurasse la fortificacion de Salsas, que era la llave de Cataluña* [...] [1496] *Mandò el Rey fortificár y renforçár Salsas, Elna, Colibre, y otras plazas, edificár un castillo de madera entre el estanque de Salsas y el mar* » (Feliu de la Peña, 1709, p. 99). Les Rois Catholiques avaient été conseillés en ce sens, par exemple par Antonio de Fonseca dans une lettre qu'il leur a dressée en décembre 1496 : « [...] *que ahunque segund la grandeza de vuestra altezas no haya nada flaco en las fronteras de vuestras altezas pero devan mandar fortalecer todos lugares vezinos a Francia y derrocar los que no se pudieren fortalecer, que assi lo hazen en Francia y para en todo tienpo* [*sic*] *es necessario y es gran cosa poser defender con poca gente en tanto que mucha se junta* » (Suárez Fernández, 1972, p. 194-195).

30 ACA, Real Cancellería, Registros, núm. 3611, f° 101-102 : « *Assimismo havemos provehido que se tienen luego a todas las fortalezas dessos condados buena artilleria y armas, y las otras cosas necessarias y no he alçara la manco delle fasta que todas queden bien provehidas. Entanto deveys mirar que los alcaydes* [*han*] *en ella buena guarda.* »

époux d'une cousine du roi[31]. En 1497, don Sancho de Castilla[32] devient à son tour le nouveau capitaine général de la frontière roussillonnaise. La période et le contexte furent largement étudiés – grâce entre autres aux nombreuses chroniques dont ont fait l'objet les Rois Catholiques (Del Pulgar, 1943) –, et les forteresses (Paz Espeso, 1914; Faucherre, 2019), en particulier celle de Salses (Truttmann, 1980) ont aussi retenu l'attention des chercheurs. Le volet militaire a été le plus travaillé (Ladero Quesada, 2010), en particulier par René Quatrefages (1989). La structure architecturale du monument, les choix techniques en lien avec la poliorcétique ont donné lieu à de très belles études locales ou plus générales, parmi lesquelles on peut souligner le travail de Fernando Cobos (Cobos Guerra et Castro Fernández, 2000, p. 251-268 ; Cobos Guerra, 2004a, p. 224-267).

Le château primitif de Salses avait été construit au XIe siècle, ou peut-être juste avant, la première mention datant de 1007 (Bayrou, Faucherre, Charbonneau et Quatrefages, 2012, p. 3). En 1192, il a été rénové pour le chevalier Raymond de Saint-Laurent sur ordre d'Alphonse II d'Aragon. Jusqu'au XIVe siècle, Salses est en première ligne face à Leucate pour défendre la frontière (Rocca et Rocca, 2017, p. 40). Mais le château est vieillissant[33] :

> Quoique cette ville [Salses] soit la clef du Roussillon, elle n'étoit pas néanmoins trop bien fortifiée ; ses murailles vieilles et ruïnées en plusieurs endroits n'étoient pas capables de résister au feu de l'artillerie, et à la violence du canon. Aussi quelque brave que fut la garnison, les retranchemens étoient si mauvais qu'elle ne put soutenir le premier choc des ennemis (Mariana, 1725, p. 201).

Quand Ferdinand lance sa rénovation en 1496, après le sac français, il envisage une forteresse à la pointe de la technique, en particulier

31 C'est déjà lui qui avait signé la trêve avec les Français suite au sac de Salses en octobre 1496 : « *Disapte, a XXVIII. En aquest dia los Francesos prengueren la vila de Salses en Rosselló e feren après treves ab don Enrich, capità general del senyor rei, e tornaren-se'n* » (Sans i Trave, 1994, p. 286). Également : « *Residia por capitán general de Rosselón y Cerdaña don Enrique Enríquez de Guzmán : y porque importaba mucho sostener el castillo de Salsas, por ser la puerta de aquella frontera, y entrada de Languedoc, y como baluarte contre Narbona, puesto que había gran dificultad en fortificarlo, ponían mucha prisa en la obra, y reparo dél : porque se pudiese poner en defensa* » (Zurita, 1989, XIII).

32 Fils du précepteur du prince don Juan, lui-même membre de son conseil (Fernadez de Oviedo, 2006).

33 L'auteur relate les évènements de 1496.

capable de résister à une artillerie transformée par l'usage du boulet de fer. Le nouveau « verrou » doit pouvoir résister à la charge de l'artillerie moderne durant 40 jours, temps pour le roi d'envoyer des renforts[34]. À tort, les historiens ont longtemps attribué la conception du plan du nouvel édifice à Francisco Ramirez de Madrid (Ratheau, 1989), grand maître de l'artillerie et secrétaire du roi et de la reine. En 1969, Georges de Bussac et Philippe Truttmann retrouvent, dans le texte de Zurita de 1610, le nom du véritable concepteur de Salses : Francisco Ramiro López (Bussac, 1969). Maître Ramiro, tel qu'il apparaît nommé dans la documentation, se met au travail en 1495[35]. Il expertise le site, estime les travaux à réaliser, envoie des rapports aux Rois Catholiques. Il propose des solutions dès 1496[36]. Un an plus tard, il soumet un plan de la nouvelle forteresse[37]. Le chantier mobilise les forces humaines et financières du royaume : René Quatrefages estime qu'il engloutira 1/5e des rentes du trésor castillan (Quatrefages, 1989, p. 172).

L'enquête que nous envisageons trouve dans le dossier de Salses largement de quoi être menée. Le chantier, d'importance, a d'abord été étudié par des approches poliorcétiques, militaires, architecturales, archéologiques. On connaît le bâtiment, on connaît les grands hommes, on a vu les chiffres. Il reste cependant à changer d'échelle et à atteindre le niveau « macro » de la documentation. Il est un terrain idéal, et encore largement inexploré, pour observer à la fois le chantier, son administration et les mécanismes de décisions, les relais d'expertises. Il est un évènement économique au niveau local, régional et péninsulaire,

---

34 ACA, Real Cancellería, Registros, núm. 3611, f° 103 v°, du roi au gouverneur et au procurateur royal, 10/05/1495 : « *Veem lo que ferem de la fortaleza de Salses que hi haveu tramesos vuyt homens es stat ben fet. Empero en que's dieu ho tenieu deliberat enfortir la com seria mester per poder sostenir algun afront vos responem que deureu entendre en alguna manera esdit castell sia reparat lo millos ques puixa encara que no sia per sperar grant affront, car per star alli hon sta semble que satisfa a la tuicio de aqueixa vila, de la qual en cas de necessitat se poria prestament secorrer. Empero si a vosaltres semblara que satisfes mes a nostre servey en son cas derrocar la dita fortaleza nos screvireu de vostre parer, e entretant proveyu que stigue a bon recapte e hi sia mesa la artelleria e armes que mester hi sien. E per lo semblant deveu tener a prop per solicitar los consols que posen per obra la reparació de les muralles e caves segons scrit havem* [...] »

35 Archivo General de Simancas (dorénavant AGS), Camara de Castilla (dorénavant CCA), Libros registros de cédulas (dorénavant CED), 2, 2-2, f° 102. Cédule du 22/10/1495, du roi en réponse à un rapport fait par don Enrique de Guzmán de la situation.

36 AGS, CCA, CED, 2, 2-2, f° 187 v°. Cédule du 31/05/1496, du roi, suite au rapport de Juan de Valladolid, à Fernando (Hernando) de Zafra, secrétaire du roi.

37 AGS, CCA, CED, 2, 2-2, f° 324/285 [certaines cédules possèdent une double foliotation, qui sera ainsi mentionnée]. Cédule du 12/06/1497, du roi à maître Ramiro.

permettant d'interroger les moyens déployés par les souverains, mais aussi les opportunités offertes aux entrepreneurs locaux. Surtout, le dossier est soutenu par un riche corpus d'archives. Au niveau local, les travaux récents ont largement prouvé l'abondance des sources perpignanaises conservées aux Archives départementales des Pyrénées-Orientales (Verna, 2017 ; Capet, 2020), en particulier le notariat, ainsi que les séries B et G. Les archives communales peuvent être mobilisées pour comprendre l'impact local du chantier, mais aussi les liens avec les autorités royales. Le sujet pousse ensuite le scrutateur curieux à Barcelone, d'abord à l'*Arxiu històric del protocol de Barcelona*, pour pister dans le fond des parchemins les montages financiers pour la guerre du Roussillon et les travaux éventuels, mais surtout à l'*Archivo de la Corona de Aragón*, où les décisions de Jean II et de Ferdinand II, tant organisationnelles que financières, auront laissé traces. Passant par Madrid, pour consulter les incunables et parchemins de la *Biblioteca de la Real Academia de la Historia*, c'est surtout à Simancas que le chercheur doit longtemps poser ses valises. *L'Archivo general de Simancas*, fondée par Charles V et achevée par son fils Philippe II, conserve la documentation produite par les organes de gouvernement de la monarchie hispanique de 1475 jusqu'à 1834.

Dans la forteresse hors du temps, construite expressément au XVIe siècle par Juan de Herrera, est soigneusement protégée la documentation des Rois Catholiques, et la masse qu'elle représente nous dit immédiatement que les fondations de l'État d'Isabelle et Ferdinand se sont construites sur leur administration, et sur sa production documentaire. Les deux fonds privilégiés sont ceux de la *Contaduria Mayor de Cuentas*, et de la *Camara de Castilla*. On y trouve les comptes de la construction de Salses, les rapports, les cédules. La difficulté ici est de se repérer dans les fonds, les registres, factices, regroupant des dizaines – voire des centaines ! – de documents sans lien apparent entre eux : ni de lieu, ni de date, ni de sujet. Certaines tentatives de classement thématiques, avortées, ont également déstructuré ces registres, sans pour autant en recomposer d'autres, même provisoires. Ainsi, les catalogues papier ne correspondent plus aux catalogues en ligne encore largement incomplets. Ces documents doivent être complétés par les fonds de la *Guerra Antigua*, de l'*Escribania de rentas*, de la *Contaduria Mayor del Sueldo* et du *Sello de Corte*, toutes ces collections regroupant des documents qui, a un moment ou à un autre, ont été susceptibles d'être produits par les organes du gouvernement pour financer, autoriser, payer, contrôler, expertiser les chantiers de la frontière roussillonnaise. Ces sources extraordinaires correspondent aux Conseils (*Consejos*). Il en existait autant que des territoires qui constituaient la monarchie hispanique – Conseil et chambre de Castille, d'Aragon, d'Indes, d'Italie, de Flandres et du Portugal –, en plus des organes centraux – Conseil d'État, de Guerre, des Finances, de l'Inquisition, des Ordres et des Croisades –. Au total, c'est dans les fonds de ces treize conseils ou organes, présents tous ou en partie à Simancas ou aux ACA, que nous devons chercher la trace du chantier de Salses. En parcourant ces documents, il est également vite apparu pertinent de prendre le chantier de Collioure comme terrain d'observation : les deux chantiers sont liés, les administrations et hommes qui y interviennent également, et les deux sites ont des échanges logistiques et matériels étroits[38]. Mais hormis ces deux sites, il faut comprendre que toute la frontière – et à plus vaste échelle toute la péninsule – est ainsi hérissée de chantiers, de taille variable, dont la gestion est indépendante, mais interconnectée. Certains de ces chantiers sont modestes, et passeraient facilement inaperçus. C'est par exemple le cas de la tour de bois construite en un mois sur l'étang de Salses à la fin du mois de 1495[39].

Au final, quelle enquête s'offre à nous ?

Nos pas nous ont guidé tout d'abord dans le champ en formation de l'Histoire de la construction, qui pointe le chantier, sa société, ses techniques. L'intérêt serait ici de croiser ce champ avec la question actuelle du gouvernement par l'écrit, par les nombres, faisant un pas de côté, mais restant focalisé sur les hommes, ceux qui manient la plume, mais parfois également le pic ou l'épée. Ce sont ces experts, ces capitaines, ces administrateurs, ces scripteurs, ces relais d'ordres qui sont envisagés ici, et qui offrent, par l'accumulation de micro-récits, un portrait de groupe. Les trois dossiers de Gérone, Salses et Collioure nous offrent

---

38 ACA, Real Cancillería, reg. 3614, f° 87, du roi et de la reine à maître Ramiro, 6/04/1496 : « *Assi mismo nos pareçe bien que repareys lo que dezis en Fuerça Real y en Euna y Collioure lo que os haviemos scrito. Y quando tuvieredes lugar id a visitar la frontera de Puycerda porque se ponga en todo el mejor recaudo que fer pudiere.* »

39 Travaux du 01/12/1495 au 06/01/1496, rentrés en comptes à Barcelone le 06/01/1496. ACA, Real Patrimonio, Maestre Racional, Escribania deRació del Rey, registros de albaranes, volumenes, general, n° 0875. Registres de albarans extraordinarios de Luis de Santángel (1495-1498), f° 18 r° : « [...] *per fer una gran torra de fusta la qual del manament del senyor Rey es stada feta e mesa en lo stany del grau de Salses per fortificar lo cami que francesos noy poguesen pasar* [...] »

trois terrains qui permettent, tout en étant liés par une cohérence de contexte, d'acteurs et d'époque, de varier les points de vue. Les différentes échelles, très locales (notariat), régionales (Couronne d'Aragon, Catalogne et Géronès) ou nationales (péninsule Ibérique) permettent de compléter les informations que les sources nous apportent – ou ne nous apportent pas d'ailleurs – mais également d'éviter d'être victime du point de vue de la source unique. Ces trois dossiers ont surtout l'intérêt d'être liés par des contextes historiques forts, exacerbant les contraintes auxquelles ils doivent tous répondre. Nous observons un quotidien perturbé, sous pression d'espace et de temps. Ils donnent donc à voir une administration et des hommes en action pour trouver des solutions, pour optimiser les ressources, rationaliser, « faire avec », pour répondre au mieux aux ordres des Rois Catholiques et aux exigences d'une situation de guerre. Ainsi, par la gestion de ces chantiers, c'est la chaine d'ordre, la cascade de résolutions de problèmes que nous cherchons à appréhender à travers une étude soutenue par un « réseau documentaire » (Bertrand, 2015) que nous avons la chance d'avoir dense. Ainsi, la guerre (Mesqui, 1983, p. 220-221), ou plutôt l'attente de celle-ci, même si on est loin du désert des Tartares (Buzzati, 1982), peut être envisagée comme un évènement en Histoire de la construction. Ces dossiers nous permettent de plus d'inverser la focale, et de passer d'une vision descendante à une vision ascendante, en interrogeant les agents économiques impliqués dans ces chantiers. L'expert, et surtout l'entrepreneur peuvent ici pleinement être observés (Victor et Nègre, 2019). Qui sont-ils, comment répondent-ils à ces commandes particulières ? Par ces chantiers, c'est à la fois l'État et l'entreprise qui seront interrogés, car deux sociétés cohabitent en effet : celle des Métiers et des artisans, et celle de l'État et des administrateurs.

Enfin, les temps choisis sont des temps souvent lus par l'historiographie comme des moments de ruptures entre le Moyen Âge et la Renaissance (Jouanna, 2002, p. 5-16 ; Genet, 1997, p. 3-18). En ce sens, les Rois Catholiques sont les souverains qui ont porté la naissance de l'État moderne en péninsule Ibérique (Nieto Soria, 2006, p. 105-123 ; Sesma Muñoz, 2006, p. 521-534). Les deux chantiers de Gérone et de Salses, tous deux dans un contexte de conflit, peuvent-ils alors être lus au prisme de ce passage supposé d'un temps à un autre ? La guerre n'est-elle pas le moteur de l'évolution vers un État moderne, comme le propose Jean-Pierre Genet (1997) ? Le mode d'administration et de gestion d'un chantier peut-il être un marqueur du changement politique et sociétal en cours, comme autant de signes d'une « bureaucratisation efficace » (*Ibid.*, p. 8) ou, mieux, d'une bureaucratie dynamique ? En 1462, le chantier de Gérone est-il encore un chantier médiéval dans son administration alors que Salses, en 1496, aurait déjà un pied dans la « première modernité », porté par un véritable système d'administration d'État ? Comme, il y a quelques années, Michel Mollat (1958, p. 37-54) se demandait s'il y avait une économie de la Renaissance, peut-on imaginer qu'il y ait une administration du chantier moderne ? En somme, est-ce la procédure administrative qui fait la nouveauté, ou n'avons-nous sous les yeux que le résultat d'un long processus de mise en place résolument ancré dans le Moyen Âge et qui n'a au final qu'une apparente « modernité[40] » ?

Pour terminer ce propos liminaire, notons que cette enquête dans les méandres de la gestion administrative pousse parfois la réflexion à emprunter un vocabulaire volontiers contemporain, ce qui peut poser questions. Optimisation, rationnalité, bureaucratie… : ces termes seraient-ils à considérer uniquement comme des anachronismes, et ne devraient-ils pas être utilisés par le chercheur ? Le vocabulaire est un outil qui sert de support à la pensée, stimule la reflexion, ouvre des perspectives épistémologiques et permet analogies et comparaisons. Ici, nous n'interrogeons pas la terminologie employée mais bien le phénomène qui prend forme. Si, lexicalement parlant, le processus observé a été théorisé et défini dans d'autres champs de la connaissance, comme en économie ou en sociologie par exemple, pourquoi se priver de l'utilisation du terme s'il répond au besoin descriptif et analytique de ce que nous avons sous les yeux ? Les commis aux écritures médiévaux, les commanditaires des travaux utilisent des mots et expressions d'une étonnante modernité pour décrire leur quotidien, leurs intentions et leurs actions. À quelques siècles d'écart, nous nous comprenons même si le vocabulaire employé est différent. L'historiographie a montré que des concepts contemporains – l'entreprise, l'industrie, l'expertise, le fonctionnaire ou même l'ouvrier – ont été mobilisés avec profit par les médiévistes pour soutenir leurs analyses et réflexions, sans pour autant dévoyer ni pervertir les sources étudiées. Permettons-nous ici aussi d'explorer cette voie méthodologique.

40 Je tiens à remercier tout particulièrement M. René Quatrefages pour les traductions des cédules. J'ai contracté une dette spéciale auprès de Philippe Bernardi, qu'il en soit également grandement remercié.

LA MISE EN OUVRAGE ADMINISTRATIVE DU CHANTIER

« Le jeune Alexandre conquit les Indes. Tout seul ? »

Le 14 mars 1495, le roi d'Aragon écrit depuis Madrid à Pedro de Ortaffa, lieutenant du gouverneur général et à Antoni Desvivers, procurateur royal des comtés de Roussillon et de Cerdagne[1]. Il leur donne l'ordre de rebâtir la vieille forteresse de Salses, de trouver les moyens de le faire sur les territoires, et de demander avis aux maîtres qui s'entendent dans l'art de construire. Ensuite, il leur faut donner les ordres pour tout mettre en place[2]. La volonté royale est claire dans cette lettre. Pour reprendre l'expression de Patrick Boucheron (1998, p. 7) : « ce que l'on entend avant tout, c'est la voix du prince qui dit "je le veux" ». Le chantier est officiellement ouvert. Il reste aux agents à formaliser la décision du roi.

La documentation produite par Ferdinand et Isabelle est immense, et leurs décisions et ordres concernant les chantiers, en particulier celui de Salses, peuvent être ainsi largement observés et étudiés. Le cas est à souligner. Nous trouvons clairement ici un exemple d'« hypergraphie » (Theis et Anheim, 2006, p. 168). Pour les rois de France par exemple, on ne retrouve que peu de traces d'eux, pourtant grands bâtisseurs, comme maîtres d'ouvrage (Chapelot, 2001, p. 21) : Guillaume de Saint Pathus, vantant les fondations de Louis IX, n'évoque ainsi jamais l'action du roi, discutant ou ordonnant de la conception d'un projet ou du suivi d'un chantier. Or la documentation peut offrir au chercheur un terrain d'enquête pour comprendre le roi en donneurs d'ordres. Le cas milanais l'avait déjà montré (Boucheron, 1998). La correspondance du prince avec ses ingénieurs ou ses fonctionnaires, les rapports des secrétaires sur l'état d'avancement d'un chantier, les mémoires et expertises, les

1 ACA, Real Cancellería, Registros, Curie Sigilli Secreti 7, núm. 3611, f° 101-102.

2 *Ibid.* : « [...] *enfortalecer la* [Salses] *lo mas que se pudiere, y tener manera que ayuden para ello los dessa tierra, y porque se faga bien y veys de ver la con maestros y personas que lo entiendan, y dareys luego orden en lo que se ha de fazer.* »

comptabilités (Leroy, 1985, p. 55) et leurs instruments de contrôle : autant d'outils documentaires, composant « réseau » (Bertrand, 2015, p. 244). Ils donnent les indications nécessaires à la compréhension de la mise en place administrative du chantier, c'est-à-dire des personnels et des procédures qui permettent à la fois de répondre à la volonté et aux ordres du roi, mais également de lui faire rapport des avancements et difficultés, ainsi que des étapes de contrôle. C'est un réseau d'hommes et de documents qui se met en place, autour des données qui émanent de et remontent à l'autorité royale, comprise en tant que maître d'ouvrage. L'enquête s'appuie donc sur une documentation écrite « tournée vers l'action » (*Ibid.*, p. 15), et qui met en relief les liens entre les hommes dans une démarche de conception, de mise en œuvre, de gestion et d'organisation. Ces sources donnent à voir plus qu'une liste de relais d'autorités, humains ou documentaires. C'est tout un système qui se met en place, s'appuyant sur des procédures[3] et des agents déjà connus (Garcia Granados et Trillo San Jose, 1990, p. 147), mais aussi faisant preuve de créativité, d'adaptation au milieu et au contexte, de nouveautés (Grevin, 2008, p. 273)[4]. Ces sources sont, comme le soulignent Étienne Anheim et Valérie Theis, de remarquables indicateurs qualitatifs des usages administratifs de l'écrit[5]. Tout comme, encore une fois, l'étude sur Milan l'a souligné (Boucheron, 1998), le prince bâtisseur construit également son État. Ainsi, ce sont les moyens juridiques, financiers et matériels qui sont interrogés. Or, ces marqueurs documentaires, administratifs, procéduraux, dans le cadre des chantiers, n'ont pas été retenus par l'historiographie traditionnelle pour voir l'État espagnol en construction (Maravall, 1954 ; Nieto Soria, 2006, p. 105-123), alors qu'ils offrent à la compréhension les mutations institutionnelles vues de l'intérieur (Theis et Anheim, 2006, p. 167).

3 Par exemple, voir l'ordonnance de janvier 1496 (Quatrefages, 1989, p. 144).

4 L'auteur, s'il s'attache dans cet article à travailler l'*ars dictaminis*, ce qui n'est pas notre propos ici, mentionne néanmoins la production de l'administration courante, caractérisée par la « création relativement rapide de formulaires stéréotypés facilitant la production de lettres et actes ordinaires ».

5 « On pourrait dire que l'usage quantitatif des sources comptables a été peu à peu remplacé par un usage qualitatif, sous l'effet de la montée en puissance des questions liées aux usages et à la culture de l'écrit au Moyen Âge » (Theis et Anheim, 2006, p. 167).

SE DONNER LES MOYENS DU PROJET

GRANDS MOYENS ET BOUTS DE CHANDELLES

Cathédrale ou forteresse, la question du financement est la même : ces constructions monumentales demandent aux commanditaires un véritable effort financier, du démarrage du chantier jusqu'à son achèvement (Vroom, 2010 ; Kraus, 1991), voire même plus loin (Davoine, Harcourt et L'Héritier, 2019). Derrière l'ambition du prince se tient une administration financière qui permet au monarque de mettre en action ses projets, de prendre ses décisions, de faire ses choix. Elle aide le roi à mobiliser les ressources nécessaires pour mettre en œuvre ses plans. L'historiographie s'est bien sûr penchée largement, comme nous l'avons vu, sur les questions de financement des grands chantiers, et sur les montages financiers qui soutiennent ces constructions. Mais s'est-on vraiment interrogé sur la différence entre ce qui est financé par coutume, selon des postes fléchés et prévus à cet effet, et ce qui doit être financé ponctuellement, pour soutenir un projet précis dans un contexte particulier, faisant appel à une certaine « créativité budgétaire » pour être mené à bien ?

Pour le projet de Salses, le financement, massif, prend appui sur la tradition de la construction des forteresses de frontières, si nombreuses dans cette péninsule Ibérique marquée par la « *Reconquista* ». Ainsi ces chantiers tiennent une place à part dans le budget de la *Tenencia de Fortalezas* (Quintanilla Raso, 1986, p. 863). Dans le territoire castillan, la responsabilité des travaux et réparations incombe au royal propriétaire des lieux ou, à défaut et par délégation, à l'*alcayde*[6] (*Ibid.*, p. 867-868). Ce sont donc les monarques, qui, en tant que propriétaires, doivent faire face aux dépenses de l'édification et de l'entretien des sites[7]. La loi I du code de Diaz de Montalvo (1485) précisait que les forteresses de frontières devaient se voir attribuer un million de maravedis par an

6 Le terme désigne celui dont la fonction est de garder les châteaux ou forteresses. Il prend son nom de l'arabe *al-qa'id*, dont il tire la dimension militaire de la fonction, réservée de ce fait à la classe nobiliaire.

7 Cortes de Zamora (1430), loi VII : « Nous ordonnons que les châteaux et forteresses qui sont sur les frontières soient réparés sur nos deniers. » (Quatrefages, 1989, p. 15).

pour leur entretien[8]. C'est une affaire couteuse et complexe dans son montage financier, nécessitant la mise en place en amont de services d'inspections qui émettaient des rapports minutieux sur l'état des édifices et sur les besoins de réparations. Nous y reviendrons. Mais c'est avec les informations ainsi obtenues que les administrations des monarques débloquent l'argent nécessaire pour payer main d'œuvre, matériaux et gestion du chantier. Ainsi, à titre d'exemple, en 1495, c'est suite au rapport envoyé par don Enrique de Guzmán, capitaine général de la frontière de Perpignan que les Rois Catholiques répondent par une cédule que « compte tenu de la situation de [Salses] selon ce qui nous est écrit de là-bas, pour être bien forte, elle ne peut être fortifiée qu'avec beaucoup de temps, au prix fort et avec beaucoup de travail[9] ». Ils mandent ainsi un expert « et sur son avis nous ordonnerons de pourvoir ce qu'exigera votre service[10] ». C'est pourquoi en 1496, le roi envoie maître Ramiro inspecter les fortifications à faire à l'église de Salses, ainsi qu'estimer les réparations à faire à Força Real, Elne et Collioure, et Puigcerda s'il en a le temps[11]. Le secrétaire, Miquel Perez de Almaçan, précise qu'avec ces informations, Isabelle et Ferdinand donneront l'ordre au trésorier Casafranca de débloquer les fonds pour les travaux. En 1496, une cédule royale autorise à payer l'effort de guerre de la frontière roussillonnaise sur le budget de la *Hacienda Real de Castilla* (Ladero Galán, 2004, p. 246). Les sommes sont réunies grâce à un montage de prélèvements de diverses origines, regroupés à cet effet par la *Tesorera de lo extraordinario* et par son trésorier Juan de Morales, puis Alonso de Morales (Andrés Diaz, 2004). En dehors des sommes allouées pour la rémunération des troupes, leur nourriture et entretien, la seule construction de Salses, entre 1497 et 1503, engloutit 43 725 703 maravedis selon les comptes[12].

---

8 « Le seigneur roi don Juan, notre père, aux Cortes qu'il tint à Ocaña en l'an 1422 et à Madrid en l'an 1433 ordonna que fût consigné un million de maravedis chaque année pour la réparation desdits châteaux. » (*Ibid.*, p. 13).

9 AGS, CCA, CED, 2, 2-2, f° 102. Cédule du 22/10/1495.

10 *Ibid.*

11 ACA, Real Cancelleria, reg. 3614, f° 87.

12 ACA, Guerra Antigua, leg. 1315, f° 126-128 : Bilan comptable de la frontière du Roussillon adressé aux Rois Catholiques. « *En la obra de Salses. Se ha gastado en la obra de Salsas desde 3 de mayo de 97 años fasta en fin de deziembre de 501 : 30 136 888 mrs syn las erramientas e espuertas que de Castilla se enbiaron segund pareçe por la paga que han hecho Aznar Ruiz y Diego de Tordesillas. Que se ha gastado en la dicha obra de Salsas en el año 502 : 51 715 mrs con las 690 300 mrs que se gastaron extraordinarias segund por la relacion que se ha dado. Se*

Les sources financières pour ce chantier sont complexes à mettre en lumière. À la fin du XVe siècle, les impositions castillanes sont si enchevêtrées, et arrivent de voies si nombreuses que certains auteurs n'hésitent pas à les comparer à des « labyrinthes » (Ladero Quesada, 1970, p. 776 et p. 781). Pister une à une les différentes sources fiscales qui ont innervé le trésor pour financer le chantier de Salses n'est pas exactement notre propos. En substance, entre 1480 et 1505, la pression fiscale a dû être augmentée en raison de l'inflation des dépenses militaires et des dépenses du train de cour (*Ibid.*, p. 782). Le trésor royal avait déjà été mis à mal par la guerre de Grenade. Sur les 43 millions de maravedis nécessaires au chantier de Salses, 30 millions sont pris en charge par la Castille (*Ibid.*, p. 787). La somme est d'importance : à titre indicatif, l'expédition de Naples aura coûté 88 millions à la couronne castillane (*Ibid.*). Au total, entre les troupes, l'artillerie, les flottes de guerre et les forteresses, la Castille investit plus de 500 millions de maravedis entre 1495 et 1504[13] pour ses guerres internes ou externes. Financer le chantier de Salses signifie alors faire aller et venir des sommes colossales entre les caisses des trésoriers des Rois Catholiques et la forteresse. Ainsi, en suivant les comptes du trésorier de l'Extraordinaire Alonso de Morales entre 1498 et 1503, on s'aperçoit rapidement du nombre des transferts de fonds, couteux et risqués, opérés entre la cour – où qu'elle soit – et Salses, ainsi que des sommes charriées[14]. Sans surprise, le rythme des déplacements de fonds s'accentue avec l'urgence de la situation militaire[15]. Les sommes mentionnées sont importantes. Mais elles peuvent être plus modestes. La clef de la réussite du montage financier est la gestion de

---

ha gastado en la dicha obra de Salsas en este año de 503 : 1 810 100 mrs de la qual esta pagado 585 000 mrs e devese e las personas que en la dicha obra han servido e de la cal e materiales que dellos se ha comprado 1 225 100 mrs. Asy que monta lo gastado en la obra de Salses : 43 725 703 mrs. » – Salses a donc coûté du 3 mai 1497 jusqu'à la fin 1501 : 34 163 888 mrs ; en 1502 : 7 751 715 mrs ; en 1503 : 1 810 100 mrs soit un total de 43 725 703 mrs. Dans le même document, il est également fait bilan des autres chantiers des forteresses de la zone : de 1497 à 1503, Collioure a coûté 6 099 883 mrs ; Elne : 2 342 612 mrs ; Claira 2 921 146 mrs, soit un total pour la frontière du Roussillon de 54 789 344 mrs.

13 René Quatrefages avançait le chiffre d'1/5e des rentes du trésor de Castille pour le financement du chantier de Salses (Quatrefages, 1989, p. 172.). M. A. Ladero avance donc un chiffre plus proche des 10 % du seul budget militaire de cette couronne (Ladero Quesada, 1970).

14 AGS, CMC, 1^a ep., leg. 42. Ces comptes ont fait l'objet de la thèse de R. de Andrés Dias (2004).

15 1 transfert en 1498 (1 500 000 mrs) ; 3 en 1499 (2 912 000 mrs) ; 2 en 1501 (2 400 000 mrs) et 1502 (2 750 000 mrs), et 5 en 1503 (5 041 250 mrs).

ressources, même modiques. À titre d'exemple, les attributions de fonds sont discutées dans le cadre des *Cortes* (Castille) / *Corts* (Aragon). Ainsi, en 1495-1496, les *Corts Generals* d'Aragon approuvent que la somme de 220 livres, initialement dédiée à la reprise de Perpignan et des comtés de Roussillon et Cerdagne par les *Corts* de 1493, soit utilisée pour la guerre contre la France[16]. Dans le même ordre d'idée, des appuis et aides ponctuelles sous forme d'*ayudas de costa* peuvent être mobilisés. En 1501, le salaire de don Sancho de Castilla s'élevant à 20 000 mrs est payé par *ayuda de costa* « que le roi et la reine nos seigneurs lui firent, de laquelle il a montré le mandement signé de leurs noms royaux[17] ». C'est aussi le cas pour le salaire de l'année 1503 de maître Ramiro dont le montant est de 36 500 mrs[18]. L'*ayuda de costa* est une subvention à caractère ponctuel. Elle peut être destinée à payer un mariage ou encore un équipement particulier, comme des chevaux lors de l'équipée de Ferdinand II à Naples. C'est une récompense pour un service spécifique, pour effort économique ou pour reconnaître la valeur d'un courtisan en particulier (Torre y del Cerro et Torre, 1955). Ici réside la difficulté de limiter le périmètre d'utilisation de ces *ayudas de costa*, qui peuvent également être des compléments de salaire. Dans notre cas, il semble que ce soit le salaire tout court. Il faudrait alors lire leur utilisation comme une voie pour mobiliser les fonds d'une caissette discrétionnaire des souverains, pour payer ponctuellement des sommes extraordinaires.

Sommes toutes, le chantier de Salses est assez classique dans son mode de financement. Les ressources allouées par les Rois Catholiques, exceptionnelles par leur montant, répondent à une urgence géopolitique, et les fonds ainsi fléchés passent par les canaux habituels de perception fiscale, de répartition et de gestion. Ce sont des financements d'État, pour des projets au niveau du territoire. Cependant, nous avons peu de lisibilité sur la provenance des fonds. Pour l'enquête qui nous intéresse, le dossier gagne à être confronté à celui de Gérone, plus modeste dans le budget alloué au chantier certes, mais bien plus créatif quant à son montage financier : optimisation, rationalisation et opportunités y trouvent toute leur place.

16 Arxiu històric del protocol de Barcelona (dorénavant AHPB), Pergamins, núm. 715. Décembre 1495-mars 1496 (copie de 1507), en présence du roi Ferdinand II, cité par V. Ruiz Gómez (2014, p. 504).

17 AGS, CMC, 1ª ep., leg. 180, s.fº, dépense en date du 12/10/1501.

18 AGS, CMC, 1ª ep., leg. 180, s.fº, dépense du 18/08/1503.

Les comptes tenus par le juriste Pere Miquel commencent, comme de coutume, par les recettes[19]. Le roi d'Aragon envoie, par l'intermédiaire de son trésorier, le chevalier Galceran Oliver, une forte somme, mais qui ne suffit pas à financer à la fois le chantier, les dépenses de la cour et les soldes des hommes de troupe. Il a fallu donc créer, inventer, mobiliser d'autres ressources. La chose n'était pas aisée, quel que soit le camp. Le *Consell de la Generalitat* a envoyé à Gérone Miquel Vives, « *deffenedor dels drets de les Generalitats* », pour mettre à disposition du comte Hug Roger des moyens nécessaires au siège. Le *Consell* a ordonné la confiscation de tous les biens des assiégés tombés aux mains de Pallars. Ils ont ainsi pu accumuler draps, pastel, blé. Les soldats, de plus, s'adonnent au vol et au pillage, finissant ainsi de dépouiller les habitants de la partie basse de la ville, tombée entre leurs mains[20]. La reine Johanna, de son côté, doit recourir aux prérogatives royales et faire appel aux géronais sous sa domination. L'exercice de la justice permet à la reine et à l'infant de remplir les caisses, surtout dans la situation qui est la leur, dans une ville où une partie de la population a soutenu le camp adverse dans le contexte de la guerre civile. C'est ainsi que les compositions pécuniaires, c'est-à-dire le rachat des forfaits, dans une pure tradition visigothique fournissent presque 14 000 s. à Pere Miquel. Si tous les crimes ne sont pas détaillés[21], certains accords montrent qu'avoir choisi le camp des rebelles au roi coûte cher. Ainsi, le damoiseau Pere dez Valls, de Santa Pau, doit payer 1 100 s. pour « l'entrée qu'avec les autres il a faite dans l'escalier

19 ACA, Real Patrimonio, Maestre Racional, Tesoreria real de Aragon, Libros ordinarios de la tesoreria de la reina, Volumenes, General, n° 0547, 1462.

20 Il faudrait, selon Vives, en pendre 10 par jour si l'on voulait rétablir d'ordre (Sobrequés Vidal, 1962). – Du côté des assiégés, le maintien du calme semble tout aussi problématique : Pere Miquel paye à plusieurs reprises des frais de prison, et surtout le travail du bourreau. (ACA, Real Patrimonio, Maestre Racional, Tesoreria real de Aragon, Libros ordinarios de la tesoreria de la reina, Volumenes, General, n° 0547, 1462. Exemples : f° 40 r° : « *Item a II del mes de maig per albara del dit scrivà de ració he donat an Franci Marti corredor de Girona per la despesa que ha minestrade* [*sic*] *den Franci Muntbuy qui sta pres en la preso comuna dela ciutat per tot lo prop passat mes de abril qui son XXX dies arabo de XII drs lo die* », et f° 21 r° : « *À VIIII del dit mes* [...] *a Johan Terres algutzil del Capita de Girona quils havia donats al botxi per dogal e cordes per executar un home que penjaren : III s* »). – Ce bourreau s'appelle « maître » Pere (*Ibid.*, f° 29 r°).

21 ACA, Real Patrimonio, Maestre Racional, Tesoreria real de Aragon, Libros ordinarios de la tesoreria de la reina, Volumenes, General, n° 0547, 1462, f° 2 v° : « *Item a V del mes de deembre he reebut de la dona na Margaride muller den Pere Prim quondam ferrer de la dita ciutat per mans del fill de la dita dona deguts per composicio que ha feta ab la dita cort per certs crims de que era inculpade* [...] »

de l'église de Sant Feliu qu'ils ont monté pour entrer dans la Força Vella de Gérone où sont assiégés la reine et le dauphin, et d'autres crimes dont ils furent coupables[22] ». Les confiscations des biens des « rebelles au roi » fournissent également quelques revenus supplémentaires. Un four est ainsi réquisitionné et loué[23], ou du drap saisi et revendu pour la somme de 2 240 s.[24]. L'argent revendu au maître de la *seca* permet de transformer le métal en espèces sonnantes et trébuchantes[25]. Il existe à Gérone en effet une *seca*, atelier monétaire, qui fut fondée en 934 (Salat, 1818, p. 277 ; Crusafont i Sabater et Comas i Ezequiel, 1996). L'autorité supérieure de cet atelier est le maître de la *seca*, qui devait rendre compte au *mestre racional* ou au *batlle de la seca*. Sous ses ordres, on trouvait des officiers (gardes, écrivains, testeurs, maître de balance, etc.). En 1462, c'est donc le *scrivà de ració* local, Manuel Bou, qui est également maître de la *seca*[26]. Ces hommes jouissaient d'importants privilèges, en particulier fiscaux. L'argent qui est ainsi fondu permet à la reine de récupérer presque 7 000 s. On ne connaît pas précisément son origine, probablement des saisies, ou des mains mises, si l'on en croit l'explication de Pere Miquel[27] :

> *Item mes per altre vende de vint e vuyt marchs tres onçes mig arges d'argent del magniffich mosseyn Johan Dusay prothonotari del dit senyor Rey lo qual tenia en la present ciutat en poder de mosseyn Miquel Prim prevera de la Seu de Girona lo quel argent mosseyn lo capita ha pres per occorrer ales necessitats de la cita cort e es stat venut al dit mestre dela secca a la dita raho* [...]
>
> « De même, pour une autre vente de 28 marcs 3 onces et demie d'argent du magnifique monseigneur Johan Dusay, protonotaire du seigneur roi, lequel

22 *Ibid.*, f° 4 r°-4 v° : « *Item a 24 del dit mes he reebut den Pere dez Valls donzell de Santa Pau per composicio feta amb lo dit monseyn lo capita per la intrade que ab altres feu al caragol de la sglesia de Sant Feliu que scalaren per intrar ala Forsa Vella de Girona stant la senyora regina e lo senyor primogenit assitiats en la dita Forsa e altres crims de que eren inculpat onse milia sous de monede corrent ab quals es stade feta la dita composicio quitis de avaries e altres despenses ala cort dels quals li ferne apocha lo dit die en poder den Nicholau Roca notari de Girona.* »

23 *Ibid.*, f° 3 v°.

24 *Ibid.*, f° 5 r°.

25 *Ibid.*, f° 6 v° : « *Item he reebut del dit honorable en Manuel Bou scrivà de ració e mestre de la Secca de Girona deguts per vint i sinch marchs tres quarts de onça e I arges d'argent dela senyora Regina venut al dit mestre de la Secca per fer na monede de manament del dit mosseyn lo capita araho de cent sous lo march.* »

26 Une *seca* royale sera autorisée l'année suivante (Mateu y Llopis, 1948, p. 127-144).

27 ACA, Real Patrimonio, Maestre Racional, Tesoreria real de Aragon, Libros ordinarios de la tesoreria de la reina, Volumenes, General, n° 0547, 1462, f° 6 v°.

avait en ladite cité en possession de monseigneur Miquel Prim, prieur de la Seu [NT : cathédrale] de Gérone, lequel argent monseigneur capitaine a pris pour subvenir aux besoins de ladite cour [...] ».

On peut aussi supposer que le capitaine ait pu confisquer de l'argent, sous quelque forme que ce soit, aux rebelles ou ait réquisitionné le métal comme butin. Mais les éléments pour affirmer que ce soit effectivement de l'argent pris aux insurgés manquent[28]. D'autant que dans le cas du drap, vu précédemment, ou du cuir, lui aussi revendu pour la somme de 494 s., il est clairement dit qu'il fut « confisqué[29] ». On sait également que les maisons des rebelles sont récupérées : 52 panneaux sont peints aux armes du roi pour les placer sur les bâtiments ainsi réquisitionnés[30], selon le procédé classique d'appropriation par l'image, rencontré par exemple dans les contextes bourguignons (Lecuppre-Desjardin, 2016, p. 291 *sq.*), florentins (Edgerton, 1985) ou français (Ortalli, 1994).

Enfin, un autre revenu pouvait être généré par le pouvoir royal : celui tiré de l'octroi de sauf-conduits (*guiatge*). Ces sauf-conduits sont accordés à certaines paroisses et personnes à raison d'un florin par feu[31].

28 On peut supposer sans spéculer que le sort des rebelles a été peu enviable, et que leur patrimoine a été saisi. La prise de possession de leurs biens fut hautement symbolique. La marque du roi est apposée sur les maisons des traitres à la couronne : ACA, Real Patrimonio, Maestre Racional, Tesoreria real de Aragon, Libros ordinarios de la tesoreria de la reina, Volumenes, General, nº 0547, 1462, fº 29 vº : « *Item a XIII del dit* [décembre 1462] *per semblant albara, he donat a mossèn Miquel Vinyes, prevera de la Seu de Girona* [NT : cathédrale], *de manament de mossèn lo capità, per pintar LII senyals reyals per posarlos en les cases e possessions dels rebelles a la magestat reyal de que's fa apprensio a mans de la cort, vint i tres sous.* »

29 ACA, Real Patrimonio, Maestre Racional, Tesoreria real de Aragon, Libros ordinarios de la tesoreria de la reina, Volumenes, General, nº 0547, 1462, fº 2 rº-2 vº : « *Item a VIIII del mes de noembre he reebut den Bernat Fulla çabater de Gerona deguts per compre que ha feta de cert cuyran que la dita cort se ha confiscat en diverses partides vint e sinch liures deu sous ; ço es per mans del dit Fulla XXII lb. II s. X drs. E per mans del scrivà de ració pagant per en Pau Badia del offici de la tresoraria dues lb. onze s. dos drs. D'aquelles II lb. XVII s. II drs. que lo dit Pau Badia ne havia reebudes es per tot XXIIII lb. XIIII s. que son CCCCLXXXXIIII s. Los restants XVI s. son stats convertis per lo dit Pau Badia segons ha donat compte en les seguents despeses ; ço es al corredor per son salari araho de IIII drs. per liure VIII s. VI drs, e per fer monstrar lo dit cuyran stant ala adobaria en lo adob de Guarrigue I s. VI drs e per dos homens que traguere lo dit cuyran del dit adob VI s. es per tot XVI s. per que reste que jo he reebuts los dits quatrecents norante quatre sous de que fas reebude.* »

30 *Ibid.*, fº 29 vº.

31 *Ibid.*, fº 8 rº : « *Altres rebudes fetes de guiatges atorgats a diverses peroquies e persones araho de I flori dor per foch les quals per star pus clar hen deliberat posar a part de les altres per ques mostre discretament que es stat reebut de quescune peroqia e no stigue mesclat com el la maior part sie reebut en diverses partides e jornades.* »

Ils permettent aux caisses royales de grossir de presque 3 400 s. Il restait enfin à la cour à compter sur l'aide financière des Géronais. Environ 2 500 s. sont reçus en dons, cadeaux, et legs testamentaires. Ces aides volontaires sont complétées par des prélèvements fiscaux imposés par le gouvernement urbain. Un impôt est levé « pour cause de la guerre » fin 1462, début 1463[32]. Cet impôt vise à fournir des fonds pour la guerre civile qui se poursuit plutôt qu'à financer les chantiers et les hommes de troupe pendant le siège. Son montant n'apparaît pas dans le livre de comptes de Pere Miquel, car il est levé par les *jurats*[33]. Il se trouve donc dans les *manuals d'acords de la ciutat, actes del ple.*

Une autre taille exceptionnelle est levée[34] :

> [...] *per la despesa de tapar a pedra e calç axi alguns deles portals de la ciutat* [...] *e fer fer merlets e mantellers lla on ops sia per defensio e fer un portal al intrant deles Ballesteries.*
>
> « [...] pour les dépenses de clôture avec pierres et chaux de certaines des portes de la ville [...] et faire faire des créneaux et remparts où il se doit pour la défense [de la ville] et faire une porte à l'entrée des Ballesteries [...] ».

Les habitants, durement marqués par le siège doivent poursuivre l'effort financier. Le registre du notaire Masdevall[35] contient ainsi le détail du compte des impositions « pour raison de guerre » prélevées entre décembre 1462 et juin 1463 par Pere Beguda, receveur général pour le capitaine Pere de Rocaberti, sur la farine, la viande, le vin, l'huile, le

32 AHG, Fons notarial Girona, Gi. 6, vol. 188, 1462, s.f° : « *Compte del percebit delas imposicions qui per causa de la guerra sacullen vuy a mans del senyor Rey en la ciutat de Gerona e asso per voluntat e ordonacio del molt noble mossen Pere de Rochaberti Capita de la dita ciutat per lo dit senyor Rey. E comensaren acullirça lesdites imposicions a XXIII del mes de deembra any MCCCCLX dos lo qual compte doneli jo Pere Beguda Receptor général de las dites imposicions per lo dit noble Capita depputat. E es solament de mig any finit a XXII del mes de juny saguent ço es any LXIII. E fou dat lo dit compte aldit senyor Capita e al honorable en Manuel Bou scrivà deRació de la Cort del dit senyor Rey a XXV del dit mes de juny.* »

33 Un *jurat* est un magistrat municipal ayant prêté serment.

34 AHMG, Manuals d'Acords, reg. 17 564, n° 71-1462, f° 268-297. – La décision de faire les travaux nécessaires avait en effet été prise à la majorité des voix du *Consell General* : (AHMG, Manuals d'Acords, reg. 17 564, n° 71-1462, f° 39 v°) : « [...] *Lo Consell General dona plena potenta als honorables jurats del any present e ala maior part dells que puxen convertir les pecunies de clavaria deles jurats de tapar adobar reparar e fer de nou si necesseries portes tencaduries falces e altres adops als portals de la Ciutat e tapar altres portes passos lochs quels sera vist esser faedor.* »

35 AHPG, Fons notarial, Gi 6-188, Masdevall, 1462.

bois, les volailles, le raisin et les poissons. L'impôt a été levé par le soin de Johan Vidal Sampsó, Johan ça Riera et Luis Dala, percepteurs, et rapporte ainsi 10440 s. 4 drs et demi pour 6 mois de taxation.

Au final, que nous disent ces deux dossiers ? À situations extraordinaires, montages financiers extraordinaires. Que ce soit pour mobiliser des millions de maravedis ou quelques sous, les princes et leurs agents font preuve de créativité pour assembler les fonds nécessaires. Ils doivent aussi avoir les coudées franches pour dériver les entrées financières vers un poste ou un autre, même si cela doit brouiller les pistes du chercheur par la suite. Manier de l'argent liquide offre à la fois cette souplesse, et une certaine opacité, parfois bienvenue. D'ailleurs, la notion d'*Arcana imperii* n'est-elle pas associée au trésor, le terme d'*arcana* venant d'*arca*, le coffre ? (Santamaria, 2018, p. 229)

L'HOMME ET LA MATIÈRE

La mise en œuvre d'un chantier d'envergure comme celui de la forteresse de Salses demande de prévoir, envisager et connaître les ressources humaines et matérielles disponibles dans la zone. Cette connaissance fine du potentiel du pays n'est pas facilement accessible, surtout pour des hommes, comme maître Ramiro, qui viennent de loin[36]. C'est pourquoi la première phase, en amont du chantier, est d'abord un temps de « visite », comme celle de Garcia de Herrera. Ce premier recensement ne saurait suffire, et les techniciens prennent ensuite la relève. Le 31 octobre 1495, les Rois Catholiques ordonnent à maître Ramiro d'aller sur place, pour rendre compte de la situation des forteresses de la frontière. Cette visite, qu'il fait à cheval accompagné d'un notaire, doit également renseigner sur les ressources en bois, élément indispensable pour le chantier[37]. L'exercice

36 La loi I du code de Diaz de Montalvo (1485) prévoyait cependant que les places frontières devaient être réparées, approvisionnées et gardées fidèlement. Les *alcaydes* devaient être « naturels » du royaume, c'est-à-dire nés dans la région, pour répondre à cette exigence (Quatrefages, 1989, p. 13).

37 AGS, CCA, CED, 2, 2-2, f° 105 : « *Item, aveys de ver que disposicion de madera ay en la tierra, y si fuese madera agena non abeys de tocar en ella sin consultar a don Enrique y al governador y con acuerdo de aquellos conbenilla y yguallada como a todos paresciere hasiendo cierta la paga a sus dueños, y si fuere realenga asi mismo no la aveys de tocar sin el parecer de los dichos don Enrique y gobernador. Otro, si aveys de ber que disposicion ay para fundiciones y que aparejos de madera de pino ay para ella.* [...] *Asimismo aveys de ber el aparejo que en cada obra ay de madera y si esta lexos o cerca, y el precio que vale.* [...] *Otrosi aveys de ver en cada obra que se aya de acer cual será mas provechoso y para que la obra mas presto y mejor se acabe labrar de manpuesto ó de*

est familier pour l'artilleur : il avait géré l'approvisionnement en bois pour les chantiers andalous dont il avait la charge et il avait bénéficié d'autorisation de coupes, en particulier dans la province d'Archidona, près de Malaga[38]. Il doit lister la quantité de bois disponible sur la frontière roussillonnaise, ainsi que les propriétaires et juridictions à prendre en compte pour l'exploitation de celui-ci. Surtout, il doit évaluer la distance entre le bois et le chantier, le coût et les modalités du transport ayant de fortes répercussions sur le prix de revient[39]. Une partie du bois vient de Leucate[40], non loin de Salses, où il est débarqué et stocké. Nous ne connaissons malheureusement pas l'origine première de ce bois. De 1497 à 1499, le bois vient d'un lieu dit Saint-Jean[41], peut-être Saint-Jean l'Albère, dont les forêts sont denses. Ramiro doit, de la même manière, évaluer les quantités disponibles et les coûts de la chaux, des tuiles, des briques et les infrastructures existantes pour les produire – fours –, ainsi que les prix des quintaux des métaux – cuivre, étain, fer, acier –, des câbles et cordes et de la clouterie[42]. Assez curieusement, la question de la pierre ne se pose pas, ou tout du moins pas encore. La réussite du projet dépend donc non seulement de la bonne gestion des ressources, mais surtout de la connaissance des réserves en matériaux et matériels du pays. En 1497, Ferdinand II écrit, par l'intermédiaire de son secrétaire, à Juan de Valladolid qu'il lui paraît nécessaire que le procurateur royal, Anthoni Desvivers, prenne part aux achats des matériaux pour les travaux « en raison de sa personnalité et de sa connaissance des usages du pays[43] ». Dans le cas du chantier géronais, l'inventaire

tapiería y en cada relacion de cada obra enviar razon desto y de la manera que se pueden servir los materiales para cada obra que se provea á menos costa. »

38 AGS, CCA, CED, 2, 2-2, 11, 11. Cédule des Rois Catholiques au comte d'Ureña, Juan Téllez Girón, en date du 26/06/1495.

39 Voir le dossier sur la circulation du bois et des hommes par voie fluviale dans le Conflent et le Vallespir (Verna, 2017, p. 102-104). – Le transport de bois par voie maritime s'effectue depuis Barcelone, voie d'approvisionnement que nous n'avons pas pu documenter dans le cas de la construction de Salses.

40 AGS, CMC, 1ª ep., leg. 180, s.fº, dépense du 21/07/1502.

41 AGS, CMC, 1ª ep., leg. 180, s.fº, dépense du 26/05/1500.

42 AGS, CCA, CED, 2, 2-2, fº 105 : « *Item, aveys de ver com ovale el precio del quintal castellano de cobre y estaño y hierro y acero en la tierra y enbiarnos de todo relacion y así mismo á com ovale el quintal de la xarcia de maromas y guindaletas, y el quintal de clabazon de todas suertes.* [...] *y a como vale el cahiz de la cal, y a como bale el millar de la teja y ladrillo, y ber si ay buen aparejo de canteros y caleros.* »

43 AGS, CCA, CED, 2, 2-2, fº 323. Cédule du 12/06/1497, depuis Medina del Campo.

des ressources locales disponibles se pose en d'autres termes. Assiégée, la ville doit trouver au plus proche les matériaux et outils nécessaires pour la réalisation des travaux. Le juriste Pere Miquel ne mentionne cependant pas de particulières difficultés. Ils font avec les matériaux disponibles, récupérés par exemple de destructions de maisons[44]. Ils sollicitent les habitants avec qui ils font affaire pour des outils[45] ou des matériaux neufs ou de remploi[46], ce qui permet à certains d'entre eux d'être intermédiaires dans ces affaires et à l'administration de la cour de déléguer certaines tâches[47]. Les ouvriers utilisent également leur propre matériel[48]. Il est aussi possible d'effectuer des saisies pures et simples, en particulier chez les artisans déclarés rebelles au roi[49]. Ils vont enfin simplement chercher aux abords de la ville ce dont ils ont besoin : le bois « de la montagne[50] », c'est-à-dire de la vallée Sant Daniel, juste hors les murs au nord-est de la ville ; le sable, la chaux, vraisemblablement depuis les rives de l'Onyar pour le premier et le quartier de Pedret pour la seconde. En effet, le lieu d'approvisionnement ou de stockage est suffisamment proche pour permettre aux muletiers de faire une demi-douzaine d'allers-retours par jour[51].

Si l'offre locale est insuffisante ou trop onéreuse, il faut envisager de faire venir de plus loin le nécessaire, comme nous le verrons en détails

44 ACA, Real Patrimonio, Maestre Racional, Tesoreria real de Aragon, Libros ordinarios de la tesoreria de la reina, Volumenes, General, n° 0547, 1462, f° 24 r° : « [...] *e per dos homens qui tiraren bigues de la casa de mossèn Lobet, que enderroquen a la Almoyna* [...] »

45 *Ibid.*, f° 14 r° : le 13/08/1462, on achète deux pelles au voisin d'un alfatier qui fournit le chantier, faisant ainsi jouer le réseau proche : « [...] *e per dures sarries comprades d'en Bofill, sarrier, IV sous ; e per dues pales comprades de un vehi del dit Bofill, X diners.* »

46 *Ibid.*, f° 27 r° : « [...] *he donat a misser Bernat de Belloch, doctor en leys, de Gerona, per compre de una bigue grossa servi a la obra de Sant Feliu, XXX sous.* »

47 *Ibid.*, f° 23 r° : « *Item lo dit die* [8/02/1463], *per albara del dit scrivà de ració, he donat a Matheu Samsó, mercader de Gerona, deguts per la cort, per fer desffer certes taulades de certes cases que enderroquen per deffensa de la ciutat e forsa, per haver fusta per cremar als sobreguayts.* »

48 *Ibid.*, f° 24 r° : « [...] *e mes per un libant que s'és trencat en dites obres qui era d'en Carreres, mestre de cases, VI sous.* »

49 *Ibid.*, f° 41 v° : « *Item, lo dit die* [21/05/1463], *per semblant albarà, he donat a Bernat de Bisbe e Bernat Riera, treginers, per treginar certa fuste d'en Pere Oliver, fuster de Gerona, rebelle al senyor Rey, de casa del dit Oliver a casa de la Almoyne on es stade mese, XXXII sous II diners.* »

50 *Ibid.*, f° 21 v° : « [...] *e per dues cordes de canyem per tirar fusta de la muntanya per la palissade que's fa devant lo portal de Sant Christòffol, IV sous.* »

51 *Ibid.*, f° 26 r° : « *Item a XVII del dit mes* [17/03/1463], *per albarà del dit Nicholau Masdeval, de manament del dit mossèn lo capità, he donat an* [blanc] *Nesples, treginer, per XVIIII viatges que a XXV e XXVI de febrer e a XII del present ha treginat cals e arena a la dita obre ab un ase, a raho de III diners per quescun viatge.* »

plus avant. Les Rois Catholiques font appel aux puissants de leur royaume pour avoir accès aux ressources disponibles. Ainsi, l'évêque de Badajoz doit pourvoir le chantier de Salses en outillage, fer, acier et câblerie par la « voie de Séville[52] ». C'est ainsi une cartographie mentale des ressources disponibles que les gestionnaires du chantier doivent tracer. Malgré tout, ce sont surtout des ressources locales qui sont privilégiées. À titre d'exemple, en juillet 1497, on achète du sable, de la chaux et des briques « aux habitants et paysans de Collioure[53] ». Ces ressources locales sont à gérer avec les contraintes des sites. Par exemple, toujours à Collioure, le problème est de faire monter les matériaux jusqu'au château, ce qui a un coût[54]. De même, il faut approvisionner la forteresse en eau[55].

Finalement, il faut parler du cas de la pierre, qui n'avait pas été mentionné dans les premières cédules des Rois Catholiques, alors qu'elle représente un matériau indispensable à l'édification de la nouvelle forteresse. La documentation écrite nous permet de localiser une première carrière située à Baixas, à une douzaine de kilomètres du chantier, d'où on extrait un calcaire gris des Corbières[56]. On peut supposer que c'est le site où travaillent les équipes basques de maître Pedro, dont on reparlera plus tard. Les fouilles archéologiques permettent également de voir que les bancs de calcaire ocre rouge sur le site du chantier ont été exploités (Rouquet, 1996 ; Markiewicz, 2007 et 2008 ; Dellong, 2015). Ces deux types de roches se retrouvent dans les fossés, les murs de la tour nord-ouest et de l'escarpe talutée (Bayrou, Faucherre, Charbonneau et Quatrefages, 2012, p. 22).

Fin avril 1498, apparaît dans les comptes, maître Francesc Gomis, improprement orthographié « Francis Gomès » par Diego de Tordesillas. Il arrive avec son équipe après trois jours de marche, depuis Gérone[57]. La mission de Gomis sur le site de Salses est d'approvisionner le chantier

52 AGS, CCA, CED, 2, 2-2, f° 296 r°. Cédule des Rois Catholiques à don Enrique de Guzmán du 27/12/1496 depuis Burgos.

53 AGS, CMC, 1ª ep., leg. 1874, s.f°, dépense du 01/07/1497 : « *A los vecinos de Colibre y peones de la terra et* [*sic*] *arena et* [*sic*] *nuyde de cal et* [*sic*] *ladrillo y otros materiales.* »

54 AGS, CMC, 1ª ep., leg. 180, s.f°, dépense du 01/07/1500 : « [à 2 hommes] [...] *de sus jornales que trabajaron subiendo cal e arena a lo alto del castillo de Colibre con sus bestias.* »

55 AGS, CMC, 1ª ep., leg. 180, s.f°, dépense du 25/07/1500 : « [à 4 hommes] [...] *de ciertas somales de agua que subieron en la dicha fortaleza de Colibre* [...] »

56 AGS, CMC, 1ª ep., leg. 1874 (Copie de leg. 101), f° 324 r°. – Le site est orthographié à tort « Vaxats ».

57 AGS, CMC, 1ª ep., leg. 1874 (Copie de leg. 101), f° 356 r°.

en pierres qu'il extrait d'une carrière dans l'Empordà – Vilacolum – et qu'il fait venir à pied d'œuvre par la mer. Il doit également se charger de construire les fossés avec cette « *piedra blanca*[58] ». Il est payé à la tâche – *a destajo* – pour ce faire[59]. Il est donc en charge de la majeure partie de l'approvisionnement en pierre du chantier, matériau que les autorités ont décidé de faire venir de l'autre côté des Pyrénées. Il semblerait que dans un premier temps, les pierres soient extraites et importées sans l'aide de Gomis, qui prend ensuite le marché[60]. Sa paie d'avril 1499, pour le travail effectué jusqu'en septembre 1498, est très explicite sur les étapes entre l'extraction de la pierre et son arrivée à Salses[61]. La carrière est dans le comté de l'Empordà, puis la pierre extraite est amenée en charrettes au moulin de l'Armentera d'où elle est chargée sur des barques sur le fleuve Fluvià. De là, c'est par la mer en barque que le chargement atteint la plage de Saint-Laurent, la plus souvent mentionnée, d'où il est transporté à nouveau par charrette jusqu'à la forteresse[62].

Si l'approvisionnement en matériaux est un jeu de patience, la mobilisation des ressources humaines l'est tout autant. Dans la Gérone assiégée, le nombre d'hommes sur lequel on peut s'appuyer est limité. Les différents chantiers mobilisent une douzaine d'hommes en moyenne sur la période[63]. Qui sont-ils ? Le vocabulaire employé par le juriste Pere Miquel nous renseigne sur cette population ouvrière des chantiers (Hanne et Judde de Larivière, 2010). Tout d'abord, il utilise le mot

58 AGS, CMC, 1ª ep., leg. 180, s.fº, dépense en date du 10/04/1500 : « *A maestro Franci Gomez* [*sic*] [...] *de piedra blanca que del se compro.* »

59 AGS, CMC, 1ª ep., leg. 180, s.fº, dépense en date du 14/09/1500 : « *A maestro Gomes* [*sic*] [...] *del mes de avril* [...] *del dicho destajo que tiene de hazer de la cava de Salsas.* »

60 AGS, CMC, 1ª ep., leg. 1873, fº 444 vº.

61 Les étapes logistiques semblent rester les mêmes tout au long de la période, puisqu'une paie du salaire de Juan Ximon d'octobre 1499 décrit exactement le même parcours : AGS, CMC, 1ª ep., leg. 1000, en date du 31/10/99 pour la période 01/01/1499-31/10/1499, fº 338 rº : « [...] *A Juan Ximon, lombardero de sus altesas que estuvo ante molino del Armentera recibiendo la piedra que maestro Gomez saca en la cantera de Vila Colum* [*sic*] *y tomandola del por peso y dandola y entregandola por peso y quenta a los barqueros que la trahen y cargan al dicho molino y la trahen a la playa del canter* [...] »), tout comme la description qui en est faite au début de l'été 1498 (AGS, CMC, 1ª ep., leg. 1873, fº 444 vº.).

62 AGS, CMC, 1ª ep., leg. 1874 (Copie du leg. 101), fº 428 rº : « *A maestro Gomes, maestro mayor de canteria para jornales de sus carretas y quintales de piedra que llevaron desde la pedreria que esta en comta ques terra de nenporda [sic] hasta el molina de Armentera que es* [...] *de Castillo de Ampurda donde van a cargar les varcas que lo llevan por mar al gancal de Sant Lorenço arabo de III diners por quintal* [...] »

63 La moyenne exacte est de 12,81 hommes du 4 août 1462 au 24 mai 1463.

« *home* » – pluriel : « *homens* » –[64], en particulier lorsqu'il mentionne un groupe d'ouvriers, sans spécialité annoncée. On peut rapprocher ce choix terminologique du vocabulaire employé pour désigner les hommes de troupe, également appelés « *homens* ». Le faible salaire donné pour leur travail sur le chantier – 5 deniers en août, par exemple[65] – peut laisser penser à un complément de solde : ces intervenants sur le chantier pourraient donc être des soldats de la troupe, envoyés reconstruire les fortifications (Benoît, 1987, p. 287-296). Ce n'est qu'une hypothèse. Le terme étant très générique, on pourrait penser que Pere Miquel, peu rompu à la tenue de comptes de chantier, utilise « homme » pour « manœuvre » sans vraiment faire la distinction entre salariés du bâtiment, manœuvres occasionnels ou apprentis (Bernardi, 2009). Or, il semblerait qu'il soit tout à fait au courant de la hiérarchie utilisée dans les métiers de la construction. En effet, le 31 août 1462, il entre en comptes la dépense suivante[66] :

> [...] *e per la present jornade per quatre mestres nous sous vuyt diners ; e set menobres, deu sous sis diners ; e per un fadri ab un ase qui tregina exarcia a les Balesteries e a Geronela, vint i dos diners* [...]
>
> « [...] et pour la présente journée, pour 4 maîtres : 9 sous 8 deniers ; et 7 manœuvres, 10 sous 6 deniers, et pour un apprenti avec un âne qui a transporté vers les Ballesteries et Geronela, 22 deniers [...] ».

Pas d'« hommes » ici, mais bien une différence fine faite entre les ouvriers du bâtiment selon leur place dans la hiérarchie du chantier et du métier. De fait, il dénomme parfaitement les artisans selon leur profession et leur tâche : maîtres de maison[67], charretiers et transporteurs, charpentiers, chaufourniers, etc. On peut aussi se demander si sa façon

64 « Homme ».

65 ACA, Real Patrimonio, Maestre Racional, Tesoreria real de Aragon, Libros ordinarios de la tesoreria de la reina, Volumenes, General, n° 0547, 1462, f° 13 r° : « *Item lo dit die doni al honorable mossèn Narcis de Sant Dionis cavaler, qui ha carrech de fer obrar e reparar la forsa vella de la ciutat de Gerona, per messio de deu homens qui obraren lo dit die a la torra de Requesens a raho de sinch diners per quescun home* [...] »

66 ACA, Real Patrimonio, Maestre Racional, Tesoreria real de Aragon, Libros ordinarios de la tesoreria de la reina, Volumenes, General, n° 0547, 1462, f° 17 v°.

67 « *Mestre de cases* » : c'est le petit entrepreneur de bâtiment, ou plutôt le conducteur de travaux, pouvant, comme son nom l'indique, construire une maison seul ou plus généralement avec une petite équipe de salariés, d'associés et/ou sous-traitants, c'est-à-dire suffisamment aguerri pour travailler la pierre, la brique, le bois et la tuile.

de présenter les choses ne nous permet pas même de voir les Géronais qui se louent sur le chantier alors que ce n'est pas leur métier d'origine. Le 25 août 1462[68], il précise ainsi les noms de deux hommes, chose rare car ils sont employés comme simples manœuvres et ces derniers ne sont ailleurs jamais identifiés nominalement. Il emploie la formule « *qui han servit per menobres* », que l'on pourrait traduire par « que l'on a utilisé comme manœuvres », ce qui sous-entendrait qu'on les connaît (leur nom), mais soit qu'ils ne sont pas des habitués du chantier, soit qu'ils ne sont pas ordinairement affectés à ces basses tâches.

Où sont les professionnels, justement ? Il est assez intéressant de comparer les listes des ouvriers qui apparaissent dans les comptes de Pere Miquel avec une autre petite liste, datant également de 1462, des membres de la confrérie des Quatre Saints Martyrs, qui accueille des confrères majoritairement issus des métiers du bâtiment[69]. On y trouve 29 noms de charpentiers, tailleurs de pierres, maîtres de maison. Seulement 9 de ces hommes se retrouvent sur les chantiers des fortifications. Cela nous fait 31 %, certes, mais il est étonnant de ne pas y rencontrer les autres ouvriers présents dans les comptes de Pere Miquel. Un autre document pourrait compléter notre approche. En 1462, le gouvernement municipal procède à un recensement des hommes qui, par quartier, pourraient participer à la défense de la ville[70]. 60 ouvriers du secteur du bâtiment y sont dénombrés, dont 10 apparaissent par la suite dans les comptes de Pere Miquel, soit 16 %. Notons que se sont les charpentiers que l'on retrouve le plus sur le chantier. En croisant les deux listes, on s'aperçoit que 14 ouvriers apparaissent à la fois dans les comptes des murailles et dans un des autres documents cités. Pourquoi sont-ils si peu nombreux à travailler sur les chantiers des murailles ? Sur quels chantiers travaillent les autres ouvriers ? On se perd alors en conjectures : ils ont rallié le camp adverse, comme Pere Oliver, rebelle à la couronne et dont le bois a été saisi ; ils ne vivent pas au centre de Gérone et ne peuvent donc pas travailler dans la Força Vella, ce qui

68 ACA, Real Patrimonio, Maestre Racional, Tesoreria real de Aragon, Libros ordinarios de la tesoreria de la reina, Volumenes, General, n° 0547, 1462, f° 15 v° : « *Item lo dit die per albarà del dit mossèn Sant Dionis he donat an Anthoni Vila e Anthoni Amat qui han servit per menobres a la dita obre de la torra de requesens la jornade de jornade de dilluns demunt dit a quescu, desevuyt diners. Munte III s.* »

69 AHPG, fons notarial Girona, G3-92, Arnau, 1462, s.f°.

70 AHMG, Manuals d'Acords, reg. 17 564, n° 71-1462, f° 83 r°-104 r°.

est le cas des carriers et tailleurs de pierre (Victor, 2008, p. 285-286) ; ils ont fui... Peut-être simplement, Pere Miquel ne mentionne que les noms du chef d'équipe, laissant définitivement dans l'ombre les autres confrères qui ont travaillé avec lui.

Le cas de Salses est sensiblement différent. La forte contrainte de temps impose aux Rois Catholiques de mobiliser tous les bras disponibles. Or, les chantiers sont nombreux sur cette frontière du Roussillon : la main-d'œuvre locale est très loin d'être suffisante. Il faut recruter, non seulement des hommes de métier, mais également des manœuvres pour le gros œuvre, en particulier le terrassement et l'excavation des fossés. La Catalogne devient la zone de recrutement privilégiée pour la main d'œuvre, ainsi que pour les troupes. D'ailleurs, ce sont les capitaines qui vont chercher les hommes pour le chantier dans chaque viguerie de la principauté[71] et qui en ont la responsabilité (Ladero Quesada, 1994, p. 68). De surcroit, des équipes d'artisans se déplacent ensemble, sous la conduite d'un maître, chef d'équipe et peut-être entrepreneur, depuis Gérone en particulier[72] et viennent se faire embaucher à Salses. Nous ne connaissons pas toutes les origines des ouvriers. Pour le seul cas de juillet 1497, 1 352 hommes viennent avec des capitaines travailler sur le chantier, sans que leur viguerie d'origine ne soit précisée. Nous remarquons cependant que les capitaines font deux allers-retours par mois, passant leur temps sur les chemins à convoyer des troupes parfois nombreuses, comme Graniel Navarro qui est à la tête de 88 hommes pour 15 jours de marche au début du mois de juillet 1497[73]. Si on fait venir des hommes en masse pour le chantier, il faut également faire venir des bêtes de somme pour assurer le transport des matériaux. Là aussi, les ânes, mules et autres mulets sont réquisitionnés au niveau local.

Le démarrage des chantiers royaux demande une mobilisation forte des ressources disponibles, soit en les concentrant sur le site de construction

71 Balaguer, Barcelone, Besalú, Camprodon, Cervera, Gérone, Manresa, Palamós, Torroella de Montgrí, Vic, Vilafranca del Penedès.

72 Exemple en 1498, AGS, CMC, 1ª ep., leg. 1874 (Copie du leg. 101), f° 358 v° : « *Otros maestros que vinieron de Girona con maestro Guzman e maestro mayor* [Francesc Gomis ?], *arabo de V solidos : Bartolomeo Rufi, Marti Leonarde, Joan Vedrina, Antoni Vedrina, Joan de Saboya, Pere Nadal, Martin Pujet, Estevan, Antoni Buxeta, Guirao Vedrina, otro Bartolomeu Rufy, Juan, Antony del Friyo, Pere Vedrina, Pedro Noviala, Leonarde de Marsella, Joan de Barcelona, Antoni Guimon, Antoni Gusete, maestro Pere Frances, Pere Novilla, Estevan Larguemante, Armando de Alimania, Pere Rivan, maestro Joan Bellot.* »

73 AGS, CMC, 1ª ep., leg. 1874.

comme à Salses, soit en faisant avec tout l'existant opérationnel comme à Gérone. Dans l'un comme l'autre des cas, il est notable que les rois ne créent rien *ex nihilo*, mais partent de cadres déjà en place et ayant fait leurs preuves. Ils adaptent en revanche aisément ces modes de fonctionnement antérieurs aux nouvelles situations, faisant preuve de créativité, de réactivité et d'innovation. Dans l'enquête qui nous intéresse, la structure de référence est celle de la troupe : le chantier est géré comme et par les hommes du rang. Aux ordres, ils garantissent la bonne marche des opérations, et peuvent être des hommes de confiance pour exécuter les volontés princières (Balouzat-Loubet, 2009, p. 146-165 ; Billand, 1998, p. 67-84).

PLACER SES HOMMES

LE ROI ET SES AGENTS

Un chantier de la taille de celui de Salses, conduit dans un contexte d'urgence, demande la mise en place d'un personnel efficace, compétent et très rapidement opérationnel. Les Rois Catholiques utilisent donc naturellement, pour mener à bien leur projet, les hommes qui sont déjà sur le terrain et qui, sans être des spécialistes du chantier, sont des fonctionnaires[74], rodés au fonctionnement de l'appareil d'État, à la hiérarchie, à l'application des ordres, et surtout, aux comptes. Ainsi, c'est sur les cadres militaires qu'ils s'appuyent en priorité.

Les Rois Catholiques sont à la charnière entre époque médiévale et époque « moderne », et leur règne marque pour l'historiographie bien souvent le « point de bascule » (Gladwell, 2012) entre un temps et l'autre. Notamment, la période est témoin d'une professionnalisation des fonctionnaires (Brendecke et Martín Romera, 2017, p. 25), dont l'étude peut être reliée aux travaux de Max Weber (2008). Selon lui, les officiers au service de l'État, par un double mouvement de « déshumanisation »

74 Nous suivrons J. Durliat ou P. Riché dans l'emploi du mot « fonctionnaire » pour parler de ces agents de l'État (Durliat, 1990 ; Riché, Bournazel et Autrand, 1993). – Voir également la synthèse de Ph. Contamine (1999, p. 9-20.) et le chapitre consacré aux serviteurs de l'État dans l'ouvrage de B. Guenée (1998).

et d'intériorisation éthique de leurs obligations, développent progressivement tous les éléments nécessaires au service du bien commun, par un comportement rationnel face aux règles prescrites. Ils adoptent ainsi un *habitus* (Brendecke et Martín Romera, 2017, p. 26) faisant d'eux les parfaits agents des rois ou de l'État. Le schéma weberien, à compléter avec les travaux de Norbert Elias (2009), dessine l'apparition, au siècle suivant, d'une *Beamtenethik* – éthique du fonctionnaire (Stolleis, 1990, p. 197-231) –. Otto Hintze et Gerhard Oestreich (Chaix, 1990, p. 125-149) développent suivant un autre axe les idées de Weber (Kocka, 1981, p. 65-105) : ils placent, pour le concept d'État, la bureaucratie et la fonctionnarisation comme marqueurs de modernité (Genet, 1997, p. 9). De son côté, Françoise Autrand (1999, p. 299-303), par le lien fait entre les officiers royaux français et le corps du roi[75], soulignait également le développement de ce groupe d'agents, auquel on attribuait des qualités propres et spécifiques (Kantorowicz, 1989). Werner Paravicini mettait en évidence, quant à lui, la montée en puissance d'agents de l'administration, bénéficiant toujours d'un réseau de patronage[76], mais formés et compétents, qui auraient supposément suppléé des princes « dilettantes », pourtant instigateurs à la fin de la période de « rationalité administrative et [de] collégialité au sein des institutions » (Paravicini, 1980, p. 168-181).

Dans le cas de Salses, les cadres de l'armée fournissent le gros du contingent de fonctionnaires nécessaires à la gestion du chantier. S'ils ne sont pas professionnels de la construction, ils le sont de la gestion administrative, de la comptabilité, de la production et de la conservation documentaire. Ainsi, les hommes clefs du projet sont ceux qui gèrent déjà la troupe. De soldats à ouvriers, la gestion comptable est la même. Le système administratif mis en place, tout du moins dans un premier temps, s'inspire fortement du fonctionnement préexistant pour le corps des gens d'armes. Une cédule de 1495[77] organise à la fois la gestion des hommes du contingent par les capitaines et la fonction des *contadores* des capitaineries. On y trouve

75 Voir également Jean de Salisbury, *Policraticon*, Livre V (1159), ou Guillaume de Digulleville, *Pèlerinage de l'âme* (Contamine, 1999, paragr. 17-18).

76 Pour la période suivante, et en contrepoint aux théories wébériennes, le poids de ces réseaux ouvre la porte à la vénalité des charges, très étudiée pour le domaine espagnol (Domínguez Ortíz, 1985, p. 146-183 ; Andújar Castillo, 2004).

77 AGS, CCA, CED, 2, 2-2, 38, 1, f° 40 r° et 40 v°.

déjà les hommes qui seront chargés plus tard de gérer et contrôler le chantier : le capitaine général, les capitaines, les comptables (*contadores*) et les inspecteurs et surveillants (*veedors*). L'enjeu de cette cédule était de connaître précisément et exactement la composition des troupes et par conséquent la répartition des soldes, ainsi que de faire valider par la signature des agents précédemment cités toutes les étapes de recensement et de paiement. L'ordonnance la plus complète, concrétisant cette volonté d'organisation administrative de la troupe, est celle du 18 janvier 1496[78] (Quatrefages, 1977, p. 119-159). On retrouve dans ce document la hiérarchie des hommes essentiels : capitaines généraux, capitaines, comptables et surveillants. Surtout, les pièces justificatives, la production documentaire, les copies, validations et signatures indispensables à la gestion des troupes y sont détaillées[79], ainsi que la gestion des soldes[80]. C'est à partir de cette organisation administrative que le chantier de Salses est pensé. Replaçons donc ces personnages aux commandes du chantier, rouages indispensables entre la volonté du prince et sa matérialisation. À partir de 1495, le roi

78 AGS, CCA, CED, 1, 2-2, f° 158 v°-159 v°.

79 *Ibid.* « *Otro si mandamos que los contadores de las dichas capitanias tengan cada uno dellos libro y cuenta y razon de la gente de la capitania de su cargo y en el dicho libro tenga asentados todos los alardes* [NT : registre dans lequel on inscrit les noms des soldats] *que se tomaren de la dicha gente los cuales sean firmados de nuestro capitan general e del capitan de la dicha capitania e de los nuestros veedores e del dicho contador por que cuando se hicieren las nominas de la paga se concierte por el dicho alarde e con cada persona de la dicha capitania tengan cuenta y razon e tengan su asiento en que declare el dia y mes y año que asento y cuanto ha de haber cada dia y debajo del dicho asiento en todas las libranzas que hicieren y cuando alguno se despidiere por nuestra licencia y mandalo segun dicho o muriere lo testien luego del libro e pongan perglosa en el dicho asiento el dia que se despidio o murio el cual señalen de sus señales los dichos veedores y el dicho contador* [...] *Item mandamos que los dichos veedores tomen traslado de los alardes de todas las dichas capitanias firmados por la orden suso dicha e hayan dellos libro donde concierten las nominas de las pagas al tiempo que librasen la dicha gente por que no hagan asunto particular de cada lanza de las dichas capitanias pues esto es cargo de los dichos contadores* ».

80 *Ibid.*, f° 159 r° : « *Otro si mandamos que las nominas que se hicieren de las pagas libren en cada una dellas el nuestro capitan general y el nuestro capitan de cada capitania e los dichos veedores e el contador de cada capitania en la capitania de su cargo e tomen traslados de la dicha libranza los cuales hagan a su costa e no a costa de la dicha gente e que los dichos contadores asienten las dichas nominas de la dicha paga por la orden ante dicha e que dichos veedores e el capitan e contador de cada capitania esten presentes a ver hacer la paga e pagaren a cada uno en persona e no a uno por otro puesto que muestre su poder de tal persona o mandamiento de los dichos nuestros capitanes generales o particulares y firmen de sus nombres lo que monta la paga por que aquello de que dieren fe y se pago se reciba en cuenta a los nuestros pagadores e non mas ni allende* ».

nomme don Enrique Enríquez de Guzmán, membre de sa famille par mariage et par le sang, capitaine général du Roussillon. À son arrivée en charge, le capitaine général Guzmán distribue les responsabilités des places et forteresses. Les capitaines ainsi nommés sont pour Salses Miguel de Ansa, pour Claira Antonio de Fonseca, et pour Tuya un homme qui prendra rapidement une place d'importance à la mort de don Enrique, don Sancho de Castilla[81] (Ladero Galán, 2004, p. 229). Avec les Rois Catholiques, ces hommes sont désormais « ceux qui comptent » (Touchelay, 2017, paragr. 2).

Aux côtés de Guzmán puis de don Sancho, Diego de Tordesillas[82] officie comme assistant *pagador* (trésorier) de Juan de la Torre[83], au nom duquel il agit depuis 1497 (Ladero Quesada, 2010, p. 279). Ces fonctions passent en 1503, après l'attaque française[84], aux mains du gouverneur royal de Catalogne et *alcayde* de Salses, Galceran de Requesens. Les trésoriers-payeurs (*pagadors*), dont l'expertise et le rôle vont croissants (Santamaria, 2019, p. 113), ont des comptes à rendre aux trésoriers généraux, en l'occurrence au trésorier de l'Extraordinaire de la couronne de Castille Juan de Morales, puis à son successeur Alonzo de Morales. Du côté aragonais, leur interlocuteur est le procurateur royal pour les comtés de Roussillon et de Cerdagne, Antonio Desvivers[85]. Ils doivent aussi se référer à Gabriel Sanchez, trésorier des Rois Catholiques[86] en

81 Exemple de son apparition dans les sources locales : ADPO, G. 238, f° 137 v° : « *Dicta die dijous ana star don Xanxo, capita dels gens d'armes e virey de Rocello a Sallses ab son stat, sens gens d'armes, per ffer cuytar la obra* [NT : accélérer] *que ffahen bellissima ab manament de Nostre Senyor lo Rey e per la sua altesa* ». – Sous la plume de Jean d'Auton, relatant le siège de 1503, on le retrouve nommé « François Ghancho » : « Et est à savoir que Saulces est une place forte à merveille et de malaisée avenue [...]. Là-dedans, avoit un capitaine espagnol nommé don François Ghancho, et, sous sa charge, douze cents soudards espagnols [...] » (Jacob, 1834, p. 347).

82 Les comptes de Tordesillas sont dans les fonds des AGS, CMC, 1ª ep., leg. 180. Il y est dénommé « *pagador de los bastimentos de los condados de Rossellon y Cerdaña* ».

83 Les comptes de De la Torre sont dans les fonds des AGS, CMC, 1ª ep., leg. 141 et leg. 101. Il s'y présente comme « *pagador de las guardas y artilleria* ».

84 Ce n'est pas l'objet de notre propos ici, mais pour le lecteur curieux, Gonzalo Fernández de Córdoba, duc de Terranova, surnommé le « grand capitaine » rend compte au roi Ferdinand II des opérations militaires qu'il a effectuées au secours de Salses en 1503 dans le document conservé à la Biblioteca de la Real Academia de la Històrià de Madrid, Colección Salazar y Castro, A-8, f° 24-25. – Également, le document conservé sous la côte A-11 (f° 144 et f° 357-358) propose un plan et une notice du siège de Salses par Gonzalo de Ayora.

85 ACA, Curie Sigilli secretari 7, Real Canceleria, 3611, f° 101-102 (1495).

86 AGS, CCA, CED, 2, 2-2, f° 277.

charge des fonds spécifiquement fléchés pour les travaux. Il est assisté d'un lieutenant, Jaume de Casafranca[87].

Aux côtés des *pagadores*, ces trésoriers-payeurs, se trouvent les *contadores*, des « contrôleurs-comptables[88] ». Ils « reçoivent en comptes », c'est-à-dire qu'ils vérifient, preuves à l'appui[89], la véracité des dépenses avant de les synthétiser dans leur comptabilité. Ils sont légalement responsables des deniers dont ils ont la gestion (Santamaria, 2017, paragr. 8). On a ici les individus réellement en charge de « produire, manier, contrôler les comptabilités » (*Ibid.*, paragr. 2). À partir de mars 1498, le *contador de los peones* est Diego de Torres, qui est présent lors des paiements de Diego de Tordesillas, ce qui reprend en partie le mode de fonctionnement mis en place pour les troupes avec l'ordonnance de 1496 : la solde est payée devant témoins. Aznar Ruiz, quant à lui, dès 1495, recense et paie au quotidien les ouvriers, en particulier ceux venus de Galice. En 1497, il est assistant de la trésorerie du roi[90]. En outre, en 1499, Gonzalo de Ribera « *tiene cargo de tener cuenta y razón de las compras*[91] ». Ainsi, on voit que les payeurs ont un double rôle de « vérification/comptabilisation » des dépenses en fonction de postes précis – hommes, matériaux, achats –. Au-dessus d'eux hiérarchiquement parlant, des *contadores mayores* ont la charge de payer les payeurs[92].

Les comptes au quotidien sont donc tenus par les payeurs, qui doivent en produire de nombreuses copies, demandées par les différents niveaux hiérarchiques. D'où la charge d'écrivain des comptes, qui apparaît en août 1498, et qui est tenue par Andres de Poza. Les comptes doivent de plus être validés par vérification et signature une fois élaborés, mais également par une présence au moment des paiements et de la première mise en forme[93]. Le 20 octobre 1498, Gonzalo de Huerta, *alcayde de la*

87 AGS, CCA, CED, 2, 2-2, f° 295 v°.

88 La *contaduria* relève du contrôle tout autant que de la comptabilité pure (Quatrefages, 1989, p. 145 ; Quatrefages, 1977, p. 127).

89 Cédules et lettres royales, copies de provisionnement, lettres de paiements, reçus, témoignages… (Andrés Dias, 2044, p. 27).

90 ACA, Maestre Racional, Ració del Rei, reg. de Luis de Santángel (1497).

91 AGS, CMC, 1ª ep., leg. 1000.

92 AGS, CMC, 1ª ep., leg. 101, f° 30 r°, en date du 4/01/1501 : « *A Diego de Tordesillas* […] *de sus salario* [*sic*] *con el cargo de la paga de las dichas obras de Salsas segundo lo monstro por carta de contadores mayores fecha a XV de mayo de DI* ».

93 Selon une procédure qu'il est aussi possible de trouver toute ou en partie dans les comptabilités pontificales (Anheim, 2006, p. 184-186).

gente de guerra, apparaît ainsi dans la comptabilité[94], comme autorité ayant pouvoir de valider le compte, mais également comme témoin lors des paiements effectués par Diego de Tordesillas. Cette organisation ne se met pas en place immédiatement : il faut déplacer ces agents, les faire venir. C'est pourquoi en 1495, les Rois Catholiques donnent l'ordre à trois hommes, Villanueva, Martín de Acosta, *alguaziles*[95], et au *contino* (Gamero Igea, 2016, p. 193-208 ; Ezquerra Revilla et Martínez Millán, 2002, p. 339-380), gentilhomme de la maison du roi, Iñigo Lopez de Padilla de se rendre sur la frontière et de résider sur le chantier, en attendant la désignation d'un inspecteur des travaux[96]. Les trois hommes doivent également tenir les comptes hebdomadaires et les soumettre toutes les semaines à maître Ramiro et Juan de Valladolid. *Contino* avec un rôle élargi[97], Iñigo Lopez de Padilla surveille, contrôle et signe également le paiement des ouvriers galiciens et rend des comptes directement au roi[98]. On voit ici le « point de bascule » mentionné précédemment : une structure rationnelle de fonctionnaires, qui progressivement se déshumanise, cohabite encore avec des agents dont le roi décide des fonctions, à la fois dans et hors du cadre, en leur attribuant des charges exceptionnelles, car ils appartiennent à des cercles particuliers (Paravicini, 1980, p. 168-181). Il y a ici une volonté royale de partir de l'existant – les ordonnances militaires – d'un État en construction, rationalisé, organisé, tout en gardant une liberté, un pouvoir de décision, même si cela brouille le jeu et trouble l'organisation, dans le sens où cela multiplie les interlocuteurs[99].

94 AGS, CMC, 1ª ep., leg. 1874.

95 AGS, CCA, CED, 2, 2-2, fº 300.

96 AGS, CCA, CED, 2, 2-2, fº 295 vº.

97 Assez peu d'officiers sont aussi difficiles à définir que les *continos*. F. Ladero les définit à mi-chemin entre les anciennes situations de collaborateurs personnels du roi et les nouveaux fonctionnaires (Ladero Quesada, 2014, p. 161). À partir d'une fonction militaire, ils sont passés progressivement à une charge d'administration et d'action politique (Gamero Igea, 2016, p. 194).

98 AGS, CCA, CED, 2, 2-2, fº 253-254. Il touche pour cette fonction, en 1496, la somme de 6 000 mrs, payée par le trésorier de l'Extraordinaire Alonso de Morales, « [...] *en cuenta de su salario porque va a tener cargo de las obras que el rey manda hacer en Salses* » (Andrés Dias, 2004, p. 110).

99 Par exemple, le roi fait venir en 1498 le commandeur San Martin pour inspecter Salses (AGS, Guerra Antigua, leg. 1315, fº 186). San Martin, commandeur de l'ordre de Saint-Jean de Jérusalem, ingénieur artilleur avait, en 1495, renforcé le château Saint-Ange à Rome pour le compte d'Alexandre VI. Son intervention à Salses montre que les Rois

Un autre homme est à la fois hors et dans le système, avec des pouvoirs étendus : Garcia de Herrera. Gentilhomme de Leurs Altesses sur la frontière de Perpignan, il signe des comptes envoyés aux Rois Catholiques, et se voit attribuer par une cédule en 1497 un rôle aussi important que ponctuel[100]. Il déploie pour cette mission une gamme impressionnante de compétences et de savoir-faire[101]. Ainsi, il doit passer une revue générale de toutes les troupes au service royal et payées par le trésor, y compris « … les Suisses, les maîtres, les maçons, et les terrassiers qui travaillent sur les chantiers de cette frontière ». Il doit également vérifier la qualité des ouvriers et piétons. De plus, il doit visiter les travaux qui se font dans les forteresses de la frontière et examiner leur qualité et ce qui doit être construit dans chacune et ce qui est en construction, en déterminer la pertinence et la solidité. On exige de lui d'accumuler une liste précise d'informations sur tout ce qui se passe sur les chantiers : quelles personnes y travaillent et depuis quand ; à quels prix se paient le maître et l'ouvrier, quand et comment on les paie, de quelle manière, en quelle monnaie et à quel taux de change ; qui fournit les chantiers en chaux, tuiles et briques, ainsi que les outils, paniers, cordes, et où en sont les stocks ; quels sont les prix pratiqués ; quel ordre règne sur les chantiers, si les ouvriers travaillent tôt et partent tard. À chacune des personnes qui auraient en charge les travaux, il doit demander la justification de ce qu'on y dépense chaque jour et du montant du coût par semaine. Véritable informateur (Santamaria, 2018, p. 134), il doit savoir « par combien de bulletins on paie les gens de ces chantiers et quels inspecteurs et commis aux écritures il y a et qui les paie et si les gens sont contents de la paye ou se plaignent ». Il a donc ainsi pour mission de faire un rapport précis sur le personnel en place : contrôleurs, inspecteurs, payeurs, commis aux écritures ou autres officiers sont scrutés, pour voir s'ils emploient des hommes à eux, si on leur paie, si on le fait légalement, c'est-à-dire si ces dépenses sont bien entrées en écriture. Allant plus loin encore, il doit informer

---

Catholiques font venir les meilleurs experts pour avoir leur avis sur les suites à donner au chantier (Cobos Guerra et Castro Fernández, 2000, p. 256).

100 AGS, CCA, CED, 2, 2-2, f° 313-314. Cédule rédigée à Burgos et datée du 21/03/1497.

101 L'exemple est intéressant car il contraste avec d'autres dossiers, s'appuyant pourtant sur des sources riches, comme les comptabilités pontificales de la période avignonaise, qui « ne permettaient pas de juger du niveau de connaissance et de savoir faire des praticiens » (Bernardi, 2015, paragr. 2).

le roi si Juan de Valladolid et maître Ramiro visitent les travaux et s'ils y maintiennent l'ordre. Bref, il est les yeux et les oreilles des Rois Catholiques et de leurs conseillers proches sur la frontière. Son rôle est extraordinairement important, car la situation l'est. Nous reviendrons sur les missions de ce personnage, mais il est notable que son rôle lui confère un pouvoir hors de l'organigramme hiérarchique. Cependant, son action répond au besoin d'information des monarques, et fait écho au rôle des *veedors* (Quintanilla Raso, 1984, p. 879). En particulier, cette inspection répond aux décisions prises par les *Cortes* de Valladolid de 1451[102]. Cela nous montre que les Rois Catholiques et leur administration partent de l'existant, et l'adapte au contexte qui est le leur[103]. Ce *veedor* est donc d'exception au sens où il ne fait pas partie de la pyramide hiérarchique militaire classique, mais il s'y inclut. Son action, légitime et reconnue, est inscrite dans des décisions politiques anciennes.

Si nous revenons aux hommes du chantier, la dernière catégorie d'importance est celle des inspecteurs et contrôleurs. Juan de Valladolid est le contrôleur général en charge des travaux de Salses depuis 1495. Il a à ses côtés des *veedors* (inspecteurs) : Alonzo (Alfonso) de Vozmediano – ou Bozmediano – *veedor* des gardes et travaux du comté, Pere de Ribero, *veedor* des travaux et Diego Navarro, *veedor* du chantier de Salses. Ces hommes ordonnent, inspectent, contrôlent, comptabilisent, payent et gèrent. Ils sont les rouages de cette administration. Le rôle des *veedors* répond au besoin d'information des monarques et de leurs conseillers, indispensable pour prendre les décisions adéquates, comme nous l'avons vu précédemment. Contrairement à la mission de Garcia de Herrera, à la vision résolument englobante, ces *veedors*-ci mènent leur action à l'échelle « macro ». Ils offrent aux monarques, mais également au

102 Sur son rôle, voir le point 33 de las *Cortes* de Valladolid de 1451 : « *Otrosi muy poderoso señor, por tanto enlos tienpos* [*sic*] *pasados para ver los rreparos que eran nesçesarios de se fazer enladicha frontera e asi mesmo para ver si estaua la gente que en ella deuia estar, los dichos rreyes vuestros anteçesores, cuya anima Dios aya, e vuestra merçed, tenian e touieron, e asi mesmo tiene vuestra merçed, veedor que ha de yr en cada anno alas çiudades e villas e castillos e fortalezas dela dicha frontera, alos quales se ha dado e da quitaçion, e de muchos tienpos* [*sic*] *aca el dicho veedor non ha ydo a fazer cosa alguna delo suso dicho, que vuestra merçed ordene e mande que de aqui adelante el dicho vuestro veedor vaya a fazer lo suso dicho e lo notifique a vuestra merçed o alos vuestros contadores en vuestro nonbre* [*sic*], *por que en ello vuestra merçed prouea commo entendiere que es conplidero* [*sic*] *a vuestro seruiçio e a pro e bien dela dicha frontera* » (*Cortes de los Antiguos Reinos de León y Castilla* [...], 1866, p. 622).

103 Le cas fait penser aux capacités d'adaptation, d'expérimentation et de changement de l'administration pontificale (Jamme, 2006, p. 247-268).

capitaine général, un niveau de connaissance fin du quotidien du chantier, avec un œil pragmatique. Garcia de Herrera n'a pas forcément un regard « expert » : il est d'abord une personne à la réputation favorable, de bonne naissance et qui a une bonne capacité d'appréciation de la situation (Chastang, 2016, p. 140). Les *veedors*, eux, par leur pratique du chantier ont, au moins, l'expérience du quotidien.

Les Rois Catholiques calquent donc le fonctionnement de l'administration du chantier sur celui d'une capitainerie[104]. Capitaines, *contadores, pagadores, scrivà, veedors*... ont été professionnalisés par la pratique de la gestion militaire, mais transfèrent leurs compétences à la gestion d'un chantier[105]. Ils doublent ainsi leur mission. On constate que cette organisation a la vertu de séparer les étapes administratives (Bayrou, Faucherre, Charbonneau et Quatrefages, 2012, p. 20). L'ordonnateur est le chef militaire, un inspecteur constate la réalité des déclarations, un contrôleur révise les comptes, un trésorier paye. Chaque agent intervient et impose sa marque sur les divers éléments produits par cette procédure. Au final, aucune dépense n'est possible si le contrôleur général n'a pas le visa de tous les intervenants, y compris celui de maître Ramiro, en charge du chantier. Ces acteurs se font parfois seconder : ainsi pour les chantiers délocalisés ou pour des tâches annexes, ils peuvent faire appel à des aides extérieures. En 1496, par exemple, c'est un marchand, Johan Quintana, qui administre les fournitures en outils du chantier[106]. Les blocs de compétences entre un marchand et un comptable sont en effet identiques : lire, écrire, compter, synthétiser, organiser, rendre compte (Zimmermann, 2003 ; Zimmermann, 2001 ; Feller, 2020, p. 25-65).

104 Le pouvoir juridictionnel des capitaines s'exerce sur la *capitania*, comme énoncé dans le code de Diaz de Montalvo datant de 1485 (Quatrefages, 1989, p. 12).

105 À ces hommes, il faudra ajouter tous les autres fonctionnaires, relevant des cours de Castille et d'Aragon, avec qui ils sont en interaction, mais qui n'ont pas été retenus dans l'étude ici présente, car leurs fonctions leur font gérer ces chantiers comme ils gèrent beaucoup d'autres dossiers. Pensons aux *secretaris, algutzirs, scrivans, oydors, mestre racional, tesaurer, scrivà de ració*, etc. (Bofarrull y Mascaró, 1847). – Également, le secrétaire Hernando de Zafra a donné lieu à une production abondante et fort intéressante sur le destin des personnels d'office (Garzón Pareja, 1974, p. 127-147 ; Ladero Quesada, 2005 ; Obra Sierra, 2011).

106 ACA, Real Patrimonio, Maestre Racional, Escribania de Ració del rey, registros de albaranes, volumenes, general, n° 0875, f° 16 v° : « *E es cert empero que lesdites heynes de ferro que son stades fetes e comprades per la dita obra ne fet notament en Johan Quintana mercader qui se vio la administració de la dita obra qui aqui es dins una botiga de la dita vila* [de Salses] *al qual per manament del dit senyor Rey li foren liurades* ».

Cependant, ces fonctionnaires, soldats, ne peuvent pas à eux seuls avoir à la fois les compétences de gestion et les compétences techniques pour porter un chantier de cette envergure. D'autres hommes sont nécessaires. On fait donc appel à des experts extérieurs à cette hiérarchie administrative. Ce dont le chantier a besoin est évidemment d'hommes de terrain, des techniciens, des ingénieurs (Vérin, 1993 ; Vérin, 1998, p. 11-20 ; Vérin, 1984, p. 18-27), des professionnels du bâtiment. Cette demande répond à un « besoin d'expertise » fort, à l'origine de la création de la charge du *maestro mayor de las obras*, comme cela l'avait déjà été souligné lors des *Cortes* de Valladolid de 1447[107]. Cette fonction était tenue par des hommes faisant office de « ministre des travaux publics » (Lardin, 1999, p. 133 ; Lardin, 2019, p. 57-82), qui mettaient en œuvre de vastes domaines de compétences. En effet, les maîtres d'œuvre, qu'ils soient « du roi » ou détachés sur un chantier particulier, devaient être concepteurs de travaux, administrateurs, entrepreneurs et responsables du contrôle technique des constructions achevées ou en cours (Shelby, 1964, p. 387-403). Les souverains s'attachent ainsi les compétences d'experts, dont les gages annuels les lient à eux, et qui leur sont fidèles en retour, à l'image de maître Ramiro qui suit les Rois Catholiques d'Andalousie en Roussillon (Arnoux, 2009, p. 561).

Le premier de ces experts, et le plus souvent cité, est pour Salses ledit *comendador* maître Ramiro López[108]. Ramiro López est d'abord artilleur. Ce profil démontre ici qu'il n'est pas besoin d'être passé sous

107 Voir le point 56 des *Cortes* de Valladolid de 1447 : « *Otrosy muy poderoso sennor, vuestra sennoria sabe en commo los vuestros castillos e fortalezas que estan en la frontera de Aragon e de Navarra e de Portugal e de Granada estan muy mal parados e en muchas partes dellos abiertos e derrocados. E muy poderoso sennor, commo quier que vuestra alteza a dado e da muy grandes quantias de mrs. para labrar e rreparar algunos delos dichos castillos e fortalezas, non se an labrado nin lanbran, e sy algunas lavores se an facho son muy malas, e los mrs. que para ello son dados son muy mal gastados. Po rende muy omilmente suplicamos a vuestra alteza quele plega mandar rreparar los dichos vuestros castillos e fortalezas, dando via e orden commo los mrs. que vuestra alteza para ello mandare dar sean bien gastados e en los logares donde mas convinieren, encargando los a buenas personas en manera que non ande en ello la falta que fasta aqui a andado.* […] *A esto vos rrespondo que vos otros dezides bien e lo que cunple a mi seruiçio e yo asy entiendo fazer, lo mas antes que yo pueda, e sy fasta aqui algo a quedado de se fazer, a seydo por las grandes neçesidades que me an ocurrido commo todos sabedes, e yo sienpre* [*sic*] *lo encomendé a buenas personas e asy lo entiendo fazer de aqui adelante ; ca poco tienpo* [*sic*] *ha que yo enbie al maestro mayor de mis obras para ver lo que se devia de rreparar en mis fortalezas, el qual traxo la rrelaçion de algunas dellas* […] » (*Cortes de los Antiguos Reinos de León y Castilla […]*, 1866, p. 559).

108 À tort, Prudencio de Sandoval attribuait la conception de Salses à Pedro Navarro : « *Pedro Navarro […] vino a españa teniendo guerra el Rey Católico con el rey Luis de Francia, u por su consejo y traza se hizo el castillo y fortaleza de Salsas en Cataluña* » (Sandoval, 1634, liv. XVII, chap. XX).

les fourches caudines de la confrérie des métiers de la pierre ou du bois pour diriger ces chantiers (Bernardi, 2009). Être maître dans l'art de la guerre procure une expérience de terrain inégalable[109]. Ramiro López est néanmoins surtout considéré comme un architecte militaire, ayant une solide formation en géométrie et mathématiques (Galera Mendoza, 2014, p. 55). Noble aragonais, il apparaît dans la documentation pour la première fois en Castille, quand, dans les années 1480, il s'occupe de fondre et organiser l'artillerie du château de Ponferrada (Cobos Guerra, 2004, p. 50). Il débute ainsi sa carrière sous Alphonse V le Magnanime. Les Rois Catholiques font de lui un ingénieur militaire à qui ils confient les défenses de la ville de Santa Fe (*Ibid.*, p. 52). Sa connaissance des forteresses se développe entre 1492 et 1495, période à laquelle il sert aux fortifications de l'Alhambra (*Ibid.*, p. 55-58)[110], expérience probablement approfondie sur les autres sites de la côte grenadine à Güéjar-Sierra, Salbreña et Almuñecar (*Ibid.*, p. 56). Ses services sont hautement appréciés par Ferdinand, qui le gratifie notamment d'une pension viagère au bénéfice de son épouse, Ursula de Monpales[111]. Il quitte Grenade en 1495, participe à une expédition en Afrique du Nord, puis va à Medina del Campo, pour s'occuper de diriger et mettre en place la première fonderie de l'artillerie de la ville. Il s'occupe également de superviser la construction et le creusement des fossés du château de la Mota (Galera Mendoza, 2014, p. 56). C'est donc riche de cette connaissance, et désormais à la tête de l'artillerie royale et récompensé d'une commanderie de l'ordre militaire de Saint-Jacques, qu'il est appelé par les Rois Catholiques à Salses. Une première cédule, envoyée de Torrellas le 22 octobre 1495 à don Enrique de Guzmán, annonce l'arrivée imminente de Ramiro avec comme mission l'examen des forteresses de la zone[112]. L'ordre de mission de Ramiro correspondant lui sera adressé le 30 octobre depuis Alfaro[113]. Il doit se rendre à Perpignan devant de don Enrique de Guzmán, se présenter à lui et immédiatement entamer sa tournée d'expertise des forteresses

109 Il lui suffit d'avoir « les qualités requises » (Errard de Bar-Le-Duc, 1604, p. 23).

110 Ramiro est payé 1 460 000 mrs pour un « certain contrat qu'avec ledit maître Ramiro a été conclu pour les travaux que nous avons ordonné de faire dans la cité de Grenade » (AGS, Estado K, Escribania Mayor de Rentas, Mercedes y Privilegios, leg. 98-84, acte du 12/03/1492).

111 AGS, Estado K, Escribania Mayor de rentas, Mercedes y privilegios, leg. 98-50.

112 AGS, CCA, CED, 2, 2-2, f° 102.

113 AGS, CCA, CED, 2, 2-2, f° 105.

afin d'évaluer les travaux à faire. Ramiro est celui qui conçoit – on dit de lui qu'il est « *gran matemático*[114] » –, et celui qui valide tout ce qui se passe sur le chantier. C'est son expérience de guerre qui lui confère sa légitimité[115]. Conjointement avec le *contino* Juan de Valladolid, il est également à la tête de la *casa del artilleria* de Perpignan (Ladero Galán, 2004, p. 248). L'historiographie résume souvent Salses à Ramiro, créateur dans lequel on aime lire les prémices du génie la Renaissance[116]. Mais il ne porte jamais le titre de maître des Œuvres du roi. Il est son *artillero mayor* – « grand artilleur » –[117]. Il n'est d'ailleurs pas le seul à présider aux destinées de la forteresse roussillonnaise. En août 1499, Pere Ciffre, maître d'œuvre perpignanais, homme de métier du secteur du bâtiment, est nommé « *operarius operum regiorum in comitatibus Rosilionis e Cerdanye*[118] ». C'est lui le maître des Œuvres du roi à partir de cette date. Ce duo est donc à la manœuvre pour penser et construire l'édifice : un expert en poliorcétique et un maître de métier.

Ainsi, les Rois Catholiques placent à Salses les hommes indispensables à sa réalisation : les responsables, les concepteurs, mais également les administrateurs qui doivent gérer à la fois en local et en lien avec les cours des différentes couronnes, et enfin les hommes de l'art. La gestion de ce chantier montre parfaitement l'« institutionnalisation de l'administration » (Santamaria, 2019, p. 114) en cours.

---

114 Biblioteca de la Reial Academia de Historia, Collección de Jesuitas, varios, 118, *Récit du siège de 1503 par un auteur anonyme.*

115 F. Cobos propose d'ailleurs l'idée selon laquelle Léonard de Vinci en personne se serait inspiré de Salses pour dessiner les plans de Piombino (Cobos Guerra, 2004b).

116 Il a souvent anticipé les solutions de défense qui seront développées par la suite en Italie. Méconnu, il se serait fait piller ses expérimentations et découvertes par l'artiste italien Francesco di Giorgio Martini (1439-1502) (Domínguez Casas, 1993 ; Cobos Guerra, 2004, p. 259 et p. 531).

117 AGS, CCA, CED, 2, 2-2, f° 321 v°, par exemple.

118 ADPO, 1B 344, f° 18 r°. À Antonio Desvivers, 03/08/1499 : « [...] *que comple molt a nostre servey para la reparació y rehedificacio de nostres obres reals hi haia un obrer que specialment entengue en la endressa de aquells. E per que de semblant offici sie provehida* [...] [donne pouvoir à Antoni Desvivers] *de crear un obrer per a les obres Reales* [...] *amb salari vuit y cinc liures* [...] *lo qual abans que entre en lo dit exercici de dit offici fasa jurament en mans vostres de haverse be e lealment en aquell a tot avantage e profit de la cort* [...] *que en la examinacio de vostres comptes vos posant en data les dits 25 lb* [...]. *E aximateix per que les dites obres se fassen ab menys despeses vos donan poder facultat que les pugan donar a preu fet al encant o de la manera que mes convenient vos* [...] *para a tot avantatge del nostre real patrimoni mirant les temps en lo benefici e augment de aquell. En testimoni de les quals coses han manat esser fetes les presents ab nostre segell secret en les spolles segellades dat en la ciutat de Granada* ».

Quant au dossier de Gérone, il fait ici figure de contre-exemple saillant. Le contexte ne se prête pas, pour l'épisode géronais, à la mise en place d'un personnel administratif particulier. La reine et l'infant doivent faire avec les hommes qu'ils ont sur place. Pere Miquel, qui tient les comptes, et qui pourrait donc être compris comme *pagador*, est un « simple » juriste local. La reine lui a directement demandé de faire « *la administració* » des recettes et dépenses durant l'épisode du siège[119]. Le trésorier du roi d'Aragon auquel Pere Miquel doit rendre des comptes est Galceran Oliver. La reine est entourée de militaires qui l'ont accompagnée depuis Barcelone, mais également de citoyens *honrats* – « honorables » – locaux, qui ont constitué un parti autour de la cour[120]. C'est d'ailleurs, le chevalier Narcís de Sant Dionís qui a la charge du chantier de réparation de la Força Vella[121]. Tout comme à Salses, c'est la hiérarchie militaire qui prend le pas sur celle des métiers. Si le militaire donne les ordres et dirige, il faut bien un responsable technique du chantier. En l'occurrence, sans que les comptes donnent davantage de précisions dans un premier temps sur sa fonction exacte, la figure de Nicolau Masdevall semble ressortir. Il a un rôle particulier sur les chantiers, comme responsable et administrateur des équipes et des matériaux, à défaut d'être maître d'œuvre à proprement parler, car l'homme est un notaire local. En date du 26 août 1462, Pere Miquel rentre en comptes la somme de 14 s. 4 drs, avec laquelle il doit payer, pour les deux chantiers, onze manœuvres, quatre maîtres, un apprenti et des matériaux[122]. Plus tard, une autre entrée nous éclaire davantage sur le caractère officiel de sa fonction[123] :

> *Item lo dit die per albaran den Nicholau Masdevall entretenint en la dita obre de la dita forsa de voluntat e ordinacio del dit monseyn lo tresorer qui vol daqui avant sie pagat al dit Masdeval e ab albarans seus* [...]

119 ACA, Real Patrimonio, Maestre Racional, Tesoreria real de Aragon, Libros ordinarios de la tesoreria de la reina, Volumenes, General, nº 0547, 1462, fº 1 rº.

120 Citons les Sampsó, les Raset, les Sant Dionís, dont un des membres est viguier, le bailli Guillermo Sunyer ou encore l'évêque Juan Margarit (Sobrequés i Vidal, 1952, p. 291).

121 ACA, Real Patrimonio, Maestre Racional, Tesoreria real de Aragon, Libros ordinarios de la tesoreria de la reina, Volumenes, General, nº 0547, 1462, fº 13 rº.

122 ACA, Real Patrimonio, Maestre Racional, Tesoreria real de Aragon, Libros ordinarios de la tesoreria de la reina, Volumenes, General, nº 0547, 1462, fº 16 rº : « *He donat a Nicolau Masdeval qui sta en les dues obres de la Forsa per XI manobres que han servit a la dita obra de la dita torra de Requesens* [...] *À mes per IIII mestres per mig jorn arabo de XIIII drs m. ab la messio* [...] *À mes per IIII canes de cordes de canyen per linya* [...] *À mes per I fedri ab I aze qui tira eran* [...] ».

123 *Ibid.*, fº 16 rº.

> « De même, le même jour par un reçu de Nicolau Masdevall s'occupant du dit chantier de la dite Força par volonté et ordre dudit monseigneur le trésorier qui veut désormais que soit payé au dit Masdevall et avec ses reçus [à l'appui] ».

Le 11 septembre, on apprend qu'il est en charge des travaux[124]. L'homme pourrait être l'équivalent d'un *contador*[125]. Les ouvriers travaillent alors sans la présence d'un réel responsable technique. Ils doivent faire avec les maîtres locaux, dont la parole et l'expertise doivent avoir une force particulière. La petitesse de l'équipe sur place contraint à fusionner trois fonctions : encadrant technique, comptable, contrôleur. À sa cour, la reine peut aussi compter sur les agents plus traditionnels de l'administration royale : ainsi, intervient dans les paiements le *scrivà deració*[126], Manuel Bou[127]. Il ne libère pas de fonds pour les ouvriers, mais paie les frais annexes : courriers, dédommagements, frais de la cour… Enfin, tout comme à Salses, le roi tient à être informé de ce qui se passe dans la ville assiégée. Il envoie donc un inspecteur pour examiner les comptes de Miquel, Jachme Pallares. À cette occasion, il est clair que ces chantiers ont été gérés avec une poignée d'hommes : le capitaine, le juriste, le *scrivà de ració*[128]. Le technicien n'entre pas en ligne de compte, il est à la strate en-dessous, administrativement parlant, et tout pouvoir de décision semble lui échapper. Trois hommes, donc, avec un interlocuteur privilégié : le trésorier, et un autre occasionnel : l'inspecteur. Cette formation réduite nous donne les fonctions minimales pour administrer un chantier.

---

124 *Ibid.*, f° 21 v°.

125 On trouve par la suite d'autres mentions, toutes allant dans ce sens. Exemple : *Ibid.*, f° 17 v° : « […] *per albara del dit Nicolau Masdeval per pagar los qui han obrat a les obres de la forsa de Gerona* ».

126 « Comptable de la cour » (Beauchamp, 2019, p. 241-253 ; Beauchamp et Narbona Cárceles, 2015).

127 ACA, Real Patrimonio, Maestre Racional, Tesoreria real de Aragon, Libros ordinarios de la tesoreria de la reina, Volumenes, General, n° 0547, 1462, f° 31 r°.

128 ACA, Real Patrimonio, Maestre Racional, Tesoreria real de Aragon, Libros ordinarios de la tesoreria de la reina, Volumenes, General, n° 0547, 1462, f° 43 r° : « *Per II mans de paper despeses la una o quasi en fer translats dels presents comptes e en diverses altres ordinacions sumes e altres actes dels presents comptes per la examinacio que lo honorable en Jacme Pallares tremes en Gerona per lo senyor Rey havant ne comissio segon diu del dit senyor Rey solament e veure e informar se com stan e refferir ho al dit senyor Rey ne ha feta volent e entrevenint li lo dit monseyn lo capita e encare ab assistencia del dit honorable en Manuel Bou scrivà de ració demunt dit e de monseyn March Mercader que en tot son entrevenguts e stats present lo qual translat volgueren per lo dit Pallares lo feu portas com ha fet al dit senyor Rey ; costen les dites dues mans de paper : XX drs* ».

LES RELAIS D'AUTORITÉ

Une fois que les souverains ont mobilisé les éléments essentiels au démarrage du projet de construction, il faut changer d'échelle. Le maillage de l'encadrement du chantier doit être plus fin. Une pyramide des hommes se crée, comme autant de relais d'autorité, fragmentant la gestion humaine, financière et matérielle du chantier.

Les ressources humaines à Gérone lors du siège de 1462 limitent grandement les possibilités de délégation de tâches et de pouvoir. Les chantiers s'appuient sur trois hommes clefs : le juriste Pere Miquel, qui tient les comptes et paie, le chevalier Narcís de Sant Dionís qui a la charge de la gestion des chantiers, et Nicolau Masdevall le responsable du chantier, mais non homme de l'art, qui gère équipes et matériaux. D'autres agents, émanant tous de la cour, interviennent également dans les procédures administratives et financières. Le trésorier Galceran Oliver, Pau Badia de l'office de la trésorerie et le *scrivà de ració*, grand clerc des comptes, Manuel Bou. La situation de Gérone impose donc une gestion directe du chantier, sans intermédiaires superflus, de par la faible échelle et les possibilités humaines réduites. Comme nous le verrons plus loin, cela simplifie à l'extrême les procédures administratives, tout en concentrant la responsabilité directe des intervenants. Pere Miquel est en effet à considérer comme un comptable au sens où il a tenu des comptes par délégation d'autorité, en assumant la rédaction, mais aussi du fait qu'il est légalement responsable des fonds dont il a la charge (Santamaria, 2017, paragr. 63, 64 et 66). Il doit justifier erreurs et aléas de gestion.

La situation est on ne peut plus différente à Salses et Collioure. La gestion des chantiers, contrainte par la distance, le temps et leur taille, impose des relais d'autorités. Isabelle et Ferdinand mettent en place une pyramide hiérarchique forte. Il est intéressant de noter que l'encadrement voulu par les Rois Catholiques évolue sensiblement avec le temps. En 1496, les choses se mettent en place doucement[129]. Iñigo López de Padilla, qui arrive sur le site avec les 200 premiers ouvriers, tous Galiciens[130], gère directement les hommes, sous le haut commandement de don Enrique de Guzmán, capitaine général, et de

---

129 AGS, CCA, CED, 2, 2-2, f° 253/214.

130 *Ibid.* : Il s'agit de 20 maçons, 10 charpentiers, 10 scieurs, 1 forgeron et ses trois aides, et 156 ouvriers.

maître Ramiro. Aznar Ruiz, aide du trésorier du roi, est avec lui pour assurer chaque jour la paie des ouvriers, en présence d'Iñigo López. Ruiz paie, tient les comptes, signe, s'assure que López contresigne et transmette les documents au payeur royal. Cette organisation des plus simples, qui n'est pas sans rappeler le fonctionnement géronais, ne dure pas. En fait, elle fonctionne, car Ruiz et López mènent une troupe homogène, relativement peu nombreuse. Les tâches, chantiers et sites se multipliant, il devient impossible d'avoir un œil sur tout. L'arrivée de nombreux ouvriers change la donne. Les Rois Catholiques ordonnent donc de désigner des inspecteurs[131]. Martin de Acosta, Iñigo López de Padilla et Villanueva, l'*alguazil* de Leurs Majestés se chargent chacun d'un site, et rendent des comptes à maître Ramiro et Juan de Valladolid, qui, eux, passent d'un chantier à l'autre au moins une fois par semaine. À partir de cette première déclinaison, s'imposent une hiérarchie de plus en plus complexe, qui mêle la gestion administrative, financière et technique, et cela à la double échelle de l'ensemble des chantiers de la frontière et de chaque site.

Lorsque Garcia de Herrera fait sa tournée d'inspection en 1497, on constate que la pyramide des hommes est déjà bien en place[132]. Sur chaque site, on trouve désormais un contrôleur, des inspecteurs, des payeurs et des commis aux écritures. Chacune de ces personnes doit être en mesure, au quotidien, de justifier les dépenses faites sous sa responsabilité[133]. Le *escribano de ración*[134] – « receveur » – désigne en plus un représentant sur chaque chantier[135]. Il est le grand clerc des comptes, ou

131 *Ibid.*, f° 278/239 : « [...] *encargareis algunas personas de mucho recaudo y diligentes que andan continuamente sobre las obras y vos traigan la relación de lo que en cada obra se hace y por que haya buen recaudo asi en la labor como en el gasto dello e de todo haya buena cuenta y razón nos parece que sera bien que entre tanto que mandamos proveer de veedores para las dichas obras* [...] ».

132 *Ibid.*, f° 313 v° / 274 v°.

133 *Ibid.*, f° 314 r° / 275 r° : « [...] *Ytem habeis de pedir a cada uno de las personas que tuvieron cargo de las dichas obras la razon de lo que cada dia se gasta en ellas y de lo que monta el gasto de cada semana* ».

134 Il s'agit de la version castillane du *scrivà de ració* catalan que nous avons déjà croisé. De très belles études ont été faites autour de cette fonction et des hommes en charge (Chila, 2019 ; Beauchamp et Sáiz Serrano, 2015, p. 51-68).

135 *Ibid.* : « *Ytem habeis de saber si las hierramientas y maderas y clavazon y xareia y materiales y otras cosas que se compran para dichas obras po ante quien se compran y quien las compran y si se hace la compra dello por ante Juan de Valladolid y los veedores y la persona puesta por nuestro escribano de racion y si friman de sus nombres lo que cuesta cada cosa en el libro del gasto de las dichas obras segun que les esta mandado* ».

le clerc des comptes, le terme prêtant à confusion en désignant parfois deux officiers hiérarchiquement différents (Lainé, 2015, p. 513-527). Le détail de l'organisation nous est plus finement connu grâce à une cédule de juin 1497[136]. Un premier groupe d'hommes a autorité sur tous les chantiers. Il s'agit que Diego de Tordesillas, qui paie les travaux, après validation et contre-signature de don Sancho, du procurateur royal, de Juan de Valladolid et de maître Ramiro[137]. Ce premier cercle a les chantiers en mains. Avec eux, on trouve deux inspecteurs (*veedores*) et un contrôleur des ouvriers (*contador de los peones*). Le second cercle est composé d'inspecteurs des chantiers (*veedores*), présents sur chaque site, accompagnés « d'une personne diligente » choisie parmi les hommes du premier cercle par don Sancho. Donc, chaque site est géré au quotidien par un inspecteur et chaque membre du premier cercle a un chantier qui lui est particulièrement attribué. En 1500, on constate que cette équipe encadrante regroupe entre 14 et 19 hommes[138]. L'inspecteur de chantier rend des comptes aux contrôleurs et inspecteurs des ouvriers. De plus, il y a un payeur (*pagador*), désigné par le trésorier royal (Gamero Igea, 2015, paragr. 8-13), qui libère les sommes dûment entrées en compte, justifiées et validées par Diego de Tordesillas. Ce trésorier, pour sa part, a une véritable feuille de poste, qui met en œuvre de multiples tâches, exercées dans l'ensemble du royaume. Lorsqu'en 1499 Gabriel Sanchez, conseiller et trésorier général du roi liquide ses comptes devant le *Maestre Rational*[139], on touche du doigt sa polyvalence et surtout ses multiples responsabilités. La désignation du payeur est une procédure qui se met en place au XIIIe siècle. Depuis les années 1280 en effet, les dépenses engagées par les serviteurs des rois d'Aragon leur sont remboursées par le trésorier

136 *Ibid.*, f° 322 v° / 283 v°, en date du 12/06/1497.

137 Maître Ramiro détient en presque tous points les prérogatives que L. R. Shelby attribue aux maîtres des œuvres : concepteur, administrateur, responsable du contrôle technique et entrepreneur. (Shelby, 1964, p. 387-403).

138 AGS, CMC, 1ª ep., leg. 180, s.f°, dépense en date du 10/07/1500 et dépense en date du 8/08/1500.

139 ACA, Real Patrimonio, Maestre Racional, volumenes, serie general, n° 661. Libros de albaranes, libros de albaranes de Guillermo Sanchez, 1497-1500, f° 5 v° : « [...] *revent havent deffenent, e per vostres forces conservant e demanant e recobrant apoches, diffuncions e qualsevol altres cantelles de pagua fahent, e atorguant a qualsevol receptors los comptes e rahons de aquells, exhigint e llurs restes havent, e llurs errors corregint, e puniint, e finalment fahent, e exercint totes altres coses que al damunt dit offici de thresorer e receptor general pertangue en qualsevol manera se sguarden e que altres tresores e receptors generals dels Illustrissimos Reys e princeps d'Arago han acostumat e pogut fer, e exercir* [...] ».

royal qui, à l'aide d'un sous-trésorier et de scribes, et sur présentation de justificatifs écrits, produit des comptes semestriels (Beauchamp, 2019, p. 251). L'organisation se complexifie, et les contemporains eux-mêmes commencent à se demander s'il ne serait pas possible de simplifier un peu les choses. Don Enrique de Guzmán, le capitaine général, écrit ainsi une dépêche à Hernando de Zafra, secrétaire des Rois Catholiques, en mars 1497. Lui qui a en charge à la fois les travaux et la troupe, il demande à n'avoir à faire qu'à un seul payeur et non à plusieurs. La réponse de Zafra est délicieusement technocratique[140] :

> [...] *en cuanto lo que decis que vos parece que el gasto destas obras se debia hacer por mano de un pagador y no de tantos, bien seria como vos decis si las pagas no fuesen diferentes por que como vos sabeis la paga de sueldo se paga de un dinero y es a cargo y cuenta de Juan de la Torre y de Diego de Tordesillas en su nombre y el cargo de la otra paga asi de la demasia de mas del sueldo como de los otros gastos de las obras es a cargo de Gavriel* [*sic*] *Sanchez nuestro tesorero y desta causa no se puede ser que se pague por otra via* [...]
>
> « [...] au sujet de ce que vous dites qu'il vous semble que la dépense de ces travaux devrait se faire par la main d'un payeur et non plus de plusieurs, ce serait effectivement bien si les paiements n'étaient pas différents car, ainsi que vous le savez la paie de la solde est faite sur certains fonds et relève de la charge de Juan de la Torre et de Diego de Tordesillas en son nom propre, et la charge de l'autre paie ainsi que du surcroît de la solde, de même que les autres dépenses des travaux relèvent de Gabriel Sanchez notre trésorier, et pour cette raison, il n'est pas possible de payer par une autre voie [...] ».

Avons-nous sous les yeux le « point de bascule » entre les Anciens (Guzmán) et les Modernes (Zafra) quant à la conception de l'État ou simplement le pragmatisme d'un militaire face à la rigueur procédurière d'un fonctionnaire ?

Ce schéma organisationnel est celui voulu et connu des Rois Catholiques. Mais il apparaît que leur vue se trouble à partir d'un certain niveau hiérarchique. Dans les cédules, ils ne mentionnent jamais les hommes qui sont en-dessous ou autour de ces deux cercles fonctionnels. Le Moyen Âge central d'abord, et surtout le bas Moyen Âge sont marqués par l'essor de la bureaucratie, signant l'avènement d'une vaste société politique (Santamaria, 2018, p. 10). Les ordres circulent désormais entre une multitude d'agents d'État. Il est alors intéressant

140 AGS, CCA, CED, 2, 2-2, f° 316 r° / 277 r°.

de pousser l'enquête en dehors des seules sources émanant du secrétariat royal. L'examen peut être mené dans deux directions : la gestion purement administrative et financière, et la gestion pratique et technique.

Les registres du *scrivà de ració*[141], ou du *Maestre Racional*[142], par exemple, permettent de se rendre compte que de nombreux rouages administratifs territoriaux (Ladero Quesada, 1994, p. 68) qui interviennent dans la grande machinerie des chantiers de la frontière. Par exemple, les reçus de Luis de Santángel, pour *l'escribania de ración*[143] du roi nous indiquent les personnes en charge des comptes sous la responsabilité de Juan[144] de Casafranca, lieutenant du trésorier Gabriel Sanchez, mentionné à plusieurs reprises par les Rois Catholiques. C'est Aznar Ruiz, aide du lieutenant, qui met en œuvre les ordres de Juan de Casafranca, à partir des registres tenus par chaque commis aux écritures (*scrivà de la obra*) des différents sites. À Collioure, par exemple, nous apprenons que ce scribe est Christofòl de Ponç[145] et à Claira, c'est un certain Esteve Riera[146]. L'information remontée par ce canal est ensuite entrée dans les registres de Luis de Santángel de la main d'un autre scribe de son office, Pau Vidal. Donc, par exemple, quand le 20 décembre 1496 Juan de Casafranca justifie à Luis de Santángel une dépense de 5 590 s. 6 drs pour des paniers et des pelles, ce sont trois mains qui ont produit la documentation nécessaire entre les deux hommes.

Mais au-delà, ces documents ont dû être validés et contresignés par au moins l'inspecteur du chantier, l'inspecteur des ouvriers, et les responsables que sont don Sancho, maître Ramiro et Juan de Valladolid. En 1497, Diego de Tordesillas et « ceux qui ont la charge de payer » – ce qui laisse supposer qu'il a sous ses ordres une équipe de payeurs – doivent de plus

141 Entre autres : ACA, Real Patrimonio, Maestre Racional, Escribania de ració del Rey, registros de albaranes, volumenes, general, n° 0875. Registres de albaranes extraordinarios de Luis de Santángel (1495-1498).

142 Entre autres : ACA, Real Patrimonio, Maestre Racional, volumenes, serie general, n° 661. Libros de albaranes, libro de albaranes de Guillermo Sanchez (1497-1500) (Montagut i Estragués, 1987).

143 À titre de comparaison, les effectifs payés par le *scrivà de ració* au temps de Pierre le Cérémonieux ont été étudiés (Beauchamp, 2014, p. 28-30).

144 Jaume (version catalane) / Juan (version castillane) du même prénom. L'homme, comme tant d'autres, est rebaptisé à la mode de celui qui produit la source.

145 ACA, Real Patrimonio, Maestre Racional, Escribania de ració del Rey, registros de albaranes, volumenes, general, n° 0875. Registres de albaranes extraordinarios de Luis de Santángel (1495-1498), f° 48 v°.

146 *Ibid.*, f° 56 r°.

faire avec le trésorier à Salses, Alonso de Morales[147]. Dans cette procédure administrative déjà complexe, d'autres hommes peuvent encore intervenir. En 1496, Aznar Ruiz se fait par exemple aider d'un marchand de Perpignan, Johan Puig de Luch, avec l'accord de Santángel et du roi, pour l'achat du matériel nécessaire au chantier de Salses[148]. Johan Puig de Luch a pouvoir d'intervenir à Salses et dans le comté du Roussillon, et tient donc les comptes de ses achats au nom de Ruiz et avec lui[149].

Les livres ordinaires[150] du procurateur royal et chevalier Antonio Desvivers fournissent encore les noms d'autres agents qui interviennent à d'autres titres dans les financements et reddition de comptes des chantiers. Ainsi, en 1500[151], pour le chantier de Collioure, le procurateur royal Desvivers met en dépense ce que Baldiri Tallader, son lieutenant sur place, a payé à Johan Alcanya, autre lieutenant de procuration royale, d'après les justificatifs présentés par le commis aux écritures local, validés par l'inspecteur du chantier et les autorités militaires. Johan Alcanya est celui qui a rendu compte des dépenses sous serment, et a signé un reçu (*apoca*) produit par le notaire Franci Reynart. De 7 à 10 hommes donc, interviennent pour l'engagement et le paiement d'une somme de 49 lb. Ces hommes sont les rouages courants du parcours administratif d'une dépense sous les Rois Catholiques, qui ne les mentionnent pas, car au final ce sont les agents ordinaires de l'État. Leur nombre, sans cesse croissant[152], assure le bon fonctionnement d'une organisation territoriale de plus en plus complexe. Alexandra Beauchamp

147 AGS, CMC, 1ª ep., leg. 1874.

148 ACA, Real Patrimonio, Maestre Racional, Escribania de ració del Rey, registros de albaranes, volumenes, general, nº 0875. Registres de albaranes extraordinarios de Luis de Santángel (1495-1498), fº 54 vº : « [...] *present e intervenint hi en Johan Puig de Luch mercader de la vila de Perpinya de expressa comissio e ordinacio per mi en aço a ell feta per manament del dit Senyor Rey en la vila de Salses e en altres parts del comtat de Roselló de III dies del mes de juliol de MCCCCLXXXXVI fils per tot lo derrer dia del mes de juny apres seguent del anys deius scrit* ». – Le choix d'un marchand n'est pas surprenant : il est motivé par une maîtrise des compétences essentielles à cette charge, ce qui explique également que des citoyens marchands rompus aux pratiques comptables occupent fréquemment le poste de *Maestre Racional* (Beauchamp, 2019, p. 252).

149 *Ibid.* : « [...] *segons se scrivent e permenut se mostre en lo compte per lo dit Aznar Ruiz tengut en lo qual lo dit Johan Puig de Luch intrevengut per mi qui aquell he enfilat en lo fill de mon offici* ».

150 ACA, Real Patrimonio, volumenes generals, libro ordinario del procurador Antonio Desvivers, vol. 114, 1497-1498, fº 95 rº.

151 *Ibid.*, fº 138 rº.

152 L'inflation du nombre des agents au service de l'État est un phénomène général dans l'Europe latine (Goody, 2018, p. 58-59 ; Strayer, 2018, p. 82 et p. 85-86). Le personnel

(2019, p. 242) parle même, à partir du XIIIe siècle pour la péninsule Ibérique, d'une « monarchie administrative », s'appuyant sur un monde de l'office stabilisé (Claustre, 2015, p. 189-193).

Sur le chantier, d'autres hommes interviennent, pour une gestion non plus purement administrative, mais davantage d'encadrement technique et humain. Pour Salses, on se rend rapidement compte que les responsables se multiplient, fragmentant le chantier en une multitude de pôles d'activités et de fonctions transversales. Des hommes aux commandes que nous avons déjà évoqués, à l'image de Pere de Ribero, Diego Navarro, Diego de Torres, Alonzo de Vozmediano ou bien sûr Diego de Tordesillas pour Salses, ou Pedro Hernandez et Antonio de Berrio pour Collioure et Claira, assument une double fonction, d'encadrant-contrôleur (*veedor*) et de validant, puisqu'ils doivent apposer leur signature sur la majorité des documents produits. Certains, comme Alonzo de Vozmediano, assument leur fonction de contrôleur à large échelle, ce dernier étant *veedor* pour les comtés de Roussillon et Cerdagne, alors que d'autres sont *veedors* d'un seul site.

Ces hommes sont entourés, comme on l'a vu, de commis aux écritures (*scrivà*), soit attachés à une fonction[153], soit à une charge[154]. Leur poste fait d'eux des traits d'union entre le monde de l'office et celui du chantier. Ils doivent à la fois être sur le terrain, et au pupitre. Mais avec eux, ou en-dessous d'eux, une armée de responsables leur transmet les informations et applique leurs décisions. L'obsession est d'abord de compter, lister, recenser, dénombrer hommes, matériaux, matériels. Il y a une kyrielle de *contadores* qui comptabilise à peu près tout ce et ceux qui passent sur le chantier de Salses. Diego Navarro et Diego de Torres sont *contadores* des ouvriers tout comme Rodrigo de Fonseca et Francisco de Ribero. Pedro de Buzuela, et Alonso de Madera après lui, comptent, pour leur part, les bêtes de somme et les charretiers avec tombereaux. Ruy Gutierrez

de la chancellerie des rois capétiens passe ainsi de 10 en 1286 à 59 sous Jean le Bon et jusqu'à 98 en 1343 (Bedague, 2019, p. 189).

153 La spécialisation des comptables en charge des travaux se retrouve également en Île-de-France. Voir l'exemple du compte général des baillages de l'Ascension (1248) (Chapelot, 2001, p. 27).

154 Par exemple, en 1498, Rodrigo Sanchez et Diego Sayz sont écrivains du *veedor* Pedro de Ribero, Gomez de Monreal est celui d'Antonio de Berrio, alors qu'Andrès de Poza est, lui, écrivain des comptes des chantiers. En 1499, Gonzalo de Ribera s'occupe exclusivement des comptes et de la justification des achats. De même Francisco de Ribero est écrivain de Rodrigo de Fonseca, et est affecté au décompte des ouvriers.

compte les briques qui sortent des fours de Claira, Alonso de Madera compte la chaux qui arrive sur le chantier, Alonso de Vilena compte les outils. Bien sûr, compter c'est également peser, en l'occurrence les pierres venues de l'Empordà, ou encore la chaux – Alfonso de Texerina en 1498, puis Juan de Jaca et Antoni Andrès en 1499 –. On s'aperçoit rapidement que l'important ici est que les responsables aient une vision juste, à la brique près, de ce qui est produit ou consommé sur le chantier, qu'ils soient capables de rendre compte au plus serré de ce qui est dépensé.

Incontestablement, ce sont les ouvriers qui sont les plus encadrés. On retrouve dans le fonctionnement du chantier une structure militaire, avec des capitaines en charges de cohortes d'ouvriers composées de 12 à 174 hommes, ce qui n'est pas sans rappeler les *capitania* du code de Diaz de Montalvo (Quatrefages, 1989, p. 12). Ces équipes de travail sont constituées soit selon le savoir-faire – équipe de maîtres sous les ordres du capitaine Rodrigo de Vallezillo, de charpentiers aux ordres du capitaine Bernal Oliver, ou de *peones* –. Certains groupes ont des spécialités : ainsi les *azadoneros* – piocheurs ou terrassiers –. Parfois, c'est l'origine géographique qui fait l'unité : on rassemble sous le commandement du même capitaine, ou du *cuadrillero*, subalterne en charge d'une quadrille avec une tâche précise, des hommes de Vic, du Vallès, de Manresa, de Gérone, de Besalú, de Torroella de Montgrí, Montredon, Camprodon ou des Basques. Et c'est au sujet de la gestion des ressources humaines que l'on se rend compte que la pression que les Rois Catholiques mettent à distance pour la réussite de ce projet, en temps impartis et à moyens optimums, fonctionne parfaitement. Un *cuadrillero*, Pascual Tarres, est ainsi payé en 1498 uniquement pour faire travailler l'équipe de piocheurs géronais de Juan Capitana. Cette volonté d'optimisation du travail se concrétise dans de nombreuses charges données à des hommes dont la mission principale est de presser, de faire travailler, de contrôler, de cadrer[155]. Ainsi, en 1498, Juan Rodriguez est en « charge de presser les chaufourniers et de savoir ce qu'ils font ». Pedro de Buzuela doit de son côté faire travailler des charretiers et Francisco de Tamayo est « en charge de faire travailler les mortelliers et de surveiller que les ouvriers qui aident pour le mortier ne s'arrêtent pas travailler[156] ». La volonté

155 Selon la formule utilisée dans les sources : « *andar sobre la gente* ».

156 On pourrait multiplier les exemples : Juan Rodriguez de Briniesta et Pere Juan de Vruy sont ainsi en charge d'aller sur le territoire presser les chaufourniers et savoir ce qu'ils font.

d'optimisation se retrouve également dans la gestion des ressources et des outils : il y a, comme Graniel Navarro, des responsables des surplus, qui sont dûment répertoriés, tout comme on trouve un responsable des outils. Mettre la pression au travail, mais également licencier les moins rentables : voilà la mission toute particulière de Graniel Navarro en 1498, et de Francisco Narcisso après lui, qui se chargent de congédier ceux « qui ne travaillent pas » ou au contraire, et cela en dit long sur la dureté des conditions de travail, d'éviter que certains ne partent. Ce rôle de garde-chiourme, tenu de nouveau en 1502 par Miguel de Almendarez et Marín de Bona, demande des hommes à poigne, ce qui est vraissemblablement le cas pour Almandarez qui est « *hombre d'armas de la capitania de don Sancho* ». Ces hommes sont à une position stratégique dans la pyramide hiérarchique : ils sont responsables de la concrétisation, de la réalisation de la volonté et des désirs du prince. Ils sont assez bien payés d'ailleurs pour endosser le mauvais rôle : Almendarez ou Navarro sont payés plus de 2 000 mrs par mois. L'important est donc que le chantier aille vite et aille bien. Il est impensable qu'il s'arrête, faute de main d'œuvre ou de matériaux. Il leur faut veiller à ce que la chaine logistique fonctionne.

D'autres hommes s'ajoutent de ce fait à la déjà longue liste des encadrants du chantier. Tout d'abord, on trouve des rabatteurs qui ont pour mission de convaincre les hommes des différentes région – d'Empordà, par exemple –, de venir travailler à Salses. Leur objectif est de nourrir en permanence en bras neufs le chantier. Puis, on retrouve tous les responsables de productions et de fournitures, chacun ayant un matériau de prédilection : Juan de Calahorra est responsable de l'approvisionnement en petit bois pour les fours, Juan de Alcatraz, en charbon, Ruy Gutierrez en briques, Alonso de Madera en chaux, Juan de Mira et Diego de Cuenca en bois de construction, Alonso Bonjorn en sable etc. Notons qu'en dehors de ces intervenants officiels, il est possible aux autorités de passer directement des contrats avec des fournisseurs hors du chantier de manière ponctuelle. Ainsi, les comptes de Luis de Santángel montrent qu'une commande spéciale d'outils a été faite directement par le roi à un forgeron, Michel Fayol en 1497 pour Salses[157]. Ce dernier a traité directement avec le *scrivà de ració* et n'apparaît pas dans les comptes ordinaires du chantier : il est externalisé.

157 ACA, Real Patrimonio, Maestre Racional, Escribania de Ració del rey, registros de albaranes, volumenes, general, n° 0875, Registres de albaranes extraordinarios de Luis de Santángel, 1495-1498, f° 54 v° : « *Es cert empero que dels dits haynes* [*sic*] *que son stades*

De don Sancho à l'ouvrier, c'est donc tout un personnel encadrant qui est mis en place, chacun ayant une tâche bien définie. Ces hommes, qu'Élisabeth Crouzet-Pavan (2004, p. 43-59) appelle à juste titre les « techniciens fantômes », sont au cœur d'une communication ascendante/descendante : ils mettent en œuvre les ordres et volontés des Rois Catholiques et rendent compte de la situation sur le terrain. Grâce à eux, les responsables du chantier – don Sancho, Juan de Valladolid, maître Ramiro etc. – ont une image précise de l'état des choses et peuvent à leur tour rendre compte rapidement aux souverains. Cette gestion de l'information pour connaître et communiquer garantit l'efficacité de l'administration (Dewez et Tryoen, 2019, p. 10). Ce personnel composé de secrétaires, d'informateurs et d'exécutants, noyau de la nouvelle bureaucratie de « l'État moderne » s'enracine dans la professionnalisation des membres du conseil privé des rois, qui doivent désormais être hautement informés, et dont les responsabilités s'alourdissent (Strayer, 2018, p. 77). Car cette petite armée mexicaine est avant tout au cœur de processus et procédures complexes, mais pragmatiques. Elle est un des engrenages essentiels de la « nouvelle » société politique sur laquelle s'exerce et s'appuie l'exercice du pouvoir d'État (Ladero Quesada, 1994, p. 31-93).

INSTAURER DES PROCÉDURES ADMINISTRATIVES

LA PROCÉDURE ADMINISTRATIVE ET SES DÉDALES

Inventorier les ressources disponibles, placer les agents administratifs et techniques sont certes deux étapes essentielles, mais qui ne sauraient suffire si des procédures, des processus et des méthodes n'étaient pas mis en œuvre pour gérer à la fois de manière rationnelle, mais également efficace, et ce, à distance. Il s'agit donc ici de pister les séries de formalités à accomplir et les étapes administratives à respecter pour aboutir à une décision (procédure) puis l'ensemble des opérations organisées en vue du résultat (processus). Ces étapes administratives sont surtout pour

comprades de manament del dit Senyor Rey per la dita obra he fet notament en lo libra de notaments de mon offici a maestro Michel Fayol ferrer qui aquelles tena en comanda per la dita obra fins tant do raho e compte de aquellos com hisera demandat ».

les princes le moyen de pouvoir avoir confiance dans les agents à qui ils confient ces missions. Dans le cas de Salses comme dans celui de Gérone, les procédures répondent aux mêmes étapes indispensables : prise de décision et enclenchement du processus, justification et rationalisation des dépenses, mise en paiement et libération des fonds, validation, contrôle et responsabilisation. Ces deux dossiers pourraient illustrer ce que Bourdieu (1989) appelait « l'autonomisation bureaucratique » de l'État.

Dans le cas géronais, nous l'avons vu, l'échelle réduite concentre le nombre d'acteurs à l'œuvre. Les procédures administratives de gestion répondent donc à cette configuration modeste.

- **Galceran Oliver**, trésorier, délègue son pouvoir à **Pau Badia**, assistant du trésorier.
- **Galceran Oliver**, trésorier, désigne **Nicolau Masdevall** comme responsable du chantier.

À partir du compte, pour une somme engagée :

- **Narcis de Sant Dionís**, responsable du chantier :
  - produit une *cédule* de la somme annoncée à **Pere Miquel**, juriste.
- **Pere Miquel**
  - paye **Narcis de Sant Dionís** pour la somme annoncée et tient le compte.
  - fait rédiger à **Nicolau Roca**, notaire de Gérone, certains actes de reconnaissances de paiement (*apocha*).
- **Narcis de Saint Dionís**
  - déclare la somme à **Pau Badia**.
  - donne la somme à **Nicolau Masdevall**
- **Nicolau Masdevall** paye la somme dûe.

Enc. 1 – Synthèse de la procédure de rémunération des ouvriers et d'achat des matériaux. Gérone, 1462.

Seuls Narcís de Sant Dionís, puis Nicolau Masdevall ont un contact direct avec le chantier : ils sont tenus de faire remonter à Pere Miquel, via Pau Badia, les sommes nécessaires au paiement des ouvriers et des matériaux. Certains fournisseurs cependant passent directement par Pere Miquel, comme Francesc Martí, charpentier, et son fils qui ont travaillé à la réalisation de portes pour la prison[158]. Le fait que ces réparations ne concernent

158 ACA, Real Patrimonio, Maestre Racional, Tesoreria real de Aragon, Libros ordinarios de la tesoreria de la reina, Volumenes, General, n° 0547, 1462, f° 15 v°.

pas directement les chantiers de mise en défense de la ville peut expliquer que ni Masdevall ni Sant Dionís ne s'en chargent. Badia doit « *regoneixer* » le chantier, c'est-à-dire à la fois outils, matériaux et ouvriers[159]. Le terme, en catalan, signifie « reconnaître », au sens d'« examiner », d'« enregistrer ». Assistant du trésorier royal, il n'inspecte pas le chantier, mais il enregistre dans les livres de comptes les informations qui lui sont transmises par les responsables « techniques », avant de produire une *albarà* (quittance) donnant ordre de mise en paiement à Pere Miquel. Il semble toutefois que ce processus puisse être décliné. En effet, Pere Miquel dans son livre de comptes utilise régulièrement la formule : « j'ai payé par la quittance de Nicolau Masdevall[160]… ». Les étapes seraient donc raccourcies entre le décompte des salaires et achats, et la libération de la somme correspondante, dans une procédure qui pourrait être la suivante :

- **Galceran Oliver**, trésorier, délègue son pouvoir à **Pau Badia**, assistant du trésorier.

À partir du compte, pour une somme engagée :

- **Narcis de Sant Dionís**, responsable du chantier :
  - produit une quittance (*albara*) de la somme annoncée à **Pere Miquel**, juriste.
- **Pere Miquel**
  - paye **Narcis de Sant Dionís** pour la somme annoncée et tient le compte
- **Narcis de Saint Dionís**
  - déclare la somme à **Pau Badia**
- **Pau Badia**
  - valide et intègre la somme à ses propres comptes
- **Narcis de Sant Dionís**
  - donne la somme à **Nicolau Masdevall**
- **Nicolau Masdevall** paye la somme dûe.

ENC. 2 – Synthèse de la procédure de rémunération des ouvriers et d'achat des matériaux, configuration directe. Gérone, 1462.

159 *Ibid.*, f° 13 r° : « *Item lo dit die doni al honorable monseyn Narcis de Sant Dionis cavaler qui ha carrech de fer obrar e reparar la Forsa vella de la ciutat de Gerona per messio de deu homens qui obraren lo dit die ala torra de Requesens araho de sinch diners* […] *los quals hen donats per albaran del honorable en Pau Badia del offici de la tresoreria havent carrech de regoneixer la dita obre e obrers* ».

160 Exemple : ACA, Real Patrimonio, Maestre Racional, Tesoreria real de Aragon, Libros ordinarios de la tesoreria de la reina, Volumenes, General, n° 0547, 1462, f° 16 v° : « *Item lo dit die per albaran den Nicholau Masdevall* […] ».

Il est en effet assez difficile de comprendre exactement qui produit les *albarans*. Dans le même extrait que précédemment, Pere Miquel poursuit[161] :

> *Item lo dit die per albaran den Nicholau Masdeval entretenint en la dita obre de la dita Forsa de voluntat del dit monseyn lo tresorer qui vol daqui aviat sie pagat el dit Masdeval e ab albarans seus* [...]
>
> « J'ai payé par la quittance de Nicolau Masdevall qui s'occupe dudit chantier de ladite Forsa par la volonté dudit monseigneur le trésorier qui veut qu'à partir de maintenant il soit payé au dit Masdevall et avec ses quittances [...] ».

La question ici est de savoir à qui se rapportent « ses quittances » : au trésorier, ou à défaut son substitut Pau Badia, ou à Nicolau Masdevall ? D'où la proposition faite à la synthèse ci-dessus : un aller-retour de validation des sommes à engager entre Masdevall / Sant Dionís et Pau Badia – somme qui est entrée dans les comptes du trésorier royal – puis, ou en parallèle, un ordre de paiement donné à Pere Miquel. Le schéma a l'avantage de permettre un contrôle en contrastant les comptes de Badia et Miquel, supposément construits à partir des mêmes informations produites par les responsables du chantier. Ce processus semble se confirmer au fil de la lecture du compte de Miquel, puisqu'il utilise, comme on l'a dit précédemment, la formule « par quittance dudit Nicolau Masdevall[162] ». Masdevall paraît être au final celui qui produit généralement la quittance de mise en paiement. En 1463, c'est par une quittance de Masdevall que Miquel paie à Sant Dionís la somme nécessaire au règlement de salaires d'ouvriers et d'achat de matériaux[163]. En 1463, il est à noter que le capitaine de la ville peut se substituer à Pau Badia pour valider par ordre et contre-signature la quittance produite par Masdevall[164]. Il est intéressant de remarquer que l'intervention du capitaine ressemble fortement à un contrôle supplémentaire : il est en effet notable qu'il apparaît au moment où « la cour n'a pas les moyens de payer[165] ». Pere Miquel obéit donc aux ordres directs de la reine,

---

161 ACA, Real Patrimonio, Maestre Racional, Tesoreria real de Aragon, Libros ordinarios de la tesoreria de la reina, Volumenes, General, n° 0547, 1462, f° 16 v°.

162 *Ibid.*, exemple f° 17 v°, dépense en date du 31/08/1462.

163 *Ibid.*, f° 30 r°.

164 *Ibid.*, exemple à partir du f° 28 r°.

165 *Ibid.*, f° 28 v° : « *Item lo dit die per semblant albara de manament del dit capita de la dita Forsa he donat al dit Nicholau Masdeval per occorrer als mestres e menobres que han servit obrat a la dita Forsa als quals es degut de certs dies e a present la cort no ha facultat pagar les destot* [...] ».

mais également, est soumis aux injonctions financières des responsables techniques du chantier et/ou à celles du trésorier ou de son substitut.

Il peut faire appel à un autre intervenant pour enregistrer, et donc pour faire mémoire de certaines transactions, en la personne du notaire Nicolau Roca. C'est en particulier le cas pour les fortes sommes qu'il doit créditer, et qui relèvent d'une procédure judiciaire[166]. Il est intéressant de voir que Pere Miquel ne fait pas appel à Nicolau Masdevall, pourtant lui aussi notaire. Sage décision de Miquel, qui, par l'acte notarié, s'assure la sécurité par la mémoire de la transaction[167]. En définitive, le petit nombre d'intervenants permet de réduire les contraintes procédurales et de les assouplir, au filtre d'un certain pragmatisme.

La situation des chantiers de la frontière roussillonnaise est, il va sans dire, bien plus complexe. L'enjeu est, pour les Rois Catholiques et leur administration, de consolider un ensemble selon un mode de fonctionnement qui leur assure à la fois une bonne application de leurs ordres, une vision toujours claire de la situation, et un contrôle aigu des moyens et ressources mobilisés. Ils instaurent donc une série de procédures, qui a d'emblée la caractéristique d'être très flexible, modulable et évolutive, s'adaptant au contexte général ou local. Nous pouvons avancer ici l'image d'une « administration fluide ». Par exemple, en 1496, les Rois Catholiques produisent deux cédules coup sur coup, une le 11 décembre, l'autre le 27 du même mois, pour organiser d'abord l'encadrement et la gestion administrative au niveau de la frontière, puis le fonctionnement à l'échelle du quotidien du chantier[168]. Ils sont contraints d'avoir un mode de gestion très réactif, de créer une « bureaucratie dynamique ». Face à l'urgence et à ses impératifs, les missives et cédules sont des moyens efficaces d'agir vite, de s'adresser directement à la personne en charge en

166 *Ibid.*, exemple f° 4 r° : « *Item a XXIV del dit mes he reebut den Pere dez Valls donzell de Santa Pau per composicio feta amb lo dit monseyn lo capita per la intrade que ab altres feu al caragol de la sglesia de Sant Feliu que scalaren per intrar ala Forsa Vella de Girona stant la senyora Regina e lo senyor primogenit assitiats en la dita Forsa e altres crims de que eren inculpat onse milia sous de monede corrent ab quals es stade feta la dita composicio quitis de avaries e altres despenses ala cort dels quals li ferme apocha lo dit die en poder den Nicholau Roca notari de Girona* ».

167 Ce n'est pas sans rappeler les bons conseils du marchand florentin Paolo da Certaldo : « Chaque fois que tu fais dresser un acte chez le notaire, prends ton livre et reportes-y le jour, le notaire et les témoins…pour échapper aux accidents et aux dangers que font courir les méchants, il faudrait toujours faire une copie. Garde-la tienne dans ton coffre » (Dubois Morestin, 2018, p. 373).

168 AGS, CCA, CED, 2, 2-2, f° 278 r° / 239 r° et 295 v° / 255 v°.

lui donnant des ordres clairs et précis (Jeay, 2015, p. 243). Les cédules royales permettent de suivre la mise en place de ces processus, qui sont ensuite repérables dans les registres de la *Contaduria Mayor de Cuentas*, sous des formes parfois modifiées à l'expérience du terrain. On a donc un processus d'intention et une procédure d'expérience qui se mettent en place (Pequignot, 2019, p. 359-374).

Les donneurs d'ordres sont les Rois Catholiques, qui transmettent leurs volontés aux agents de terrain, par l'intermédiaire généralement de leur secrétaire Hernando de Zafra[169]. Leur objectif est double : évaluer la situation – contexte local, financier, technique etc. – afin de donner les ordres adaptés. Ils ont besoin d'évaluations des conditions afin de décider et mettre en œuvre les mesures nécessaires. S'ils sont la voix qui donne l'ordre, il est évident que ce dernier est le résultat de concertations avec des conseillers, qui appuient leurs jugement et estimation sur des données remontées du terrain. C'est la première étape, sous forme de demande de rapports ou d'expertises de situations, ou la dernière, comme bilan ou *feedback*, de toutes les procédures étudiées. La connaissance fine de l'état des choses, de leur part, mais également de ceux qui dirigent en leur nom[170], leur permet de libérer les fonds requis pour atteindre leur objectif : fortifier la frontière. C'est ce qui ressort dans les premières cédules de mise en place édictées en 1495 et 1496[171], lors de la mission d'inspection et d'évaluation de maître Ramiro sur le territoire roussillonnais, et qu'il est possible de synthétiser comme suit :

Objectif : Le roi et la reine veulent défendre et renforcer la frontière.

Agent intermédiaire : **Fernando de Zafra**, secrétaire.

- **Le roi et la reine**
  - donnent pouvoir à **Maître Ramiro** et **don Enrique de Guzmán**
- **Maître Ramiro** et **don Enrique de Guzmán**
  - inspectent
  - évaluent les besoins

169 Pour une analyse du rôle croissant du secrétaire des rois ibériques dans la production d'actes à partir de la fin du XIIIe siècle, voir Beauchamp, 2019, p. 246.

170 AGS, CCA, CED, 2, 2-2, f° 278 r° / 239 r° : Ordre à don Enrique de Guzmán en date du 11/12/96 : « […] *encargareis algunas personas de mucho recaudo y diligentes que anden continuamente sobre las obras y vos traigan la relacion de lo que en cada obra se hace* […] ».

171 AGS, CCA, CED, 2, 2-2, f° 105 r° et f° 187 v°.

- hiérarchisent les nécessités
- décident des réparations et travaux à effectuer
- Par lettres et rapports à **Juan de Valladolid**, ils
  - rendent compte
  - remontent les besoins
  - informent
- **Juan de Valladolid**
  - remonte les besoins à **maître Ramiro** et **don Enrique de Guzmán** pour répondre à leurs demandes lors des inspections.
  - transmet à **Fernando de Zafra** les informations obtenues par **maître Ramiro** et **don Enrique de Guzmán**
- **Le roi et la reine**
  - valident les ordres et travaux à effectuer à **Juan de Valladolid**, contrôleur en charge des travaux de Salses
  - ordonnent de pourvoir aux besoins identifiés à **Jaume de Casafranca**
- **Maître Ramiro** et **don Enrique de Guzmán**
  - donnent les ordres à **Juan de Valladolid** en fonction de la feuille de route validée par les Rois Catholiques
- **Jaume de Casafranca**
  - libère les fonds nécessaires.

ENC. 3 – Synthèse du processus d'information mis en place en 1495-1496.

La mission d'inspection des sites commandée à maître Ramiro a ainsi comme objectif premier de produire de la connaissance, de l'information, afin que les princes, mais également les administrateurs locaux – Juan de Valladolid, don Enrique – puissent évaluer les besoins financiers[172]. C'est donc une procédure qui relève de la prévision budgétaire, le but étant d'être informés pour mieux planifier. Nous pouvons reprendre ici les mots de Dieter Scheler à propos du chapitre de Xanten :

> [...] ces revenus et ces dépenses ont une structure si complexe qu'ils doivent être pris en charge par une administration institutionnalisée et qu'en face de cette administration, des mécanismes de contrôle organisés deviennent nécessaires. Le recours à l'écrit est pour cela une condition indispensable (Scheler, 2006, p. 192).

172 Inspecter, expertiser, enquêter : des démarches qui procèdent de la même volonté de s'informer pour décider (Angotti, Chastang, Debiais et Kendrick, 2019 ; Levasseur, 2010, 183-194 ; Chastang, 2013).

L'information écrite remonte par plusieurs canaux aux Rois Catholiques : par Juan de Valladolid, mais également par les contrôleurs en charge des chantiers. C'est également le cas de l'estimation chiffrée des ressources financières nécessaires, qui parvient par deux voies à Juan de Casafranca – par maître Ramiro et don Enrique qui avaient également transmis l'information à Juan de Valladolid –, mais aussi par Isabelle et Ferdinand qui confirment le chiffre en ordonnant de libérer la somme. C'est vraiment la marque du développement de l'écrit de gestion comptable (Bedague, 2019, p. 193). Cette double validation des informations notifiées, qui assure leur fiabilité et qui en permet le contrôle, se retrouve dans une autre cédule qui reprend à grands traits la précédente[173], en se focalisant cette fois sur l'action de maître Ramiro. Les Rois Catholiques jouent là sur l'échelle des points de vue, puisque cette dernière est adressée directement à maître Ramiro, et lui sert de feuille de route[174]. La focale est donc plus resserrée que la précédente, qui était, elle, destinée à Juan de Valladolid et donc qui mettait en place la démarche à plus grande échelle[175]. On voit néanmoins quelques différences, qui montrent qu'Isabelle et Ferdinand, et leurs proches conseillers, prennent soin d'être au cœur de l'information, quitte à cacher, par omission volontaire ou non, à certains de leurs agents tous les canaux de renseignement dont ils disposent (Santamaria, 2018).

Objectif : le roi et la reine veulent défendre la frontière

- Le **roi** et la **reine**
    - nomment **don Enrique de Guzmán**
    - mandatent par lettre de créance **maître Ramiro** sur la frontière
- **Maître Ramiro**
    - se présente à **don Enrique de Guzmán**
- **Don Enrique de Guzmán**
    - donne les priorités stratégiques à **maître Ramiro**
- **Maître Ramiro**
    - expertise et inspecte les sites
    - fait un rapport de situation détaillée au **roi** et à la **reine**
    - donne une évaluation chiffrée à **Jaume de Casafranca**, lieutenant du trésorier **Gabriel Sanchez**

173 AGS, CCA, CED, 2, 2-2, f° 187 v°.
174 *Ibid.*, f° 105 r°.
175 *Ibid.*, f° 187 v°.

- Le roi et la reine
  - évaluent la situation
  - donnent des ordres par lettres grâce à l'intermédiaire de leur secrétaire **Miquel Perez Almaçan à Jaume de Casafranca**
- **Jaume de Casafranca**
  - libère les fonds nécessaires
- **Maître Ramiro**
  - met en œuvre les travaux pour défendre la frontière.

Enc. 4 – Synthèse de la feuille d'ordre de maître Ramiro, 1495.

En effet, si l'on compare les deux versions de ce même processus, on s'aperçoit que l'on ne précise pas à Juan de Valladolid que Ramiro adresse un rapport directement aux Rois Catholiques, en plus de celui qu'ils rédigent tous les trois avec Guzmán. De même, il lui échappe le fait que Juan de Casafranca, surement via son supérieur Gabriel Sanchez, fait aussi un rapport sur l'évaluation des besoins, directement adressé aux souverains. La collecte d'informations est ainsi au centre du processus de décisions. On retrouve cette démarche, que l'on pourrait appeler d'évaluation continue, dans les procédures mises en place à la fin 1496[176]. En effet, on s'aperçoit que les quatre principaux encadrants des chantiers ont tous une mission de surveillance et d'expertise. Diego de Tordesillas doit inspecter et évaluer les compétences des hommes employés. Cette capacité d'évaluation, ce « besoin d'expertise » pour reprendre un titre désormais connu de l'historiographie (Denjean et Feller, 2013), se retrouve dans les missions de Juan de Valladolid et de maître Ramiro qui expertisent et évaluent les chantiers, et de don Enrique, qui expertise la situation générale. Le rythme imposé à ces examens est élevé, puisque les trois hommes doivent faire un point hebdomadaire. Ils peuvent se faire aider, en prenant conseil, par exemple pour don Enrique, auprès des représentants locaux.

176 AGS, CCA, CED, 2, 2-2, f° 278 r° / 239 r°, en date du 11/12/1496. Voir figure ci-après, p. 81.

- **Juan de Valladolid** et **maître Ramiro**
  - expertisent et donnent leur avis
  - visitent chaque semaine les chantiers
  - donne leurs rapports à **don Enrique de Guzmán**
- **Fernando de Zafra**, secrétaire
  - rédige les ordres à destination de **don Enrique de Guzmán** au nom du **roi** et de la **reine**
- Par ordre du **roi** et de la **reine**, **don Enrique de Guzmán**
  - visite continuellement les chantiers
  - expertise et fait des rapports pour le **roi** et la **reine**
  - prend avis et conseils au nom des **Rois Catholiques** auprès des :
    - gouverneur du comté
    - procurateur royal
    - consuls
  - gère la logistique
    - En accord avec **Jaume de Casafranca**, répartit matériel et matériaux sur les chantiers de la zone frontière
    - ordonne au nom du **roi** et de la **reine** aux inspecteurs « intermédiaires » de chantiers
- **Martin Acosta, Iñigo Lopez de Padilla, Villanueva**, inspecteurs « intermédiaires » de chantiers
  - résident sur les chantiers de façon permanente
  - produisent des livres de dépenses hebdomadaires visés chaque semaine par **maître Ramiro** et **Juan de Valladolid**
  - font remonter le montant visé des dépenses toutes les deux ou trois semaines aux **Rois Catholiques**
- **Juan de Valladolid** et **Diego de Tordesillas**
  - font les comptes
  - inspectent
  - évaluent les compétences des hommes
  - licencient
  - récupèrent les trop-perçus
- Le **roi** et la **reine**
  - libèrent les fonds nécessaires en fonction des livres de dépenses hebdomadaires reçus
  - envoient des fonds, des artisans et des *peones* transportés et encadrés par
    - **Navarro, Autun de la Barrera, Villanueva, Escobar**
    - **Badia, Juan Manuel, Sedano.**

ENC. 5 – Synthèse de l'encadrement général
des chantiers de la frontière, 1496.

Une fois les dispositions prises, les Rois Catholiques s'assurent du bon suivi et du contrôle de leurs ordres. Les vérifications menées se doublent d'un contrôle, qui fait partie de la même démarche de suivi de l'information. Derrière l'action de « visiter » les chantiers, on attend un contrôle de la part des encadrants, pour vérifier que tout fonctionne selon les désirs des souverains. D'ailleurs, don Enrique ordonne au nom des Rois Catholiques et peut très concrètement intervenir sur le cours des choses. De plus, les agents d'Isabelle et Ferdinand mettent en place de nombreuses étapes de validation et de restitution des résultats, par la reddition de comptes. Des livres de comptes, au niveau de chaque site, puis à l'échelle de la frontière, sont visés par les responsables. Ces actes de validation, par la signature et par la délégation d'autorité, se retrouvent fortement dans d'autres processus, qui nous font, pour un instant, changer d'échelle. Il nous faut ainsi nous attarder sur la procédure mise en place en 1496 pour payer les équipes d'ouvriers galiciens[177]. Nous reviendrons plus tard sur la production d'écrits induite par cette procédure. Elle décrit des étapes qui montrent le niveau d'exigence des Rois Catholiques en termes de contrôle et de validation. Peut-on y lire un excès de défiance de la part des monarques ? Peut-être bien. Les souverains doivent trouver un moyen de contrôler les agents à qui ils font, ou doivent faire, confiance pour exécuter leurs ordres (Berland et Lemaigre-Gaffier, 2019).

- Le roi
  - ordonne par l'intermédiaire de son secrétaire, **Fernando de Zafra**
- **Fernando de Zafra**
  - ordonne à **Iñigo Lopez de Padilla** et **Aznar Ruiz**
    - d'être présents sur le chantier et à pied d'œuvre chaque jour jusqu'au coucher du soleil
- **Iñigo Lopez de Padilla**
  - est présent lorsque qu'**Aznar Ruiz**
    - procède au paiement
      - des salaires
      - des primes
    - inscrit les dépenses dans le livre de compte
  - signe le livre de compte
  - tient informé **Fernando de Zafra**

177 AGS, CCA, CED, 2, 2-2, f° 253 r° / 214 r°.

- **Iñigo Lopez de Padilla** et **Aznar Ruiz**
  - tiennent le livre des salaires et des primes
  - génèrent une copie mensuelle du livre des salaires et des primes
- **Iñigo Lopez de Padilla**
  - signe le livre des salaires et des primes
  - signe la copie mensuelle du livre des salaires et des primes
- **Deux maîtres et deux ouvriers du chantier**
  - signent la copie mensuelle du livre des salaires et des primes avec **Iñigo Lopez de Padilla**
- **Aznar Ruiz**
  - envoie la copie mensuelle signée au **roi** pour rendre comptes
- Le **roi**
  - ordonne dans un délai de 7 jours à son payeur de débloquer les fonds nécessaires aux paiements.

Enc. 6 – Synthèse du processus de paiement des équipes de Galiciens, 1496.

La réussite du contrôle est assurée par le nombre : aucune étape n'est soit isolée, soit réalisée par un seul homme. Ainsi, Iñigo López est présent lors du paiement, pour s'assurer de la bonne pratique d'Aznar Ruiz et de l'absence de conflit ou contestations avec les ouvriers et fournisseurs. Tout est consigné dans un registre de la main de Ruiz, contresigné par López. Puis, une première copie est faite, signée de nouveau. C'est à partir de cette copie que Ruiz justifie ses dépenses. Mais il fait produire une troisième copie, mensuelle, contresignée par López et par deux maîtres et deux ouvriers – encore une fois, le nombre fait foi – qui sera envoyée au roi, pour qu'il donne l'ordre au payeur de libérer les fonds nécessaires[178]. Cette production écrite est la trace des instruments à disposition des agents du roi pour décider et mettre en place les modalités de l'action. L'exemple est d'autant plus intéressant qu'il est le seul où les hommes des chantiers ont le pouvoir, ou tout du moins une action, de vérification et de validation. À nouveau, et pour reprendre ce que nous avons vu précédemment, le roi est informé par deux canaux : le livre mensuel des dépenses et le rapport sur celles-ci effectué par López de Padilla. La production d'écrits de gestion fait définitivement partie, pour reprendre

178 Depuis les années 1280, les dépenses engagées par les serviteurs des rois d'Aragon leur sont remboursées par le trésorier royal, avec l'aide d'un sous-trésorier et d'un payeur dans le cas de l'union des deux Couronnes (Beauchamp, 2019, p. 251).

l'expression d'Harmonie Dewez et de Lucie Tryoen (2019, p. 6), de la « mécanique de prise de décision économique ». L'enjeu est ici de saisir la dynamique des dépenses (Bertrand, 2015, p. 245), et non pas de pister l'erreur comptable (Victor, 2015).

Les Rois Catholiques, et surtout leurs agents, élaborent donc des procédures à partir de leurs capacités à concentrer et accumuler de l'information. De là, ils peuvent développer des étapes administratives, ils mettent en place les maillons essentiels pour, au final, arriver à leur unique objectif : décider. Ainsi, tout à tour, en parallèle, ou ensemble, les agents doivent ordonner, informer, agir, rendre compte, valider, contrôler. La clef de la réussite de ce système est le jeu d'échelles : les monarques sont capables d'envisager un mode de fonctionnement au niveau de l'ensemble de la frontière roussillonnaise, comme à l'échelle de leurs royaumes, mais également du chantier ou même, d'une tâche ou d'un groupe particulier d'ouvriers. Le 27 décembre 1496[179], ils imposent par exemple une procédure de gestion des matériaux et des outils à don Enrique, ce qui montre bien leur niveau de connaissance des arcanes d'un chantier[180]. Ce processus a aussi l'intérêt de souligner la responsabilisation des agents face à la tâche qui leur est confiée. Ainsi, les responsables des matériaux et des fournitures des chantiers paient de leur poche les outils ou matériaux manquants en fin de tâche. C'est un moyen de contrôler la gestion juste des ressources allouées. Ce souci d'économiser les moyens mis à disposition par une gestion pragmatique se retrouve en 1499, lors de la nomination de Pere Ciffre comme maître des Œuvres du Roi[181]. Pere Ciffre prête serment devant Antoni Desvivers, et a désormais entièrement pouvoir de choisir les modalités de gestion et de rémunération des ouvriers et fournisseurs afin que le patrimoine royal en tire bénéfice et que les travaux soient le moins chers possible[182]. On ne dispose pas à sa guise de l'argent de la couronne, et les largesses ne sont pas à l'ordre du jour[183].

179 AGS, CCA, CED, 2, 2-2, fº 295 vº / 255 vº.

180 Voir encadré 7 ci-après p. 85.

181 ADPO, 1B 344, fº 18 rº-vº.

182 *Ibid.* : « [...] *E aximateix per que les dites obres se fassen ab menys despeses vos donan poder facultat que les pugan donar a preu fet al encant o de la manera que mes convenient vos* [ill.] *parra a tot avantatge del nostre real patrimoni mirant les temps en lo benefici e augment de aquell* ».

183 AGS, CCA, CED, 2, 2-2, fº 278 rº / 239 rº : « [...] *y pues que con maestre Ramiro se ha embiado buen recaudo de dinero para todo lo que es menester por nuestro servicio se tenga mucho ciudado y se ponga muy grande diligencia como en todo esto el recaudo que conviene* [...] ».

- Les **Rois Catholiques**
    - ordonnent à **don Enrique de Guzmán** de désigner un responsable en charge des matériaux et fournitures
    - ordonnent l'envoi de matériaux à l'évêque de Badajoz par la voie de Séville
        - Ces matériaux sont envoyés au responsable des matériaux et fournitures
    - libèrent des fonds qu'ils remettent aux *alguazils*
- **Maître Ramiro, Jaume de Casafranca, Juan de Valladolid**
    - valident le choix du responsable en charge des matériaux et fournitures fait par **don Enrique de Guzmán**
- Les *alguazils*
    - accusent réception des sommes reçues des **Rois Catholiques** auprès de **don Enrique de Guzmán**
    - envoient les sommes à **Jaume de Casafanca** qui achète ou fait rechercher les matériaux et outillages nécessaires et les remet au responsable des matériaux et fournitures
- Le responsable des matériaux et fournitures
    - fournit les inspecteurs de chaque chantier
    - met au compte de la personne en charge des comptes sous les ordres de **Juan de Valladolid**
- Le trésorier des Rois Catholiques et le greffier des Rois Catholiques
    - désignent la personne en charge des comptes sous les ordres de **Juan de Valladolid**
- L'inspecteur de chaque chantier
    - rend compte au responsable des matériaux et fournitures
    - Si casse d'outils pendant le chantier
        - remet les outils en question au fourrier qui les transmet au forgeron et d'agent d'artillerie pour réparation
        - La procédure se fait sous le contrôle et la charge de **Juan de Valladolid**
    - rend compte à la fin du chantier à **Juan de Valladolid**
        - du consommé
        - du détérioré
        - paie le manquant
- **Don Enrique de Guzmán, maître Ramiro, Juan de Valladolid**, la personne en charge des comptes
    - inspectent l'inspecteur de chaque chantier
    - peuvent le licencier

ENC. 7 – Synthèse de la procédure d'achat des matériaux et d'entretien des outils, 1496.

Ainsi, au niveau d'une tâche comme celle-ci, ils sont tout à fait aptes à envisager à la fois les ressources à mobiliser, ou à chercher au niveau national, le transfert de fonds, la production de pièces comptables, mais également, la gestion rationnelle et optimum de ces ressources. Les verrous de validation et de contrôle sont mis en place – inspection, reddition de compte, pouvoir de licencier –, et les responsabilités de chacun sont précisées. De nouveau, c'est le nombre de personnes devant valider, approuver, gérer qui garantit la bonne tenue des comptes et l'application de la volonté des monarques. La mise en place de ces procédures dévoile les arcanes de la construction et de la réalisation d'une volonté royale, dans le cadre du fonctionnement bureaucratique de l'État « moderne ». Le propos ici n'est pas d'en rediscuter les traces, mais on ne peut que repenser aux mots de Jean-Pierre Genet (2018, p. VII) :

> [...] Les historiens professionnels, qu'ils soient modernistes ou médiévistes, ont eu tendance, pour des raisons corporatives, à se cantonner à des territoires bornés par des frontières, le médiéviste n'étant légitime que jusqu'en 1453, et le moderniste ne l'étant qu'après. D'où des visions étriquées, sans vision de long terme, les uns s'en tenant à la monarchie ou à la cité en allant jusqu'à refuser que ces structures soient des formes de l'État parce que le mot n'existait pas au Moyen Âge, les autres mettant en avant la croissance de la bureaucratie à la suite de Max Weber ou l'affirmation de la souveraineté du monarque absolu, à la suite de beaucoup de juristes, tout en invoquant les mânes de Machiavel, Bodin ou Hobbes, pour découvrir la modernité d'un État qui a déjà trois siècles d'existence [...]

Il ressort de cela que la gestion de l'information ascendante comme descendante est la clef pour rendre efficace l'édifice administratif. En ce sens, la production écrite permet aux administrateurs de trouver les solutions pragmatiques et concrètes aux difficultés du terrain (Dewez et Tryoen, 2019, p. 11), mettant ainsi en marche une série d'actions (Anheim et Chastang, 2009, p. 5-10). En tout cas, pour paraphraser le titre d'une communication de Benoit Grévin, l'étude des procédures administratives est peut-être encore « une friche de la recherche en histoire médiévale » (Grevin, 2019, p. 131-159). L'historiographie récente a abordé le sujet par les écrits émanant des processus (Clanchy, 2013), ou par ses acteurs (Zuili, 2008, p. 23), mais les étapes administratives elles-mêmes n'ont que peu intéressé les chercheurs. Or, ce sont des traces fortes de l'exercice du pouvoir. Elles sont le lien entre le projet né de la volonté des souverains, et sa réalisation en pierres.

UNE MONTAGNE DE PAPIER

Philippe Bernardi et Jean-Marc Mignon (2001) se posaient la question il y a quelques années du rapport entre la réalité physique d'un bâtiment et son expression documentaire. Suivant leur réflexion, on peut questionner les liens entre le chantier et ses productions écrites.

La fabrication d'information est au cœur de l'édifice administratif qui se bâtit en parallèle de la forteresse de Salses. Les communications sont à l'origine de la création de documents écrits, de plus en plus nombreux au fur et à mesure que les processus se complexifient ou que le nombre d'agents intervenants se densifie. « Gouverner, c'est écrire » (Beauchamp, 2019, p. 41). La gestion par l'écrit renseigne l'historien sur les hommes du passé : elle lui donne les éléments de réflexion pour appréhender leurs critères de sélection, de choix, d'organisation et de conservation (Chartier, Anheim et Chastang, 2009, p. 93-114)[184]. L'objet écrit est unique, fruit du travail et de la pensée d'un homme, dans un contexte précis (Bousquet-Labouérie et Destemberg, 2019, p. 5), tout en obéissant à des cadres surplombants et des pratiques communes à tous les intervenants dans la procédure. Il est ainsi un référent partagé. Ces écrits pragmatiques (Britnell, 1997 ; Keller, 1992, p. 1-7) permettent l'action, au sens où ils se détachent de celui qui l'élabore pour devenir la mémoire de la volonté royale qui doit être menée à son terme, peu importe par quel agent (Dewez et Tryoen, 2019, p. 6). Ils deviennent ainsi mécanisme de l'État, projetant ce dernier dans une « modernité » (Gimeno Blay, 2014, p. 188). Les écrits s'intègrent alors dans une carte mentale de l'exercice du pouvoir, qui doit réfléchir non plus seulement à son projet, mais aussi à la hiérarchie des actions et des moyens pour atteindre son objectif. Cela suppose des gouvernants, mais aussi de chaque fonctionnaire, la maîtrise d'une série de savoirs tacites : processus, organes de gouvernement, référents administratifs (Santamaria, 2019, p. 121), cadres juridiques, précédents documentaires[185] et bien sûr la maîtrise, plus ou moins approfondie, des compétences cognitives que sont la lecture, l'écriture et le calcul (Zimmermann, 2003). Cette série

184 Voir également l'analyse du travail de Goody par la sociohistoire, soulignant l'approche anthropologique de l'historien au sujet de l'écrit (Noiriel, 2014, p. 46).

185 Il devient indispensable de se repérer dans ce qui devient un labyrinthe de papier : à titre d'exemple, la chancellerie d'Aragon aurait produit plus d'un million d'actes aux XIVe et XVe siècles (Guyotjeannin, 2018, p. 8).

de compétences, savoir-faire et acquis se retrouvent rarement chez un seul homme : la gestion par l'écrit impose la synergie des intervenants (Mineo, 2019, p. 15). C'est au final le document écrit qui insuffle une cohérence, une dynamique structurante (Bousquet-Labouérie et Destemberg, 2019, p. 7) de l'ensemble des activités ; il est le lien entre tous les agents et la mémoire de toutes les actions. Au XIVe siècle, les seuls offices parfaitement organisés étaient les chancelleries, les tribunaux, mais surtout les bureaux chargés de gérer le budget. Finances, justices, archives sont les trois pôles d'emblée bénéficiaires d'une mise par écrit rationnelle et structurée (Strayer, 2018, p. 63). L'écrit de la gestion comptable a donc tôt fait d'être au cœur de la machine administrative (Bedague, 2019, p. 193). Cependant, cette production est « agile » – on pourrait reprendre l'heureuse expression d'« écrits vivants » (Bertrand, 2015, p. 101) – au sens très contemporain du terme (Highsmith, 2002). Les documents produits pour impulser, gérer et contrôler le chantier de Salses ne peuvent être plus représentatifs de cette dynamique.

Les « écritures de l'économie » (Feller, 2020) de la construction de la forteresse sont nombreuses. Elles rythment les phases du chantier. Dans un premier temps, des échanges de missives entre les souverains et des agents spécialement missionnés ont pour objectif de donner des ordres directs, en particulier d'exiger la réalisation de rapports de situations (Chastang, 2016), les *memoriales*. C'est un procédé de connaissance qui a pour but de sécuriser la décision et de rendre l'action possible (Pécout, 2016). Ainsi, en 1496, c'est un échange de lettres[186] entre Ramiro et Isabelle et Ferdinand qui a enclenché la rédaction du rapport de l'ingénieur pour lancer les travaux sur la frontière[187]. C'est la forme la plus rapide et simple pour les Rois Catholiques de transmettre leurs ordres et d'avoir les informations nécessaires[188]. Dans cet exemple, ils utilisent les lettres pour contacter leur ingénieur, mais également le lieutenant de leur trésorier

186 « *Despacho* » ou « *cartas* », à ne pas confondre avec « *cedulas* ». Exemple AGS, CCA, CED, 2, 2-2, f° 316 r° / 277 r° : « *Otro despacho que se dio para Perpiñan en XXX de marzo* [1497] ».

187 ACA, Real Cancillería, reg. 3614, f° 87 : « *El Rey e la Reyna. Maestre Ramiro, vimos vestra carta y el memorial que con ella vino, y visto lo que dezis de la fortaleza que se puede fazer de la yglesia de Salsas, si assi es como lo screvistes parecenos bien que se haga la dicha fortaleza, y assi os mandamos que ante todas las otras lavores entendays en ella y deys la mayor priessa que pudieredes para la despachar en toda perfeccion segund screvistes que nos screviremos a Casafranca que de para ello lo necessario* ».

188 C'est une pratique courante dans les rapports entre les rois et les cités (Puñal Fernández, 2019, p. 127-145).

en Catalogne, pour anticiper l'ordre qui viendra, raccourcissant ainsi les délais de traitement (Pequignot, 2019, p. 365). Les missives s'échangent de façon très directe et presque immédiate. Un autre exemple montre qu'il n'y a qu'une quinzaine de jours entre l'envoi d'une lettre de Casafranca depuis Barcelone et la réponse faite par les souverains depuis Tortosa[189]. La lettre, comme médium presque instantané pour gouverner (Gimeno Blay, 2014, p. 185), est utilisée par les Rois Catholiques et leur secrétaire pendant toute la période de construction de la forteresse, même si ici, pour les besoins de la démonstration et pour éviter les répétitions, nous la plaçons en début de processus. Il faut noter également que les lettres ne sont pas forcément adressées à un seul destinataire. Des copies sont réalisées par les écrivains du secrétaire royal, et envoyées par lot. En mars 1497, une série de lettres a été portée par Beltran de Vollon, maître des postes (« *Hoste de correos* ») à don Enrique, Juan de Valladolid, Diego de Tordesillas, Diego Navarro et maître Ramiro, ainsi qu'aux officiers de l'armée qui étaient à Palamos. À partir d'un même objectif général, chaque destinataire reçoit les ordres le concernant. L'homme est donc parti de Burgos, et a dû rallier Perpignan via Palamos en cinq jours pour livrer l'ordre écrit à tous[190]. Les lettres envoyées par les Rois Catholiques sont à voir comme des éléments de dialogue : elles répondent à d'autres lettres, envoyées par les agents des souverains sur le terrain. Elles sont donc la trace d'une discussion, elles enregistrent durablement question et réponse, et peuvent ainsi devenir un élément à archiver pour mémoire, auquel on pourra se référer en cas de doute, offrant « clarification, garantie et précédent » (Goody, 2018, p. 147).

La lettre transmet des ordres très directs. Entre autres, ce peut être une demande de rapport. Le *memorial* n'est qu'une étape écrite pour, comme nous l'avons vu, apporter les informations nécessaires pour prendre une décision, qui est ensuite transmise par cédule. Les rapports de Ramiro ont disparu[191], mais il existe encore une série de rapports sur

---

189 ACA, Real Cancillería, reg. 3614, f° 85 v°. La lettre de Casafranca est datée du 27/02/1496, la réponse des Rois Catholiques est en date du 18/03/1496.

190 AGS, CCA, CED, 2, 2-2, f° 316 r° / 277 r° : « [en marge] *Llevo estas cartas para don Enrique y Juan de Valladolid y Tordesillas y Diego Navarro y maestre Ramiro que van en envoltorio y las del conde de Trevento y de los oficiales del armada que estan en Palamos que van en otro. Beltran de Bollones, oste de correos que ha de ir en cinco dias en Perpiñan por la dicha Palamos, partio miercoles a la una de la noche XXIX de marzo dieron le IX mil* [maravedis] ».

191 Ils sont loin d'être les seuls (Chastang, 2016, p. 139).

la situation sur la frontière datant du début du XVIe siècle[192], qui pourrait nous donner une idée, même approximative, de ce qu'ont pu être les *memoriales* de Ramiro ou de Garcia de Herrera. Le document est plutôt une parole d'expert écrite qu'un document d'expertise, dans le sens où il transmet l'avis et la personnalité du scripteur, et non un protocole d'enquête standardisé et unifié. La distance entre le commanditaire et son expert est ici une chance : le rapport d'expertise est couché par écrit et envoyé, produisant une trace documentaire, puisque des échanges de vive voix sont impossibles. Les rapports peuvent être produits comme pièces justificatives, signées et validées par, entre autres, un écrivain public, comme le laisse à penser cette note de dépenses du 8 juin 1500[193] :

> *A mosen Lorenç de Altariba alcayde de la fortaleza de Puigcerdan y de la carretera dañada y del castillo de Carrol* [...] *de ciertos gastos que hizo por mandamento de sus altezas reparando la dicha carratera* [*sic*] *dañada en el año XCVIII segund lo mostro por un memorial firmado de Don Sancho y Juan de Valladolid y maestro Ramiro y signado de escrivano publico.*
>
> « À monseigneur Lorenç de Altariba, gouverneur de la forteresse de Puigcerdà et de la route abîmée et du château de Carol [...] [pour] certaines dépenses qu'il fit par ordre de Leurs Altesses pour la réparation de ladite route abîmée en 1498 selon ce qu'il a montré dans un *mémorial* signé de don Sancho et Juan de Valladolid et maître Ramiro et signé d'un écrivain public ».

Ces rapports peuvent être accompagnés de plans, comme celui élaboré par Ramiro en 1497 et envoyé au roi[194]. Ce plan initial ne nous est pas parvenu. Le premier conservé date de 1503. Il a été adressé par Gonzalo Ayora[195] à Ferdinand II, pour lui exposer la situation

192 AGS, GYM, leg. 003, pièces 418-422. Non datés, ces documents paraissent être de 1542, puisque Juan d'Albion, cité comme *alcayde*, a été nommé par l'Empereur Charles Quint à cette fonction à cette date. Voir en annexes p. 219.

193 AGS, CMC, leg. 101 (copie leg. 180), f° 30 r°.

194 AGS, CCA, CED, 2, 2-2, f° 324 r° / 285 r° : « *Comendador maestre Ramiro, mi artillero mayor, vi vuestra letra y la que escribistes a Fernando de Zafra, mi secretario, y la traça de la obra de Salsas, la qual me ha pareçido muy bien asy en el tamaño como en la horden della* [...] ». – Ce plan a disparu. L'auteur d'une thèse soutenue en Espagne annonçait avoir consulté ce plan à Simancas sous la côte XI-41.Lm.16 (Lorente Liarte, 2012, p. 25). Plusieurs heures de recherches passées avec le personnel des AGS, ainsi que des échanges avec les chercheurs spécialistes du champ, ont démontré que cette côte n'existait pas, pas plus que ce plan, malheureusement.

195 Gonzalo de Ayora est chroniqueur royal, auteur de la *Crónica de los Reyes Católicos*, perdue sauf pour les années 1507-1508, et qui couvrait à l'origine le règne depuis 1489, jusqu'en

lors du siège des Français. Sans échelle, sans valeur métrique aucune, tracé à main levée, ce plan est un support de récit, un moyen pour le roi de se faire une idée de la situation militaire du moment. Le plan de Ramiro pouvait peut-être s'en rapprocher, ou peut-être plus – son auteur étant ingénieur et mathématicien – tendre vers celui du Codex de Madrid de Léonard de Vinci[196], comme le pense Fernando Cobos (2008, p. 143-165 ; Cobos Guerra et Castro Fernández, 1998, p. 19-30). Ces plans se diffusent ainsi au-delà des cours et des conseils, servant de modèles aux ingénieurs.

Les rapports sont donc envoyés aux souverains, qui ne se contentent pas de ce seul canal d'information. Une cédule de 1497 montre que les Rois Catholiques s'appuient sur un grand nombre d'informateurs[197] :

> *Comendador maestre Ramiro nuestro artillero vimos vuestra letra aunque nos escrivisteis brevemente por letras de don Enrique e de Juan de Valladolid e por relacion de otros que de alla vienen a habemos sabido e sabemos el recaudo y diligencia que en todas cosas que son a vuestro cargo poneis, lo qual vos tenemos en servicio y bien tenemos creiso que todo lo que en vos fuere se ha de hacer muy bien hecho como siempre lo hicisteis e pues que sabeis e conoceis cuanto es menester que en todo alla mucho recaudo y diligencia nos vos encargamos y mandamos que asi se haga y continuamente nos haced saber lo que en todo se haga que en ello nos servibeis mucho.*

> « Commandeur maître Ramiro notre grand artilleur, nous avons vu votre lettre, bien que vous nous ayez écrit brièvement, par courrier de don Enrique et de Juan de Valladolid, et par les rapports d'autres qui arrivent de là-bas, nous avons su et savons le soin et la diligence que vous mettez en toutes choses qui relèvent de votre charge, ce dont nous sommes ravis ; et nous sommes persuadés que tout ce que vous faites doit être et est fait comme toujours vous l'avez fait, et puisque vous savez et connaissez combien il est nécessaire qu'en tout il y ait beaucoup de soin et de diligence nous vous recommandons et ordonnons qu'il en soit ainsi et que toujours vous nous fassiez savoir ce qui se fait en tout, et qu'en cela vous nous servirez beaucoup ».

Les souverains engagent ensuite la procédure d'exécution de leurs décisions par cédules (Lalou, 2008, p. 345-352). Ce sont des documents spécifiques des agents de la banque et de la comptabilité (Bertrand,

1516. Formant partie de l'état-major du Duque de Alba en 1503, il a tenu informé Ferdinand II et son secrétaire, Miquel Pérez de Almazán, de la situation depuis le site même. Il a écrit ainsi 12 lettres entre le 16 septembre et le 2 novembre 1503. RAH, 9-5525 (Capmany y de Montpalau, 1794).

196 BNE, matr. 8936, Codice Madrid II, f° 79 v°.

197 AGS, CCA, CED, 2, 2-2, f° 307 r° / 268 r°.

2015, p. 70)[198]. À partir de ces cédules, la mise en action de l'ordre doit être effectuée. Elles ont valeur administrative, contrairement aux missives. Elles sont la traduction directe, voire violente (Lalou, 2008, p. 345-352), de la volonté des souverains. La cédule peut être promulguée par d'autres autorités que celle des princes. En septembre 1497, un charretier de Perpignan est payé pour 24 jours de travail par volonté de maître Ramiro et par cédule[199]. De même, en avril 1498, les charretiers qui transportent pierres et bois vers le chantier sont payés, car ils montrent une cédule signée de Diego Sayz, écrivain du *veedor* Ribero[200]. Notons le fait qu'un autre charretier « amène » une cédule en septembre 1498[201], ce qui montre qu'une copie est remise à l'intéressé et se présente sous la forme d'une feuille volante. Elle constitue dans ce cas la preuve d'un contrôle effectué par un technicien et valant validation et approbation pour entrer en comptes la dépense engagée. Le mandement en est l'équivalent pour un ordre donné aux autorités locales, par exemple aux *jurats* de Gérone ou aux consuls de Perpignan.

La trace principale de la mise en œuvre de la volonté des souverains est le compte de chantier[202]. « Gouverner, c'est compter » (Gorochov, De las Heras, Fossier, Fourcade et Touati, 2020, p. 311). Mais pour arriver à l'élaboration du compte, il faut une série d'écritures grises, qui bien souvent ne nous sont pas parvenues. Elles sont cependant la nébuleuse documentaire de la comptabilité, qui ne saurait se résumer au registre de compte (Pécout et Lenoble, 2017, p. 13). On connaît leur existence, car les écrivains des comptes précisent qu'ils se sont appuyés sur cette documentation. Ces documents préparatoires sont les relevés ou listes effectués par les inspecteurs et contrôleurs, et les pièces justificatives des fournisseurs, qui permettent de générer une *carta de pago*, lettre de mise en paiement. La liste est le document de travail par excellence (Angotti, Chastang, Debiais et Kendrick, 2019) : les responsables des

198 Notons que le mandement est clos et la cédule est non scellée (Bertrand, 2015, p. 285). La cédule pourrait émaner du mandement, plus officiel. La question « scellés – non scellés » ne nous concerne qu'assez peu ici, puisque les cédules dont nous avons trace sont les copies conservées par les secrétaires du roi et de la reine.

199 AGS, CMC, 1ª ep., leg. 1874, s.fº, dépense en date du 02/02/1497.

200 AGS, CMC, 1ª ep., leg. 180, fº 321 rº.

201 AGS, CMC, 1ª ep., leg. 180, fº 389 vº : « [...] *trayo una cedula* [...] ».

202 Ce n'est pas une originalité ni une nouveauté. Jack Goody développe l'exemple des comptes de la construction des temples mortuaires de la Vᵉ dynastie égyptienne (Goody, 2018, p. 100).

hommes notent les noms des ouvriers qui travaillent au quotidien sur le chantier pour ensuite pouvoir entrer les informations dans les registres de comptes. Ces listes de noms servent également de mémoire, et donc d'élément de contraste entre ce que le responsable a constaté – la présence ou non de l'artisan sur le chantier – et la parole de l'ouvrier. Elles sont conservées, au moins jusqu'à la reddition de compte puisqu'elles sont pièces justificatives, mais aussi possiblement tant que tous les éléments ne sont pas liquidés. Ainsi, en 1502, certains ouvriers, qui ne s'étaient pas présentés pour toucher leur paie en temps et en heure, viennent réclamer leur dû[203]. Pour l'un d'entre eux, Juan Martin, son passage sur le chantier remonte à 1498. L'officier en charge a donc dû pouvoir se référer à un document, la liste, pour vérifier les dires de cet homme qui venait réclamer son salaire quatre ans après les faits. Les listes permettent de créer des *nominas*, certifications de salaire – il serait abusif de parler ici de bulletins – des hommes travaillant à la journée. Ces *nominas* sont des listes nominales où chaque ouvrier est recensé, ainsi que le nombre de jours où il a travaillé et son salaire journalier.

Une fois la somme entrée en comptes, une autre série de documents est produite en aval : des reçus et quittances. Les reçus sont en général donnés aux prestataires et fournisseurs. Les quittances – *albara* (pluriel : *albarans*) –, elles, sont remises à ceux qui transportent des fonds jusqu'au chantier, ou les débloquent comme dans le cas de Gérone, ou aux payeurs et trésoriers au moment de la reddition de leurs comptes. Ainsi, Gabriel Sanchez reçoit, lors de son « audition[204] » de clôture de comptes une quittance attestant du dépôt du registre[205].

Différents niveaux de comptes sont repérables. Tout d'abord, les procédures imposées par les Rois Catholiques imposent expressément des tenues de comptes hebdomadaires, puis mensuelles, la dernière étant une synthèse de la première. Surtout, des copies des comptes, produites par différents intervenants, sont créées. Ainsi, nous avons l'exemple des leg. 101 et leg. 180 qui sont les copies l'une de l'autre. Cependant,

203 AGS, CMC, 1ª ep., leg. 180, fº 43 rº-44 vº.

204 ACA, Real Patrimonio, Maestre Racional, volumenes, serie general nº 661, libros de albaranes, libro de albaranes de Guillermo Sanchez (1497-1500), fº 5 vº : « [...] *nos remet e mana la audicio e examinacio de aquells* [comptes] *segons stil e pratica del Racional volent sa magestat examinen e clogam los dits comptes vostres* ».

205 *Ibid.* : « [...] *de les quals coses havem fet a vos lo present albara sagellat ab lo sagell del offici del Racional* [...] ».

on note que ces registres de comptes sont déjà la synthèse de comptes précédents. En effet, les *nominas* ne sont pas ici détaillées, avec la liste exhaustive des noms des ouvriers, mais condensées. On retrouve ainsi typiquement l'entrée en compte sous la forme suivante[206] :

> *A quarenta y nueve personas veinte y ocho mill y ciento y quarenta y siete maravedis que ovieron de aver de sus jornales que trabajaron en la dicha obra desde primero dia del mes de enero de mill y quiniento años hasta en fin del por nomina que comiença en Juan Calmar y acaba en Antonio de Tamayo que mostro firmada de los sobre dichos facha a cinco de hebrero del dicho año.*
>
> « À 49 personnes 28 147 mrs qu'ils doivent recevoir pour leurs journées de travail sur ledit chantier depuis le 1er janvier 1500 jusqu'à sa fin [du mois] par un bulletin qui commence avec Juan Calmar et finit avec Antonio de Tamayo qu'ils ont montré signé des susdits [don Sancho de Castilla, Juan de Valladolid, Alonso de Vozmediano contrôleurs et Andrès de Poza écrivain du chantier] fait le 5 février de ladite année. »

Résumer la *nomina* aux noms du début et de la fin de la liste est un moyen de retrouver rapidement le document d'origine en cas de vérification. Nous avons donc ici à faire non pas à une copie pure et simple d'un registre de comptes à un autre, mais bien déjà à une étape de synthèse en vue de validation et/ou de reddition de comptes. C'est ce que nous avions déjà constaté entre la leg. 101 et la leg. 180, la dernière étant bien moins circonstanciée, allant davantage à l'essentiel, que la première. Donc, au fur et à mesure que nous avançons dans la production documentaire des procédures, nous perdons en détail[207]. Inversement, les « cahiers préparatoires » au rapport fait à Diego de Tordesillas, le payeur des œuvres, en vue de l'entrée en comptes, ne portent pas de mentions de validation, et sont ainsi reconnaissables. En effet, c'est au moment du paiement effectué par Tordesillas que les validations et contrôles sont effectués. De ce fait, le cahier préparatoire peut être vu comme un repose mémoire pour celui qui va justifier des dépenses auprès du payeur. C'est le cas du cahier contenu dans la liasse 1874, concernant le chantier

---

206 AGS, CMC, 1a ep., leg. 180, s.fo.

207 Philippe Bernardi remarque également pour le cas de la papauté avignonaise que les Grands Livres étaient des documents dont « la fonction probatoire se réduit aux montants finaux » (Bernardi, 2015). – On peut lire dans cet exemple une autre façon de considérer le document comptable au fur et à mesure de sa création : les détails, ou les erreurs, n'ont que peu d'importance face au bilan final de la situation.

de Collioure[208]. Ce cahier doit cependant être accompagné comme il se doit des pièces justificatives. Quand ces justificatifs manquent, le compte le précise, par exemple en 1499, où maître Ramiro fait inclure en comptes le salaire d'un homme qui fait des colliers pour les roncins, « sans aucun reçu[209] ». Ceci souligne la place particulière de la cédule dans la machinerie comptable : ce document permet de justifier une dépense à elle seule, sans soutien de pièces justificatives (Bertrand, 2015, p. 71). Une fois les opérations réalisées, les justificatifs, mais également les cédules, sont conservées le temps de la vérification et de l'approbation du compte (*Ibid.*, p. 70). Il faut remarquer également que la production de copie des registres n'est pas forcément complète. Certaines copies sont partielles, selon des postes prédéfinis – comme « ouvriers », « matériels » ou « matériaux » –, ou au contraire combinent plusieurs registres en un seul – par exemple une copie mensuelle des registres de dépenses tenus par huitaine –. Ainsi, l'organisation mise en place en 1497 à la mort de don Enrique offre des exemples de ces copies partielles[210] ou de synthèse, comme synthétisée ci-après.

- Les ouvriers et maîtres de Métiers
    - doivent déclarer à la personne en charge des matériaux
        - les jours d'achat
        - les fournisseurs
        - le lieu d'achat
        - le prix d'achat
- La personne en charge des matériaux
    - transmet ces informations à l'inspecteur de chaque chantier
- L'inspecteur de chaque chantier et le contrôleur des ouvriers
    - rendent leurs comptes à **Diego de Tordesillas**
- **Diego de Tordesillas**
    - paie tous les travaux
        - ordinaires
        - extraordinaires
    - paie toutes les dépenses
    - tient un livre de compte

208 AGS, CMC, 1ª ep., leg. 1874, s.fº, dépenses faites entre le 01/07/1497 et le 31/12/1497.

209 AGS, CMC, 1ª ep., leg. 1000, fº 143 rº : « *A Juan Damon aleman borreler que hase collares en la dicha casa de lartilleria para los rocins que trahen los tombaleres* [...] *por el qual mandan que se reciban en quenta syn* [...] *otro recibo alguno* ».

210 Tout comme dans les comptes de la papauté avignonaise (Bernardi, 2015, paragr. 16).

- À partir de ce livre, sont produits
  - une copie à part des comptes des ouvriers
  - une copie à part des comptes des matériels et fournitures
  - une copie à part des comptes des matériaux
    - Les ouvriers et maîtres de Métiers
      - signent les copies à part
  - un registre des dépenses, achats, soldes et salaires
    - Une copie est donnée à **don Sancho de Castilla**
    - Une copie est donnée à **Juan de Valladolid, maître Ramiro** et à deux inspecteurs qui tous sont en charge d'inspecter les chantiers
    - Une copie est donnée au contrôleur des ouvriers
  - une copie du livre des comptes ordinaires, extraordinaires, des ouvriers, matériaux et outillages
    - signée par
      - **Diego de Tordesillas**
      - le contrôleur des ouvriers et l'inspecteur de chaque chantier
      - le procurateur royal, qui connait les prix
      - **don Sancho de Castilla**
      - **Juan de Valladolid, maître Ramiro** et les deux inspecteurs

ENC. 8 – Synthèse de l'organisation administrative
et technique des chantiers de la frontière roussillonnaise,
ainsi que de la production documentaire, 1497.

Certains registres de comptes ont vocation à être des copies strictes d'autres cahiers, certains autres, non. Les registres finaux sont le résultat de l'accumulation des données de ces comptes antérieurs, non pas sous leur forme extensive, mais sous une forme analytique et synthétique. Pour 1498, trois registres nous sont parvenus[211]. Tous émanent de la comptabilité du payeur Diego de Tordesillas. Cependant, le leg. 1874 est une copie du leg. 101. Ils peuvent donc correspondre aux copies qui circulaient entre Tordesillas, Sancho et Valladolid. Le leg. 1873 est en revanche structuré différemment, avec des chapitres thématiques – « *destajos de Salsas*[212] », « *Cal de Salsas*[213] », « *Ladrillos y tejas de Salsas*[214] », « *Piedra*[215] » –. Ce pourrait donc être un registre reconstitué à partir des copies à part des comptes des ouvriers, matériaux et matériel. D'ailleurs,

211 AGS, CMC, 1ª ep., leg. 1874, leg. 101 et leg. 1873.
212 AGS, CMC, 1ª ep., leg. 1873, à partir du fº 433 rº.
213 *Ibid.*, à partir du fº 441 vº.
214 *Ibid.*, à partir du fº 439 rº.
215 *Ibid.*, à partir du fº 444 vº.

si nous changeons un instant d'échelle et que nous envisageons le registre non plus comme élément d'un processus, mais dans son organisation interne, des différences formelles apparaissent entre les manuscrits. Elles peuvent nous aider dans notre enquête pour comprendre quelle est la part des normes comptables et celle de la liberté d'organisation individuelle des inspecteurs ou payeurs. Ainsi, si l'on s'intéresse au registre des comptes de 1499[216], on note qu'à partir du mois de novembre, les comptes changent dans leur structure alors que la main, celle de Diego de Tordesillas, reste la même. Jusqu'alors, les *nominas* étaient détaillées sous forme de listes. Un changement s'opère et désormais le scripteur synthétise ces listes selon une formule type « j'ai payé pour XX personnes selon une liste qui commence par [prénom-nom] et finit par [prénom-nom] ». Ce changement de style traduit peut-être un retard dans la gestion administrative, et le besoin de gagner du temps, à moins qu'il ne traduise une « optimisation », au sens où le scripteur a fait le choix de mettre les listes en pièces justificatives jointes et non plus de les recopier entièrement dans le registre. Nous ne pouvons que spéculer, mais ce changement est notable. Il pourrait aussi correspondre à des phases avant l'élaboration des comptes définitifs transmis au rang hiérarchique supérieur. Ainsi, pour le registre de 1497[217], on voit très bien que certains cahiers ne sont pas validés, que les entrées de dépenses n'ont pas fait l'objet de contrôle ou de signature des autorités : elles sont des reposes mémoire. Le processus d'accord de la dépense est en revanche présent dans le registre « jumeau » en notre possession[218]. Ainsi, les entrées de *nomina* sont caractéristiques de ces registres abrégés et montrent clairement un esprit de synthèse[219] :

> *A CXXXV maestros albanices y carpinteros y fusteros y portecaderos y por catalanes y castellanos y otros que trabajan en los fornos de ladrillo y otros que cortan leña en el horno de Vañols y otros que traen pedra picada y a los que lleña montaron para el baluarte u otros que trahen cal del horno de Vanoles* [*sic*] *y otros del forno de Valbona* [...]
>
> « À 135 maîtres maçons et charpentiers et tailleurs de pierres et fustiers et mortelliers à la fois catalans et castillans et aux autres qui travaillent au four

216 AGS, CMC, 1ª ep., leg. 1000. Ici, fº 300.
217 AGS, CMC, 1ª ep., leg. 1874.
218 AGS, CMC, 1ª ep., leg. 1873.
219 AGS, CMC, 1ª ep., leg. 1874, s.fº, dépense du 22/08/1497.

de briques et aux autres qui coupent du bois au four de Banyuls et aux autres qui apportent la pierre taillée et aux autres qui ont monté le bois pour le baluart et aux autres qui apportent la chaux du four de Banyuls et aux autres depuis le four de Valbona [...] ».

La structure interne des registres peut aussi donner des indices sur le quotidien administratif. En effet, il est intéressant de constater que le livre de comptes de 1499 ne suit pas un ordre chronologique[220]. À titre d'exemple, le rythme des entrées en dépenses est le suivant (extrait) :

- 11/08/1499
- 04/09/1499
- 08/09/1499
- 09/10/1499
- 08/09/1499
- 10/08/1499
- 17/08/1499
- 01/09/1499
- 02/12/1499
- 01/12/1499
- 08/09/1499
- 05/10/1499

Le compte n'est donc clairement pas fait au jour le jour, ni même selon un rythme hebdomadaire ou mensuel, moment où le comptable se mettrait à sa table de travail pour poser par écrit les paiements. On a plutôt la trace d'un moment où le scripteur entre « en vrac » une série de dépenses selon les pièces justificatives posées en face de lui, plus ou moins dans l'ordre d'arrivée. Cela signifierait que les paiements ont lieu à présentation de la pièce justificative et non lors de l'entrée en compte. De même, les pièces justificatives, ou les éventuelles listes préliminaires réalisées par les capitaines et encadrants qui ont servi à l'élaboration des *nominas* et des *libramientos*, – les ordres de paiement pour les prix faits –, s'ils ont été conservés un temps dans le bureau des comptes, ont par la suite été soit perdus, soit détruits. Les comptes intermédiaires sont donc à la fois plus brouillons et plus complets, car élaborés à l'aide des pièces justificatives, des listes, des feuillets ou des cahiers de travail sur

220 AGS, CMC, 1ª ep., leg. 1000.

lesquels les capitaines écrivent les noms des ouvriers du jour (Bertrand, 2015, p. 245). Mais au-delà, ces minces indices offerts par les sources interrogent sur le fonctionnement pragmatique des administrations, par la distance entre norme et pratique comptable. Le facteur humain, l'élément temps – ou manque de temps – sont à prendre en compte. Il est important aussi de constater que le facteur temps peut être porté au crédit de la bureaucratie, plus dynamique et réactive que l'on a l'habitude de l'imaginer. En 1499, par exemple, il n'est pas rare de voir les entrées en compte se faire dans la journée même[221]. Le fait que ces rythmes ou ces synthèses ne sont pas présents uniformément dans le compte montre la souplesse, l'initiative et surtout l'agilité à la fois des cadres et des agents. Cette souplesse est néamoins admise dans un cadre. Les compétences de prévision, de planification dans l'élaboration du registre et de suivi de la norme sont réelles. Ainsi, le registre de 1500[222] s'organise avec des *Vera Solutio Maior* par page, pour des dépenses synthétisées au format « selon une liste qui commence par… et qui finit par… » vu précédemment, et présentées par ordre chronologique. Ce compte a donc été réalisé d'un trait une fois les informations préparées en amont. Le comptable a en tête le plan d'organisation du registre, puisqu'il précise, dans une entrée de dépense de mai 1501, que le salaire de Diego de Tordesilas qui avait été payé ce jour et incorporé au compte doit être déplacé en fin de registre avec les salaires des responsables[223].

Si nous revenons au déroulé du processus comptable, le mécanisme liste-*nomina* aboutit à la production d'un troisième écrit, servant cette fois à débloquer les fonds : la *carta de pago*. La rédaction de cet ordre de paiement n'est pas obligatoire ou automatique. Si les *veedors* sont satisfaits de la présentation faite par le payeur à la fois des livres comptes et des *nominas*, ils acceptent que la somme soit mise en dépense sans la production de *carta de pago*, qui doit alors être vue comme un document de validation supplémentaire de la véracité des comptes. Une fois

221 Deux exemples parmi d'autres : 20 maçons et morteliers de Perpignan sont payés le 22 juin 1499 pour 7 jours de travail. Le paiement est validé et comptabilisé ce même jour. Le 2 juillet 1499, les 50 piocheurs à la charge de Bartolomeo Rossel sont payés pour leur trajet jusqu'à Salses, somme également validée et comptabilisée dans la journée (AGS, CMC, 1ª ep., leg. 1000, s.fº.)

222 AGS, CMC, 1ª ep., leg. 180.

223 AGS, CMC, 1ª ep., leg. 180, dépense du 9/05/1501, rayée et non comptabilisée sur cette page. En marge : « *Pusiose en final de la cuenta con los otraos salarios* ».

la somme entrée au passif, la validation des responsables génère une *carta de pago* finale, qui permet le transfert de la somme au payeur pour remboursement. Ce document est sécurisé par le nombre de personnes présentes lors de sa création. Sa validation est orale, devant témoins. L'ordre de paiement définitif ne valide donc pas la justesse les comptes après vérification des pièces justificatives, mais bien la justesse du compte lui-même. Cette procédure pourrait être synthétisée comme suit :

- Le capitaine
  - remonte la liste des ouvriers et salaires à **Diego de Tordesillas**
- **Diego de Tordesillas**
  - paie les ouvriers
    - en présence des *veedors* **Juan de Valladolid, Diego Navarro, Pedro de Ribero**
  - montre une *nomina*
    - Si les *veedors* ne sont pas satisfaits
      - Production d'une *carta de pago* pour que la somme soit reçue en compte
    - Si les *veedors* sont satisfaits
      - Somme reçue directement en compte
  - produit un compte présenté à
    - **don Sancho, Juan de Valladolid, Diego Navarro, Pedro de Ribero, maître Ramiro, Diego de Torres …**
      - produisent une *carta de pago* de la somme totale présentée pour **Diego de Tordesillas**

ENC. 9 – Synthèse du processus de paiement, avec mise en œuvre de listes, *nominas* et *cartas de pago*, 1498.

Au bout du processus, les documents sont conservés, en particulier dans les archives des trésoriers du trésor royal ou de la Couronne d'Aragon (López Rodríguez, 2014, p. 145-184) et de Castille. Ainsi, les comptes de synthèses de Luis de Santángel, *scrivà de ració* du roi, considérés comme pièces justificatives des dépenses engagées avaient été « enfilés sur le fil de [s]on officine » et conservés[224]. L'essor des pratiques d'enregistrement

224 ACA, Real Patrimonio, Maestre Racional, Escribania de Ració del Rey, Registros de albaranes, volumenes, general, n° 0875. Registres de albaranes extraordinarios de Luis de Santángel, 1495-1498, f° 16 v°. L'acte, du 1er avril 1496, est fort intéressant, car il décrit la liste des postes de dépenses qui ont été consignés dans le registre de comptes : « […] *per la obra que es stada feta per manament del dit Senyor Rey en la vila de Salses per deffensio*

et d'archivage est marqué dès le XIVe siècle en Castille par les *Partidas* et *Cortes*, tout comme en Aragon (Pequignot, 2019, p. 364). Un *arxiver* est nommé en 1346 parmi les scribes de la chancellerie. Les registres de comptes de Gabriel Sanchez sont par exemple remisés, avec production d'un acte supplémentaire – une *cautela*, c'est-à-dire un reçu ou un accusé de dépôt –, à l'archive de la maison du *Maestre Racional*[225], comme un témoignage du bon exercice de son office[226]. La comptabilité de 1500 précise que les écritures grises, celles qui ne nous sont pas parvenues, étaient conservées dans le « bureau des comptes » de la forteresse[227]. Le format de « charte » de la cédule (Bertrand, 2015, p. 71) a permis, en revanche, une relative conservation de ce type de document, qui avait de plus fait l'objet d'une copie conservée à la chancellerie. Mais en règle générale, le sort des documents préparatoires, cédules et rapports ou plans inclus, ne tenait qu'au bon vouloir ou au mode de fonctionnement du comptable, du receveur ou de l'archiviste (Morsel, 2000, p. 1 ; Geary, 1996, p. 131).

Que montre l'enquête menée dans ce paysage documentaire ? Tout d'abord que la densité de la production est forte, bien plus que celle des fabriques cathédrales, par exemple, à la même époque (Victor, 2008). Cette production correspond parfaitement aux leviers mis en place dans les procédures administratives : les écrits ont vocation à générer de l'information, à communiquer rapidement, à doubler voire tripler les canaux de données, sécurisant ainsi la véracité des contenus. L'écrit

de aquella del XII del mes de octubre del any MCCCCLXXXXV fins lo darrer dia del mes de mars apres seguent [...] *so es per jornals de mestres de cases, de mollers, de manobres, e de fusters e de carreters, de treginers e de altres persones e per compra de fusta, de claus e canethes, e exades, de pals, de magays, de pich de ferro e de totes altres heynes de obrar e per compra de guix, de cabasses de spart ultra los que son stats tramesa de Barchonina de que ya sen avet alabar de mon offici de coredes despart e de canye e per despeses de fer la calç* [...] *e per moltes altres despeses menudes que sou stades fetes en la dita obra segons sie stament e per manere se mostro en lo compte de la dita obra contengut en LXI fulls de full* [*sic*] *que ha tengut lo dit Raphael Ferrer per lo dit mon offici qui en tot haven entretengut lo qual compte he enfillat en lo fil de mon offici* [...] ».

225 ACA, Real Patrimonio, Maestre Racional, volumenes, serie general n° 661, libros de albaranes, libro de albaranes de Guillermo Sanchez (1497-1500), f° 5 v° : « [...] *lo qual compte resta conservat en lo archiu de la casa del Racional ab les cauteles de aquell en testimoni* [...] ».

226 Voir à titre comparatif le fonctionnement schématique des finances sous Alphonse II (Chila, 2019, fig. 2).

227 AGS, CMC, 1ª ep., leg. 180, s.f°, en date du 05/02/1500 : « *Las nominas y libramientos originales de toda la data desta cuenta quedaron originalmente en el oficio de las cuentas juntas en un libro horadado* [...] ».

permet le développement de la bureaucratie, l'exercice du contrôle sur les compétences et sur les actions et une meilleure gestion des ressources (Goody, 2018, p. 58). Il est un outil de contrôle, de suivi, mais aussi de prévision (Bertrand, 2012, p. 165-195). Les données se transmettent au fil des documents, tout en se transformant (Bertrand, 2015, p. 245). Ainsi, c'est un véritable réseau documentaire qui se met en place, articulé autours des trois outils majeurs que sont la *carta de pago*, la *cedula*, et le *libramiento*, et des « papiers intermédiaires » que constituent les *nominas* et les *albaranes.* Au final, cette documentation est le liant du gouvernement, correlant les différents offices (Conti, 2019, p. 282). Aucun document n'est cependant une innovation documentaire, spécialement pensée pour un contexte de chantier. Ce sont des écrits courants de la gestion curiale, appliqués au domaine particulier de la construction. En cette fin de Moyen Âge, on constate qu'ils font partie de procédures complexes, qui gonflent leur nombre, et ils sont désormais classifiés (Pécout et Lenoble, 2017, p. 14), structurés, conservés délibérément (Crouzet-Pavan, 2004, p. 45), car ils ne sont plus de simples outils ou repose-mémoire : ils deviennent des référents, une mémoire d'État, une forme « d'expression et d'inscription du pouvoir » (Chartier, 1996, p. 10). Cette mémoire repose sur la responsabilité du payeur, engagée par le serment, consolidée par la signature, étayée par celles des autres validateurs. Là, le groupe sécurise. L'évolution quantitative des écrits marque le développement qualitatif des procédures (Dewez, 2019, p. 7) : plus affirmées, plus contrôlées, plus sécurisées. Dès lors, ils sont la trace d'une « innovation » non pas documentaire, mais procédurale, qui s'inscrit dans le processus d'institutionnalisation de l'administration (Santamaria, 2019, p. 114) et dans la mise en pratique et en action du pouvoir. Ils marquent une dynamique de la bureaucratie. Cependant, les dernières questions que nous pouvons nous poser sont de savoir si ces montages documentaires sont efficaces, et si oui, pour quels acteurs ? La multiplication des supports écrits ne traduit-elle pas plutôt l'échec de la bureaucratie, l'illusion d'une justesse comptable et d'une procédure sécurisée ?

DES CHANTIERS SOUS CONTRAINTES

« Quand sa flotte fut coulée, Philippe d'Espagne pleura. Personne d'autre ne pleurait ? »

Le prince a un projet : il veut construire une forteresse en période de guerre, il veut défendre une ville face à des troupes rivales, il veut montrer son pouvoir sur le territoire par la pierre (Justo Sánchez, 2020). Cependant, peut-on s'arrêter au récit glorieux du chantier, comme étape naturelle entre la volonté du prince combattant et l'édification d'un bastion imprenable ? Est-ce que, financièrement, administrativement ou logistiquement parlant, ces constructions ont été aussi simples à mener, ou tout du moins naturelles et fluides, tel que l'historiographie peut parfois le laisser penser ? Il s'avère que dans l'enquête qui est la nôtre, la gestion des chantiers et leur exécution est soumise à de fortes contraintes qui imposent aux souverains, et à leurs agents, de composer en permanence pour mener à bien leurs ambitions. Pour eux, le chantier est une résolution de problèmes continue.

EN TEMPS ET EN LIEU

UNE GESTION À L'ÉPREUVE DES DISTANCES

La première contrainte à laquelle les princes doivent faire face est celle de la distance. Elle est double dans l'enquête qui est la nôtre : la distance entre le roi et les agents qui exécutent ses ordres, et la distance entre le lieu du projet et les ressources nécessaires à son exécution.

Le « maléfique[1] » comte de Pallars a acculé la reine, l'infant et leurs troupes à Gérone. En état de siège, ils ont dû improviser, comme nous l'avons vu, pour trouver les ressources humaines et matérielles nécessaires à la mise en œuvre des chantiers. La contrainte de l'espace est ici celle de la clôture, qui impose de composer avec les données locales. Cependant, la situation géronaise est également fortement contrainte par la distance qu'il y a inévitablement entre le donneur d'ordres, le roi Jean II, et la cour de ses femme et fils. Cette distance, imposée dans le cas de Gérone, n'est cependant pas hors normes en cette fin de Moyen Âge. L'itinérance du pouvoir impose depuis longtemps une mutation des formes de gouvernement. Le passage à l'écrit permet de détacher l'information de celui qui la porte (Dewez et Tryoen, 2019, p. 14). Ceci permet par conséquent d'imposer l'écrit comme outil de gestion d'un territoire (Levasseur, 2010, p. 183-194). Les missives, lettres[2], cédules, rapports d'enquête envoyés au souverain ou par le souverain deviennent les moyens de franchir les distances (Letouzey-Réty, 2019, p. 23-39), ou, dans le cas géronais, les murailles. Mais la « tyrannie de la distance » (Blainey, 1966) peut jouer contre les intérêts du gouvernement, dont le fonctionnement administratif est au final aux mains d'un messager (Paradis, 2004, p. 247-260 ; Nadrigny, 2004, p. 261-280 ; Contamine, 1994, p. 9-24). Dans un contexte de guerre civile (Goody, 2018, p. 161), cela peut être funeste. Surtout lorsque les missives sont échangées entre les troupes sur le territoire et les assiégés. Ainsi, la reine Johana reçoit des états de la situation, apportés par l'agent des postes – *hoste de correus* – Ramon Bertran, de la part de son capitaine à l'œuvre devant le château de Verges[3]. Les courriers perdus sont monnaie courante[4]. Les écrits administratifs étant d'une importance qui peut être vitale,

1 ACA, Real Patrimonio, Maestre Racional, Tesoreria real de Aragon, Libros ordinarios de la tesoreria de la reina, Volumenes, General, n° 0547, 1462, f° 1 r° : « [...] *lo malvat rebelle comte de Pallars* [...] ».

2 Voir par exemple l'importante correspondance entre le roi Ferdinand II et la ville de Gérone (Batlle i Prats, 1952, p. 156-266).

3 ACA, Real Patrimonio, Maestre Racional, Tesoreria real de Aragon, Libros ordinarios de la tesoreria de la reina, Volumenes, General, n° 0547, 1462, f° 14 r°.

4 Francesc Martorell cite l'exemple du courrier de Pere Bou envoyé au notaire Narcis Guerau Gili en 1476 : « *Moltes voltes vos he escrit e no m'haveu respost ; bé és ver que lletra mia e altra vostra se són perdudes per lo camí* », ou encore celui de l'évêque de Catània Bernat Margarit, toujours au notaire Gili en 1484 : « [...] *dieu-nos, e més nos escriure mossèn Lluís de Margarit, nostre nebot, com nos ha escrites dos lletres* [...] *estam enujats que dites lletres no*

on prend soin de les faire porter par des agents de confiance. C'est le cas en 1497 de Pere Ramon, agent des postes, qui transporte des lettres de don Enrique Enríquez de Guzmán au roi entre Perpignan et Barcelone[5]. La sécurité ayant un coût, ce coursier reçoit la forte somme de 3 329 s.[6]. Le rythme des envois se doit parfois d'être soutenu, selon les circonstances. Lors de la guerre de 1462, c'est tous les deux jours que la reine Johanna reçoit des points sur la situation à Torroella par l'intermédiaire de Ramon Bertran, son coursier, qui a sous-traité la tâche à deux hommes[7]. Le roi, où qu'il soit, doit être informé de la situation militaire (Savy, 2009, p. 195-205), économique ou logistique. Or, le roi se déplace beaucoup, pris dans des voyages incessants qui ont pour objectif de structurer son espace de pouvoir (Schmitt, 2016, p. 575). Ainsi, la cour des Rois Catholiques a envoyé des cédules à Salses depuis les villes suivantes entre 1495 et 1497 : Gérone, Alfaro, Burgos, Valladolid, Almazán, Medina del Campo, Ávila, Madrid... Plus de 900 km séparent Avila de Salses-le-Château. C'est à l'agent des postes de savoir où est le roi. Cela pose la question de la gestion et de la diffusion de l'information. D'autant que le souverain bouge : en février 1463, un courrier est rémunéré pour porter des lettres au roi depuis Gérone, une à Martorell, l'autre à Tarragone, soit à 100 km de là[8]. Pour ne prendre que l'exemple d'avril 1496, les Rois Catholiques et leur cours ont résidé, et produit de la documentation administrative, dans les villes suivantes (Rumeu de Armas, 1974, p. 226) :

---

hajam rebudes [...]. *Pregam-vos que les lletres que van e vénen se dó diligència que no es perden, perquè lo dit nostre nebot no rebé un plec* » (Martorell, 1926, p. 45-46 et 35-38).

5 ACA, Real Patrimonio, Maestre Racional, Escribania de Ració del Rey, registros de albaranes, volumenes, general, n° 0875, registres de albaranes extraordinarios de Luis de Santángel, 1495-1498, f° 52 r°.

6 Les frais d'envoi sont un poste de dépenses qui peut s'avérer problématique, pour les villes en particulier (Puñal Fernández, 2019, p. 141).

7 ACA, Real Patrimonio, Maestre Racional, Tesoreria real de Aragon, Libros ordinarios de la tesoreria de la reina, Volumenes, General, n° 0547, 1462, f° 14 v° : « *Item a XX del dit* [*mes*], *per albarà del dit scrivà de ració he donat an Ramon Bertran, hosta de correus trente sous que ha bestrets an Bernat Peres Garcès e an Peyrot de Alvernia, correus tremesos, la un a XIII, l'altra a XV del dit [mes], per lo senyor capità de Gerona a la senyora regina stant devant Torroella, ço és a quescú quinze sous.* »

8 ACA, Real Patrimonio, Maestre Racional, Tesoreria real de Aragon, Libros ordinarios de la tesoreria de la reina, Volumenes, General, n° 0547, 1462, f° 33 r° : « *Item, a XIII del dit* [*mes de febrer*], *per albarà del dit scrivà de ració, de manament de mossèn lo capità, he donat an Johan Bosom, correu, per II viatges ha fets al senyor rey a Martorell e a Terragona, dos florins de monede corrent.* »

2-7 avril	Tortosa
7 avril	Xerta
8-9 avril	Valjunquera
10-12 avril	Alcañiz
16 avril	Daroca
19 avril	Munebrega
20-30 avril	Almazán

Les choses peuvent se compliquer encore, car, par exemple le 14 juillet 1496, Ferdinand II est à Calatayud et Isabel à Almazán (*Ibid.*, p. 227). Il faut donc que les rouages de l'État s'adaptent aux contraintes de ce gouvernement à distance.

La question de l'éloignement se pose également pour la gestion des ressources. Les territoires ne sont pas en mesure de procurer tous les matériaux et ressources humaines dont un chantier, comme celui de Salses, a besoin. En 1496, les Rois Catholiques écrivent ainsi à Enrique de Guzmán, capitaine général des comtés de Roussillon et de Cerdagne[9]. Pour le matériel, les souverains ordonnent clairement au capitaine de faire avec les contraintes locales. En effet, en raison de la distance, il n'est pas possible de tout pourvoir aussi vite que nécessaire, mais des ressources locales existent. Si elles sont plus chères, ceci doit être pris en compte, mais cela doit surement compenser les délais d'attente si le matériel venait depuis la Castille ou l'Aragon, assurent les souverains. Certains matériaux arrivent en effet parfois de très loin, par étapes, comme par exemple le fer et l'acier qui viennent en 1497 de Catalayud par la route jusqu'à Barcelone (environ 400 km), puis par mer par Collioure[10]. Ces mouvements de ressources s'appliquent aussi aux transferts de fonds, inévitables pour payer les hommes et les matériaux sur le chantier. Transporter de grosses sommes d'un bout à l'autre du territoire n'est pas sans dangers. En décembre 1496, ce sont 798 000 mrs qui sont ainsi déplacés de Burgos à Salses[11]. Au-delà

9 AGS, CCA, CED, 2, 2-2, f° 278. Cédule du 11/12/1496, depuis Burgos.

10 ACA, Real Patrimonio, Maestre Racional, Escribania deRació del Rey, Registros de albaranes, volumenes, general, n° 0875 : Registres de albaranes extraordinarios de Luis de Santángel (1495-1498), f° 53 v°, en date du 5/12/1497.

11 AGS, CCA, CED, 2, 2-2, f° 278 v° / 239 v° : 100 000 maravedis partent avec le neveu de Diego Navarro, 100 000 avec Autun de la Barrera, 100 000 avec Villanueva, tout comme avec Escobar, Badilla emporte 98 000 maravedis, Juan Manuel 100 000 maravedis, et « un certain » Sedano 200 000 maravedis. On pourrait multiplier les exemples, jusqu'à la fin de la période étudiée. Ainsi, en juin 1503, le roi Ferdinand II délivre un ordre de paiement à Jerónimo de Agüero pour le transport depuis Medinaceli de l'argent destiné

de ce que coûte le chantier lui-même, il faut donc également soulever le problème de ce que coûte le fonctionnement administratif à distance. En effet, ces surcoûts induits par l'éloignement entre le donneur d'ordre et le site de construction grèvent un peu plus le budget du chantier. Quelques exemples extraits de la comptabilité d'Alonso de Morales peuvent nous faire toucher du doigt les montants en jeu[12].

Date	Transporteur des fonds	Somme transportée	De/à	Salaire pour le transport
22/05/1499	Garcia de Avila	1 900 000 mrs pour Salses	Madrid/ Perpignan	22 500 mrs
15/12/1499	Jorge de Vitoria, *reposteros de estrados*	Non précisée	Grenade/ Perpignan	12 000 mrs
27/07/1502	Jorge de Vitoria	Non précisée	Tolède/ Perpignan	12 000 mrs
23/09/1502	Diego Rejon, *contino del Rey*	1 150 000 mrs dont 750 000 mrs pour Salses	Torrijos/ Perpignan	15 000 mrs
04/02/1503	Diego Rejon	4 012 000 mrs dont 750 000 mrs pour Salses	Alcalà de Henarès / Perpignan	15 000 mrs

TAB. 1 – Exemples de transports de fonds vers le chantier de Salses.

Il est ici visible que le montant du salaire du transporteur de fonds n'est pas en lien avec le montant transporté ni avec la distance. Le critère vitesse d'exécution est peut-être celui qui prime. En tout cas, ces quelques exemples montrent parfaitement la lourdeur financière des mouvements imposés par l'itinérance des souverains et par la gestion à distance. Également, les strates hiérarchiques imposées par les procédures de paiements sont à prendre en considération. Ainsi, en octobre 1495, un ordre de paiement pour Francesc Bonet, *porter real*, sanctionne sa mission,

aux troupes et au chantier (AGS, CCA, CED, 6, 110, 10). Isabelle, de son côté, envoie depuis Alcalá de Henares d'autres fonds en juillet (AGS, CCA, CED, 6, 120, 4).

12 ACA, CMC, 1ª ep., leg. 42.

qui était de transporter 1 000 ducats d'or du roi à Geroni Albanell à Barcelone pour les travaux du Roussillon[13]. Francesc Benet transfère la somme jusqu'à une première étape, et non jusqu'à sa destination finale, ce que l'on pourrait supposer plus rentable. Geroni Albanell doit, à son tour, payer un autre convoyeur jusqu'à Perpignan, augmentant ainsi les coûts de transport. Mais la somme doit suivre le parcours administratif. On pourrait ajouter également les coûts des courriers, dont nous avons déjà parlé, frais annexes qui ne sont pas à négliger. Alonso de Morales, le 15 mars 1501, rembourse 100 000 mrs à Diego de Tordesillas pour ses frais de poste. De même, les frais de change sont aussi très lourds dans le budget. Ainsi, le 10 juin 1500, Morales paie 80 000 mrs pour changer 2 000 000 mrs à Valence, soit 4 % de la somme. Enfin, l'effort financier supplémentaire induit par ces frais de fonctionnement incluent également l'envoi de fonctionnaires sur site pour « *traer razón* » – avoir des explications - sur les comptes, dont ils font copie pour le roi. C'est le cas en 1503, où, toujours dans la comptabilité d'Alonso de Morales, Fernandianes de Galdo, *contino* du roi et Mosen Terrer, *maestresala* – échanson – du roi, sont envoyés à Salses pour lesdites raisons. Ils touchent chacun un salaire de 3 000 mrs.

La gestion des distances est ainsi une forte contrainte. Les trajets induisent coût, délais, insécurité des transferts d'informations et d'argent. Elle doit donc être fortement prise en compte par les souverains, qui adaptent leur mode de gouvernement et d'administration à cette difficulté afin qu'elle ne devienne pas un obstacle.

L'URGENCE D'AGIR

Le contexte de construction de la forteresse de Salses est fortement marqué par l'urgence à disposer d'un site capable de résister aux Français tout proches, qui maintiennent la pression sur la zone. Il faut construite un château résistant, imprenable même, dans un temps limité. L'ordre envoyé à don Sancho en 1497 témoigne de cette tension[14] :

> *Otro si ya sabeis quanto a nuestro servicio cumple que en las obra haya muy buen recaudo por que cumplido el termino de la tregua toda estuviesen defendedera.*

---

13 ACA, Real Patrimonio, Maestre Racional, Escribania de ració del Rey, registros de albaranes, volumenes, general, n° 0875, registres de albaranes extrordinarios de Luis de Santángel, 1495-1498, f° 39 v°.

14 AGS, CCA, CED, 2, 2-2, f° 324 r° / 85 r°.

« Vous savez combien il importe à notre service qu'il y ait un très grand soin dans les travaux pour qu'au terme du délai de la trêve tout soit en état de défense. »

Or, même si les Rois Catholiques mobilisent, nous l'avons vu, de grandes ressources humaines pour accélérer les choses, certaines contraintes leur échappent. Un chantier a par exemple une saisonnalité des tâches. L'hiver est ainsi traditionnellement assez peu propice à l'activité, en particulier pour les travaux de maçonnerie, mobilisant mortiers et pisé assez peu maniables à basses températures. Les souverains en ont bien conscience, mais ne peuvent cependant pas se permettre de perdre une saison[15] :

Ytem en lo que toca a las obras como nos vos habemos escrito nos parece que ahora de invierno hasta que vanga el tiempo en que se pueda labrar de cal y de canto y tapiera se debe dar mucha priesa en hacer las cavas [...] *y cuando algo de tapiera por ahora se hubiere de labrar ha de ser en parte donde sera muy necesario y no se pueda escusar y debe se de tenir fin de labrar de manera que la obra provechosa y lo muy necesaria se haga con tiempo antes que haya necesidad por que comenzandose tan grande obra como se nos ha escrito es cosa que no se podra acabar para el tiempo que es menester y que por causa de esto no se labre lo muy necesario* [...]

« De même, en ce qui touche aux travaux, comme nous l'avons écrit, il nous paraît que maintenant en hiver jusqu'au retour du temps permettant de construire en maçonnerie de mortier ou de pisé on doit se presser de faire les terrassements [...] et lorsque du pisé s'avérerait nécessaire maintenant que ce soit par absolue nécessité et inévitable et on doit veiller à ce que ce travail soit profitable, et que ce qui est indispensable se fasse à temps avant qu'il y en ait besoin parce qu'en commençant une œuvre aussi grande que ce qui nous a été écrit elle ne pourra être terminée dans le temps nécessaire et pour cette raison on ne peut pas travailler sinon le strict nécessaire [...] »

Il faut donc que le chantier puisse continuer, malgré les aléas climatiques, et surtout fonctionner à plein régime durant les saisons favorables[16]. Plus que jamais, à Salses, le temps joue contre les troupes royales. Attendre est un luxe que les souverains ne peuvent s'offrir, au sens propre. L'analyse faite par les Rois Catholiques est très claire, alors que le chantier prend du retard en 1497 à cause de la mort de

15 *Ibid.*, f° 296 r° / 256 r°.

16 AGS, CCA, CED, 2, 2-2, f° 321 v° / 282 v° : « [...] *Dios mediante durante el buen tiempo que hay para la labor se pueda labrar todo lo necesario* [...] ».

don Enrique. Ils s'estiment « desservis », car cette situation risque de « dilapider l'argent » mais surtout de « dilapider le temps sans profit[17] ». L'obsession dès lors est de faire « *cuytar la obra*[18] » – accélérer les travaux –, les « achever le plus rapidement possible[19] ». Rappelons que certains agents sont expressément payés pour presser et activer les choses[20]. Par exemple, en 1501, don Sancho envoie Pedro Morero en Empordà pour chercher les barquées de pierres qui tardent à arriver de la carrière de Vilacolum[21]. Payer un homme pour maintenir le rythme est rentable aux yeux de l'administration du chantier. En 1502, la situation devient critique, la pression sur la frontière, forte. Les lettres royales adoptent un ton impératif[22] :

> *Per lo molt que satisffà a nostre servey se acab la obra de Salses prestament, havem manat se do molta presa en aquella,* [...] *encarregam e namam-vos per ço que ab molta promptitut, sens dilacions ni diffugis aguns a la hora, tragau los dits pehons.*
>
> « Pour la satisfaction de notre service, et pour terminer le chantier à Salses prestement, nous avions demandé que l'on se hâte sur celui-ci [...] nous vous chargeons et demandons pour cela et avec grande promptitude, sans délais ni échappatoire aucun d'envoyer lesdits ouvriers. »

Hâter le chantier signifie hâter sa gestion, car les délais de procédure peuvent ralentir l'ensemble de la machine, et troubler le regard des souverains qui ne disposeraient plus alors de rapports de situation à jour. Il leur faut donc imposer le rythme du chantier, mais aussi celui de l'administration (Schmitt, 2016, p. 574). À moins que l'on décide, une fois n'est pas coutume, qu'il y ait urgence à attendre. C'est ce que l'on peut voir dans le cas de Gérone, dont le système de gestion est réduit, et donc qui devrait avoir des délais de traitement courts. Or, on s'aperçoit que ces délais peuvent s'allonger, cachant dans le cas de Gérone de graves problèmes de trésorerie.

---

17 *Ibid.*, fol. 315 r°.

18 ADPO, G 238, Mémoriaux de l'Église Saint Jean de Perpignan, f° 137 v°.

19 AGS, CCA, CED, 2, 2-2, f° 324 r° / 285 r°.

20 AGS, CMC, 1ª ep., leg. 1874, f° 314 v°, par exemple. Juan Rodriguez est payé entre novembre 1497 et février 1498 3 602 mrs car il a « *cargo de andar a dar priesa a los caleros que hizieron cal y a saber lo que hazia* ».

21 AGS, CMC, 1ª ep., leg. 180, s.f°, dépense du 30/03/1501.

22 AHG, Lletres Reials, lettre du 25 juillet 1502, depuis Jadraque.

Date d'exécution des travaux	Date de paiement des travaux et d'entrée en comptes	Délais (en jours)
13 septembre	16 septembre	3
20 septembre	24 septembre	4
24 septembre	29 septembre	5
25 septembre	29 septembre	4
30 septembre	1er octobre	1
11 octobre	22 octobre	11
14 octobre	27 octobre	13
25 octobre	13 décembre	49

Tab. 2 – Exemples de délais de traitement administratif, Gérone.

On voit que si le délai de traitement classique tourne autour de 3-4 jours, ce qui correspond au temps d'émission de la lettre de mise en paiement après justification, il peut s'allonger sans raison aucune, si ce n'est par lenteur administrative volontaire. Si le temps joue contre le chantier, il peut, à l'occasion, jouer en faveur de l'administration. À Salses, certaines procédures sont traitées en une journée[23], certaines en plusieurs semaines[24], d'autres en un mois[25], pour arriver parfois à des mois voire des années de délai[26] entre la tâche effectuée et son paiement. La question est peut-être de savoir s'il y a un rapport entre le mode de paiement (*nomina, libramiento, destajo, salario*) et le délai de traitement. Une étude précise de ce point pourrait être riche d'enseignements.

23 AGS, CMC, 1a ep., leg. 1000, fº 217. Les équipes de carriers et tailleurs de pierres basques sont payés dès le 20/07/1499 pour le travail effectué jusqu'au 19/07/1499. Notons que dans ce cas, Juan de Valladolid est seul à signer la *nomina*.

24 AGS, CMC, 1a ep., leg. 1874, fº 408 vº. Maître Lope de Amez est payé par *libramiento* le 7/11/1498 pour une livraison de bois datant du 23/10/1498.

25 *Ibid.*, fº 390 rº. Les piocheurs du capitaine Antonio de Bettio, qui ont travaillé du 8/03/1498 au 17/03/1498 n'ont été payés que lors de la mise en compte de la *nomina* correspondant à la somme, le 7/04/1498.

26 AGS, CMC, 1a ep., leg. 1000, s.fº. Diego de Tordesillas est payé le 15/05/1501 par les *contadores mayores* pour son salaire de 1499.

LA COURSE AUX RESSOURCES

LA PÉNURIE ET LA RARETÉ

Les choses semblent simples sur le papier : il faut pour démarrer les travaux des ouvriers en quantité, des matériaux fournis régulièrement, des agents administratifs de confiance, et le budget pour financer le tout. D'emblée, la réalité est bien plus compliquée que cela pour les chantiers de Gérone et Salses. Les deux projets doivent faire face à de graves problèmes de pénurie et de rareté. Or, c'est une complication dont les souverains, pour Salses en particulier, ont conscience, car ils savent que leur projet de forteresse « pour être bien forte, elle ne peut être fortifiée qu'avec beaucoup de temps, au prix fort, et avec beaucoup de travail[27] ».
En 1495, Ferdinand II écrit à maître Ramiro. Il sait que les chantiers de la frontière auront un coût conséquent. L'économie est de mise[28] :

> [...] *que asy en esto como en todo lo que toca a la hasyenda y para que en todo haya muy buena quenta y recabdo tengays aquel cuydado e buena horden* [...]
>
> « [...] qu'en cela comme en tout ce qui touche aux finances et pour qu'en tout il y ait très bons calcul et soin [...] ».

Mais, même si les ressources financières sont scrutées et gérées avec précaution, l'offre locale en hommes et matériaux est limitée et place les responsables des chantiers face à des situations de pénurie ou de rareté, qui entraînent immanquablement des surcoûts. Pour avoir un ordre d'idée, le nombre des feux du Roussillon entre 1470 et 1490[29] s'élève à 33 foyers à Salses, 82 à Baixas, lieu d'où est extraite une partie de la pierre, 97 à Claira ou encore 22 à Collioure. Perpignan compte 1 720 feux. Or, il apparaît, par exemple, qu'en mai 1500, 732 ouvriers besognent sur le chantier. À la même époque, ils sont 155 sur le chantier de Collioure. Le territoire ne peut fournir une telle main-d'œuvre. Il y a foule sur ces chantiers, au point, en 1497, de poser de sévères difficultés de ravitaillement. Anthoni Desvivers doit régler en particulier un problème de pénurie d'eau sur la

27 AGS, CCA, CED, 2, 2-2, f° 102 r°. Cédule du 22/10/1495 depuis Torrellas.
28 *Ibid.*, f° 324 r° / 285 r°.
29 ACA, Real Patrimonio, n° 2593 (Batlle, 1973, p. 25-26).

Têt qui empêche les moulins de Perpignan de fournir de la farine, non seulement à la population de la ville, mais également à la grande quantité de gens employés à la fortification de Salses et des autres forteresses[30]. Le manque de main-d'œuvre se pose dès 1495. En mars, le roi mobilise Pedro de Ortaffa, porte-parole du gouverneur et Anthoni Desvivers, son procurateur royal[31]. Il leur ordonne de fortifier Salses[32], et pour se faire, ils « doivent trouver un moyen pour que ceux de cette terre les aident[33] ». Il faut impérativement avoir une estimation de ce que les terres locales peuvent fournir, afin de voir ce qu'il faudra faire venir de l'extérieur. Ramiro doit ainsi rapidement évaluer les besoins en temps, en argent et, de fait, en bras nécessaires à la fortification de Salses[34]. Mais les hommes manquent. Le recrutement de bergers locaux ne saurait suffire[35]. Ferdinand II écrit ainsi aux viguiers, bayles et *jurats* de Gérone pour leur demander d'envoyer des hommes, sans préciser s'il s'agit de futurs soldats ou de futurs manœuvres[36]. Le canal d'approvisionnement en hommes depuis le Géronès s'ouvre ainsi pour de nombreuses années, puisqu'en 1502, une autre lettre de Ferdinand demande encore plus d'hommes pour le chantier de Salses, « plus que les années passées[37] ». Tout est bon pour les faire venir : pression sur les autorités locales, mais aussi appât au salaire. Les hommes seront ainsi payés dès leur arrivée à Salses[38] :

> *Encarregam e manam-vos per ço que ab molta promptitud, sens dilacions ni diffugis alguns a la hora, hagau los dits pehons e los façan anar a la dita obra de Salses que allà los serà pagat son salari.*

30 ADPO, 1B 415, f° 16 r° : « [...] [par faute d'eau, les moulins] *no poden molre farinas e axi la gente de la dita vila de Perpinya ni los habitants en las vilas* [...] *no poden haver farinas* [...] *ni a las tantas personas que lo Rey nostre Senyor continuament te en las obras dels lochs de Salses, Clayra e en altres parts* [...] ».

31 ACA, Real Cancellería, registros, curie sigilli secreti 7, núm. 3611, 1493-1497, f° 101-102.

32 *Ibid.* : « [...] *enfortalecer la lo mas que se pudiere* [...] ».

33 *Ibid.* : « [...] *y tener manera que ayuden para ello los dessas tierra* [...] ».

34 AGS, CCA, CED, 2, 2-2, f° 105 r°, cédule du 31/10/1495 depuis Alfaró : « *Aveys de mirar mucho si se puede fortelecer* [...] *aveys de ver que tiempo, y con que coste, y con que gente, y con que recabdo se podra fortaleser* ».

35 *Ibid.*, f° 218 r°.

36 AHG, Lletres Reials (Arnall Juan, 2000, p. 947) : « [...] *si para algo dello vos embiare a demanar gente, que la embieys lo más que pudieredes* ».

37 *Ibid.*, p. 964. « [...] *Per lo molt que satisffà a nostre servey se acab la obra de Salses prestament, havem manat se do molta presa en aquella, per lo qua lés de necessitat vajen a la dita obra més pehons que los anys passats* [...] ».

38 *Ibid.*

« Nous vous chargeons et vous ordonnons qu'avec beaucoup de promptitude sans délai ou retard et immédiatement, vous ameniez lesdits ouvriers et les fassiez venir sur le chantier de Salses et là on leur payera leur salaire. »

Comme nous l'avons vu, la réserve catalane n'est pas suffisante à approvisionner à elle seule les chantiers en main-d'œuvre : Galiciens, Basques, Castillans, Gascons doivent venir prêter main-forte. Mais là encore, ce n'est pas chose aisée d'attirer les volontaires. Dès 1496, le constat est amer[39] :

Los albañiles y picapedreros no podran partir de aqui a quince [*sic*] *dias porque ha sido trabajos de haber pero entre tanto de todas estas partes se han de buscar todos cuentos se pudieren haber a cualquier precio se hallaren.*

« Les maçons et tailleurs de pierre ne pourront partir d'ici [Burgos] que dans quinze jours, car il a été difficile de les recruter, mais pendant ce temps, partout ici on doit chercher tous ceux qu'il pourrait y avoir à quelque prix que ce soit. »

En 1497, le consul de Gérone Pons Julia et l'*alguazil*[40] Monsen Salvan sont payés respectivement 3 960 mrs et 4 752 mrs pour rabattre de la main-d'œuvre en Empordà et pour la faire venir travailler à Salses[41]. Urgence du contexte, en 1503 on utilise un autre moyen pour faire venir des ouvriers sur le chantier et les forcer à rester : la contractualisation et l'amende[42]. Ainsi, depuis Palau Santa Eugenia, Sarria, Vilobi d'Onyar, Vilablareix ou Salt entre autres, six hommes sont envoyés sur le chantier de Salses, d'où ils ne peuvent repartir sans autorisation[43] :

Vilobi, Stanyol e Salige a III dagost de ni enviaren a les obres de Salses Rafel Blager e promes ab pena de XXV lb e sagrament e homanatge en poder de mosseyn veguer que dema serra a Figueres es presentara a monseyn Marles e sinon es tirara a Salses e servira e no sen partira sens licencia sino en cas de malatia.

---

39 AGS, CCA, CED, 2,2-2, f° 278 r° / 239 r°.

40 Fonctionnaire subalterne de justice ou de police.

41 AGS, CMC, 1ª ep., leg. 1874, f° 357 v°. Pons Julia est payé « [...] *porque anduvo por los lugares de Nanpurdan* [*sic*] *donde vino la gente al dicho año de MCCCCLXXXXVII a servir a la dicha obra de Salsas dando horden y presa para que viniese a trabajar y no faltasen todo el tiempo que la dicha gente de Nanpurda fue necesaria en la dicha obra dadle diez ducados de oro* ». – Quant à Monsen Salvan, il est rémunéré « [...] *por que tuvo el mismo cargo de hacer venir la dicha gente de Nanpurdan a la dicha obra de Salsas este año de MCCCCLXXXXVIII dadle XII ducados de oro* ».

42 AHPG, fons notarial, Gi 6-197, Dalmau Ombert.

43 *Ibid.*

> « Vilobi, Stanyol et Saliga le 3 août. Il est envoyé sur le chantier de Salses Rafel Blager [qui] promet sous peine de 25 livres et serment et hommage en pouvoir de monseigneur le viguier que demain il sera à Figueras et se présentera à monseigneur Marles ou sinon il ira directement à Salses et il [y] servira et n'en partira pas sans autorisation sinon en cas de maladie. »

Tous les moyens d'engagement sont mobilisés : le serment, l'amende, l'hommage, et l'acte écrit comme preuve. En effet, et c'est un comble, alors qu'il est difficile de recruter, il est aussi difficile de maintenir les ouvriers sur le chantier, ce qui peut poser la question des conditions de travail. En octobre 1498, plus de 16 000 mrs ont été décomptés d'une *nomina* pour le trop-perçu de salaires d'ouvriers qui se sont enfuis du chantier[44].

Pour le dossier géronais, la gestion des ressources humaines est également fortement contrainte, puisqu'il est impossible de faire appel à des renforts extérieurs. Il faut donc faire avec les artisans loyaux à la couronne restés sur place, les manœuvres occasionnels et la soldatesque. Hormis les mois d'août et septembre 1462, où il a fallu faire appel à tous les hommes disponibles, soit une soixantaine au maximum, les chantiers fonctionnent avec une douzaine d'hommes en moyenne. Le reste de la main-d'œuvre est occasionnel. Il est fort probable que les équipes de 30 manœuvres, mobilisées ponctuellement à l'automne 1462, soient des soldats employés comme renfort à l'occasion de travaux particulièrement gourmands en bras. D'ailleurs, cette utilisation des troupes n'est pas systématique, contexte oblige. En cas de fort besoin, et de forte pénurie de bras, comme en février 1463, des maîtres sont payés et employés comme manœuvres[45]. Dès lors, on voit que le capitaine est face à un sérieux problème : peu d'hommes, et surtout peu de gens de métier formés à la construction.

Également, même si, comme nous l'avons vu, les agents des Rois Catholiques mobilisent l'ensemble des ressources matérielles des terres roussillonnaises sous leur autorité, cela n'est pas suffisant. Il leur faut faire appel à l'ensemble du territoire. Malgré cette mobilisation, les ressources

44 AGS, CMC, 1ª ep., leg. 1874, fº 400 rº.

45 ACA, Real Patrimonio, Maestre Racional, Tesoreria real de Aragon, Libros ordinarios de la tesoreria de la reina, Volumenes, General, nº 0547, 1462, fº 33 rº : Johan Carrera, *mestre de cases*, est payé une première fois (le 8/02/1462) pour son travail datant du mois d'octobre, au salaire de maître, soit 2 s. 5 drs par jour. Le 10/02/1462, il est payé pour une demie journée « *que ha servit de manobre* » 9 drs, soit 1 s. 6 drs à la journée.

du royaume ne sont cependant pas inépuisables, surtout après la grande phase de construction de forteresses en Andalousie (García Granados et Trillo San José, 1990 ; Galera Mendoza, 2014 ; Paz Espeso, 1914). De ce fait, Casafranca, qui avait pour ordre d'acheter du cuivre, de l'acier, du fer, de l'étain et du plomb à Barcelone en 1496, ne trouve plus de cuivre dans la capitale catalane. Les Rois Catholiques ordonnent donc d'envoyer immédiatement une personne de confiance en acheter plus loin, à Valence[46]. Le ravitaillement en outils et matériaux est un souci constant, qui ne concerne pas uniquement le démarrage du chantier. En 1501, Juan Pérez de Tolosa, serviteur et chambrier de Ferdinand et Isabelle, est envoyé dans la province de Guipúzcoa et dans le comté de Biscaye pour acheter des outils pour Salses au meilleur prix, et selon les disponibilités du territoire[47]. Il envoie ainsi 100 pelles et 50 piques de fer, et 50 pioches à Juan de Valladolid et Alfonso de Vozmediano. Faire venir des pelles et des pioches interroge sur les surcoûts d'un achat à une telle distance. Les Rois Catholiques en sont conscients. Mais ils ne peuvent que difficilement faire autrement, comme ils le constatent face à maître Ramiro[48] :

> *En lo que se pide de los albañiles y cavadores y hierramientas y xarcia y otras cosas en todo esta proveido con diligencia mas segun la distancia de la tierra no se puede proveer todo tan presto como es menester y pues que en estas partes lo hay aunque cuesta mas caro debe se tomar que non puede tan crecer el precio que non dañase mas la dilacion de esperarlo que de aca ha de ir por servicio nuestro proveis lo que en todo estaba el cuidado que es razón.*
>
> « Sur ce qui est demandé au sujet des maçons, des terrassiers, outillages et câbleries et autres matériels, en tout il est pourvu avec diligence, mais en raison de la distance du pays il n'est pas possible de tout pourvoir aussi vite que nécessaire et puisque dans ces endroits il y a ce qu'il faut bien qu'il en coûte plus cher, on doit le prendre et faire en sorte que le surcoût compense le délai d'attente en cas de départ d'ici ; que pour tout on y mette le soin qui est nécessaire. »

46 AGS, CCA, CED, 2, 2-2, f° 296 r°.

47 AGS, CCA, CED, 5, 76, 1. Cédule du 15/03/1501 depuis Grenade : « […] *C palas de hierro, L picos de hierro, C piquetas para arencar (?) piedra* ». – L'entrée en compte des dépenses de cette mission *para el fenecimiento de la fortaleza de Salses* – « pour terminer le chantier de Salses » – a été faite un mois plus tôt, par le Trésorier de l'extraordinaire d'Isabelle de Castille, Alonso de Morales, le 15/02/1501 (AGS, CMC, 1ª ep., leg. 42, acte 3098).

48 AGS, CCA, CED, 2, 2-2, f° 278 r° / 239 r°.

Le financement de ces entreprises de construction est un effort violent demandé aux caisses de l'État. La situation de pénurie à laquelle fait face le chantier de Salses grève fortement le budget, plombé par les surcoûts. Dans le cas de Gérone, l'asphyxie financière, voire la banqueroute, est inévitable. Dès le 22 novembre 1462, les difficultés financières apparaissent. Pere Miquel écrit ainsi dans son registre[49] :

> *Item, lo dit die, per semblant albarà, de manament del dit capità de la dita forsa, he donat al dit Nicholau Masdeval, per occorrer als mestres e menobres qui han obrat a la dita Forsa als quals es deguts de certs dies e al present la cort no ha facultat pagar los de tot, trente tres sous.*
>
> « De même, le même jour, par la même lettre de paiement, sur ordre dudit capitaine de la dite Força, j'ai donné audit Nicolau Masdevall, pour payer les maîtres et manœuvres qui ont travaillé à ladite Força et auxquels il est dû certains jours de travail et à présent la cour n'a pas la faculté de les payer complètement, trente-trois sous. »

La situation dans la ville est effectivement très difficile, et elle dure[50]. Assiégés et assiégeants sont à court. Miquel Vives manque cruellement de ressources, et doit écrire à la *Generalitat*, affirmant « qu'à Gérone il ne reste plus un seul florin, pas même pour faire la charité » (Sobrequés i Vidal, 1962, p. 28 et 35). Il ne dispose plus que de 400 florins une semaine après son arrivée (*Ibid.*, p. 34). La reine et l'infant, quant à eux, peinent à récolter des fonds pour tenir le siège. La reine doit contracter des prêts, à titre gracieux ou non, auprès de ses sujets : 3 270 s. purent ainsi être réunis. Elle avait tout d'abord essayé de convaincre les chanoines de contribuer aux dépenses du siège. Le Vicaire général Andreu Alfonsello (*Ibid.*) lui a répondu que l'Église était tenue de contribuer contre les infidèles, ou ceux qui pourraient faire du mal à la famille royale. Or, les assiégeants étaient chrétiens et disposés à traiter avec la reine et le prince : le clergé ne se sentait donc en rien obligé de mettre la main à la poche. L'octroi de sauf-conduits a rapporté une belle somme, mais qui aurait pu être plus conséquente. En effet, l'arrivée des Castillans en

49 ACA, Real Patrimonio, Maestre Racional, Tesoreria real de Aragon, Libros ordinarios de la tesoreria de la reina, Volumenes, General, n° 0547, 1462, f° 28 v°.

50 En 1463, les courriers échangés avec les *jurats* font toujours mentions de « maisons détruites et brûlées » (AHMG, Manuels d'Acords, Actes del Ple, reg. 17 564, 1462-1464, f° 167 v°). Nous ne savons pas en revanche si ces destructions sont uniquement le fait des combats ou si elles sont préventives (McNamee, 2012 ; Salamagne, 2002).

Empordà a d'abord empêché les officiers de sortir de la ville pour aller prélever les dus, mais surtout a soulevé les paroisses qui ont refusé de payer[51]. Il a donc fallu renoncer également à cette entrée financière.

LE DÉLICAT PROBLÈME DE LA MONNAIE

Réussir à mobiliser des fonds n'est pas la seule difficulté financière à laquelle les souverains doivent faire face. Une fois ce trésor « de construction » constitué, il faut qu'il puisse être transmis aux agents sur place, comme nous l'avons vu, mais également que ces agents puissent l'utiliser. Or bien souvent, les fonds sont constitués de plusieurs monnaies, et le problème du change apparaît rapidement. À Gérone, en 1462, le roi Juan II envoie à son fils Ferdinand et à la reine Johana des fonds pour tenir pendant le siège sous deux formes différentes : des florins d'or, et des *doblas* d'or castillanes. Si les premiers peuvent être changés sur place, ce n'est pas le cas des secondes. D'emblée, Pere Miquel s'en plaint[52] :

> *Sta en veritat que lesdits dobles no he pogudes metre ni despendra per quant no valen lo dit fort e nengu non ha volgudes pendre en la dita ciutat no valen pus de XIII s. en XIII s. VI.*
>
> « La vérité est que lesdites *doblas* n'ont pas pu être mises [en recette] ni dépensées, car elles ne valent pas leur valeur et personne n'a voulu les prendre dans cette ville plus que 13 s. ou 13 s. 6. »

Les *doblas* d'or castillanes ont vu leur réputation diminuer tout au long du XVe siècle, au profit des florins d'or et des ducats (Grierson, Crusafont et Balaguer, 1986, p. 150-151 ; Crusafont i Sabater, 1982). Leur valeur et leur titre, dégradés, n'ont donc pas permis de procéder à l'opération de change, si ce n'est à un taux trop bas, 13 s. 6 maximum, taux de change du florin[53]. Le roi et ses trésoriers l'ignoraient-ils ? Ou

---

51 ACA, Real Patrimonio, Maestre Racional, Tesoreria real de Aragon, Libros ordinarios de la tesoreria de la reina, Volumenes, General, n° 0547, 1462, f° 11 r° : « *Les restes de algunes peroquies e persones qui complidament no han pagat son degudes e en mon temps nos* [*sic*] *son pogudes haver per quant no sen podre fer execucio e solament reebir ço que portaven e donaven voluntariament per dupte no fossen correguts e official* [*sic*] *no anaven fora la ciutat. E per quant los Castellans intraren en Empurda les peroquies se rebelaren e cessaren pagar e la ciutat de Girona fou sitjade per los dits castelans quins eren a lavores contraris.* »

52 ACA, Real Patrimonio, Maestre Racional, Tesoreria real de Aragon, Libros ordinarios de la tesoreria de la reina, Volumenes, General, n° 0547, 1462, f° 1 r°.

53 *Ibid.*, f° 2 v° : [une femme est inculpée de trahison. Elle accepte une composition pécuniaire avec la cour] « [...] *quinze florins dor valen a la dita rabo de XIII s. VI d. per florins* [...] ».

n'avaient-ils pas le choix dans ce contexte de guerre civile ? Or, il est très important pour eux de connaître le cours des monnaies et leur taux de change, pour évaluer les frais annexes au budget (Bompaire, 2007). En 1497, ils demandent par exemple à Garcia de Herrera, lors de sa tournée d'inspection, d'inclure dans son rapport des informations précises à ce sujet[54] :

> *Ytem habeis de saber a que precios se pagan el maestro y el peon y cuando se les hace la paga y como y en que manera y en que monedas y que precios se las dan.*
>
> « De même, vous devez savoir à quel prix se paient le maître et l'ouvrier et quand et comment on les paie et de quelle manière et en quelle monnaie et à quel taux de change. »

La question de la monnaie se pose comme une difficulté pour les hommes qui tiennent les registres de compte. Les monnaies employées sont variées (Colson, 1854 ; Garcia, Tréton et Bénézet, 2009). Ils y sont habitués, mais les porteurs de comptes doivent cependant travailler avec trois unités : la valeur de la monnaie qu'ils reçoivent du roi, la valeur de la monnaie locale pour laquelle ils ont changé la monnaie d'origine, et finalement la monnaie de compte (Bompaire et Dumas-Dubourg, 2000, p. 318-336) dans laquelle ils tiennent généralement registre. Cet aspect de la gestion budgétaire a été étudié dans les domaines de l'histoire de la comptabilité (Bompaire, 2015), de l'histoire économique et bien sûr de l'histoire de la monnaie (Spufford, 1986 et 2009). Mais il ne semble pas avoir été pris en compte par les historiens de la construction[55], qui se sont intéressés aux sources de financement, à leur gestion, mais assez peu à l'action concrète de payer salaires et matériaux (Lardin, 2007, p. 45-68[56]). Il ne s'agit pas ici de faire de l'histoire de la monnaie, ni même de l'histoire de l'économie[57], mais bien envisager les compétences déployées au quotidien par les fonctionnaires aux comptes (Noiriel, 2014, p. 46-47). Or, le point est important, car il est à l'origine de difficultés, d'abord bien sûr mathématiques et comptables, mais également salariales.

54 AGS, CCA, CED, 2, 2-2, f° 314 r° / 275 r°.

55 Hormis pour Avignon (Bernardi, 2015, paragr. 28-32).

56 L'auteur mentionne la fabrique de la cathédrale de Rouen, mais délaisse cependant vite le dossier, pas assez consistant à ses yeux, pour les documents du tabellionnage.

57 La passe d'armes entre John Day et Guy Bois est passionnante au sujet de la monnaie, des prix et du marché, si le lecteur curieux veut approfondir le sujet (Bois, 1979, p. 319-324 ; Day, 1979, p. 323-324 ; Day, 1994 ; Bois, 2000).

Les comptables et les écrivains aux comptes à Salses tiennent leurs livres en maravedis – en monnaie réelle –, sauf exception[58]. Ils sont en sous/deniers – en monnaie de compte – à Gérone. La conversion à la monnaie de compte, équivalent universel, peut être cependant à l'origine de premières erreurs comptables, surtout, comme à Salses, quand les responsables du trésor doivent convertir plusieurs monnaies à la fois. Ainsi, en juin 1498, une *nomina* est comptée en maravedis et en deniers, après une double opération de change[59]. En effet, 5 850 mrs sont payés en *castellanos* à valeur de Castille, et 4 680 drs sont payés quant à eux en ducats à valeur de Perpignan. Le comptable a donc dû additionner des deniers à des maravedis. Sans surprise, le total est erroné et corrigé pas moins de trois fois en marge des calculs.

Ces deux étapes « change/conversion » sont cependant courantes dans les registres de comptes. En avril 1498, une *nomina* est payée en ducats d'or à valeur de Perpignan, après que le responsable des fonds ait converti des *doblas* et *castellanos* à valeur de Castille envoyés par le roi. Puis, la somme ainsi versée est entrée en comptes en maravedis[60]. Les payeurs doivent jouer avec la matière monétaire fluctuante, et entre monnaie réelle et monnaie de compte (Van Werveke, 1934, p. 123-152 ; Gillard, 1982, p. 85-88). La gestion des caisses, et celle du change sont donc au cœur des problématiques quotidiennes du chantier. En effet, l'emploi d'une monnaie ou d'une autre, ou même de plusieurs à la fois, est contraint par les espèces disponibles pour le payeur. En 1498, il a fallu payer en fonction de ce qui restait dans les caissettes. Ainsi, en mars, on paie en *doblas* « parce qu'il n'y a plus de ducats », alors qu'en août, il faut faire avec des *castellanos* d'or, « car il n'y a pas de *doblas*[61] ». On a parfois l'impression que certains paiements sont vraiment effectués avec les fonds de tiroirs. En mars 1399, un prix-fait de 94 959 drs est payé pour 72 303 drs en *castellanos* d'or à valeur de Castille, et pour 22 656 drs en ducats d'or à valeur de Perpignan[62]. Cette gestion demande au comptable beaucoup de souplesse et de capacité de prévision pour la gestion du quotidien. En novembre 1499, cette note dans le registre de compte est très révélatrice de la situation[63] :

58 C'est le cas du registre de 1499, tenu en deniers. AGS, CMC, 1ª ep., leg. 1000.

59 AGS, CMC, 1ª ep., leg. 1874, fº 349 vº et 350 rº.

60 AGS, CMC, 1ª ep., leg. 1874, fº 314 vº. – Pour le rapport entre or et monnaie au Moyen Âge en Espagne, voir les travaux de P. Vilar (1978, p. 41-46).

61 *Ibid.*, fº 298 vº et 372 rº.

62 AGS, CMC, 1ª ep., leg 1000, s.fº. Paiement en date du 22/03/1499.

63 *Ibid.*, s.fº, dépense du 1/11/1499.

[...] y no se pone en que moneda se paga por que el dicho veedor Vozmediano dice quel a de tener quenta y raso del dinero que viene para las obras [...].

« [...] on ne précise pas avec quelle monnaie on paie, car ledit surveillant Vozmediano dit qu'il doit faire ses comptes et bilans de l'argent qui arrive pour le chantier ».

La monnaie employée voit également sa valeur varier, en fonction du taux de change utilisé. Parfois, le payeur choisit de ne pas additionner maravedis et deniers, mais de payer les uns et les autres dans des monnaies à valeurs différentes. À la diversité des espèces, il faut donc ajouter la difficulté de connaître les valeurs à jour. C'est tout l'art et la compétence du changeur (Bompaire, 2006, p. 143-162 ; Coativy, 2009, p. 10-16). En mai 1498[64], les maravedis sont payés en *castellanos* d'or à valeur de Castille, et les deniers en *castellanos* d'or à valeur de Perpignan. La question qui se pose ici est de savoir si le payeur passe par un changeur, ou s'il dispose d'une table de conversion ou d'une liste des valeurs de monnaies (Travaini, 2011, p. 19-32). Nous n'avons malheureusement pas les éléments pour répondre pour Salses quand il s'agit de la gestion au niveau local. Nous avons vu précédemment qu'une opération de change avait déjà été menée, et donc payée, lors des transferts de fonds. Pour Gérone, Pere Miquel réussit à trouver un homme qui veut bien lui changer sa monnaie, sans préciser s'il est professionnel du secteur. Cependant, il précise à une autre occasion que le change à 18 s. par *dobla* était « très excessif », ce qui laisse penser qu'il était tributaire d'un cours local[65], mais était au courant du cours normal. C'est l'usage concret de la monnaie au niveau de leur cité qui importe aux salariés du chantier. Ainsi, une monnaie dégradée (Aglietta, 2019), comme nous l'avons vu, ou une monnaie fort peu courante ou avec une trop forte valeur faciale est une difficulté pour eux. Pere Miquel explique ainsi lors de sa reddition de comptes que « lesdites *doblas* étaient [ici] monnaies étrangères[66] ». Ce problème n'est pas sans conséquence pour la gestion du chantier, et pour la paix sociale que les surveillants doivent maintenir avec les ouvriers. En août 1498, maître Ramiro est revenu d'une visite à la cour

64 AGS, CMC, 1ª ep., leg. 1874.

65 ACA, Real Patrimonio, Maestre Racional, Tesoreria real de Aragon, Libros ordinarios de la tesoreria de la reina, Volumenes, General, nº 0547, 1462, fº 44 vº : « [...] *a raho de XVIII s. qui era for e preu molt excessiu* ».

66 *Ibid.*, fº 44 rº.

des Rois Catholiques avec un sac contenant 430 *marcos reales* d'argent. Or les payeurs ne peuvent pas les faire accepter aux ouvriers et doivent trouver une solution[67] :

> *La gente nolo quizo recibir cuyllo que perdian mucho y por mandamiento de don Sancho [...] que salio cada marco salio al valor de la plata a dinero por maravedis.*
>
> « Les gens n'ont pas voulu recevoir [cet argent, car] ils y perdaient beaucoup et par ordre de don Sancho [...] il est convenu que chaque marc sorte à la valeur de l'argent à un denier par maravedis. »

Les ouvriers seront ainsi payés en monnaie d'or à valeur de Perpignan. On voit également dans cet exemple un véritable système d'équivalence monétaire, « à un denier par maravedis[68] ». La situation se maintient ainsi jusqu'à épuisement des stocks monétaires en question, puisque deux semaines plus tard, Luis Martin et Francisco Font sont payés pour un *destajo* en « argent » apporté par Ramiro[69]. Cet épisode pose de façon aigüe la question des compétences cognitives, à la fois des fonctionnaires en charge du paiement, qui doivent donc être en mesure de faire des opérations mathématiques et comptables complexes[70], avec l'objectif permanent de ne pas nuire au trésor royal, mais également des ouvriers, qui sont parfaitement en mesure de savoir le cours d'une monnaie, de sa parité avec une autre et sa possible utilisation ou non au niveau local. Ce sont des savoirs que l'on attend chez des marchands (Balducci Pegolotti, 1936), mais les interrogeait-on chez les artisans (Claustre, 2021 ; Dubois Morestin, 2022) ? Ceci interroge également sur une possible corrélation entre la monnaie acceptée par les ouvriers et leurs origines géographiques. Ainsi, en octobre 1500[71], quand une équipe de neuf Basques de Domingo de Ibarra est payée en monnaie à

67 AGS, CMC, 1ª ep., leg. 1874, fº 394 rº. – En Castille, le marc d'argent pesait 230 g., alors qu'en Aragon il était à 217,2 g., soit 8 onces (Grierson, Crusafont et Balaguer, 1986, chap. 6).

68 L'équivalence admise est plus fréquemment de 1,5 deniers par maravedis (Bompaire, 2015, paragr. 22).

69 AGS, CMC, 1ª ep., leg. 1874, fº 404 vº : « [...] *se pagaron de la plata que llevo maestro Ramiro* ».

70 Marc Bompaire (2015, paragr. 7) cite l'introduction d'un manuel de comptablité du XVᵉ siècle (ms BNF, nouv. acq. fr. 471, fº 1) : « Tout homme qui veult aprendre fait de change, fault qu'il sache bien compter, bien assomer, bien gicter et certainement, car autrement nul homme ne pouroyt aprendre fait de change ». – On peut également avoir une idée de ces compétences en lisant, par exemple, maître Raoul (1933).

71 AGS, CMC, 1ª ep., leg. 180, fº 19 rº.

valeur de Castille, on peut se demander si ces ouvriers acceptent cette monnaie car ils savent qu'ils peuvent l'utiliser facilement, et à bon taux, dans leurs terres d'origine. La problématique de second rideau serait de savoir également si ces monnaies sont imposées par les payeurs, ou font l'objet d'une discussion avec les ouvriers. Pour citer Marc Bompaire :

> À tous les niveaux, tout paiement est une aventure et le choix du moyen de paiement est sans aucun doute un élément de la négociation du prix (Bompaire, 2007).

Les commis aux écritures précisent donc fréquemment, selon le type de registre qu'ils tiennent et leur place dans la procédure, les monnaies employées comme autant d'éléments de justification de la gestion du « trésor de construction ». En novembre 1499, il est par exemple précisé pourquoi, *a contrario*, on ne détaille pas la monnaie d'origine de la transaction[72] :

> *No se pone aqui en que moneda se paga por que dice el dicho veedor Alonso de Vozmediano que el a de thener quenta y rason del dinero que viene para las obras, pagase en doblas de oro al valor de Perpiña.*
>
> « Il n'a pas mis ici avec quelle monnaie il [Diego de Tordesillas] a payé parce qu'il a dit audit surveillant Alonzo de Vozmediano qu'il doit faire ses comptes et totaux de l'argent qui arrive pour le chantier. Qu'il paye en *doblas* d'or à valeur de Perpignan ».

Le comptable se doit donc d'être alerte sur les pertes ou les gains au change ou au changement du cours des espèces. Comment ne pas s'y perdre ? D'ailleurs, en 1498, on remarque dans la marge droite du registre de compte, dans l'espace réservé aux totaux, la discrète mention « drs » pour « deniers » en haut de la colonne[73]. Est-ce un moyen pour le commis aux comptes de ne pas oublier qu'il additionne des deniers sur cette page-ci ? L'historiographie s'est longtemps focalisée sur certaines révolutions des techniques comptables – la fameuse partie double ! –, mais elle a largement sous-estimée le niveau de compétences mis en jeu par les comptables pour la gestion au quotidien des registres de dépenses, en particulier des chantiers. Ils font preuve d'une agilité cognitive certaine pour répondre aux difficultés de la tenue au jour le jour de comptes avec des monnaies diverses, variées et fluctuantes.

72 AGS, CMC, 1ª ep., leg. 1000, s.fº.
73 AGS, CMC, 1ª ep., leg. 1874, fº 356 vº.

INÉVITABLES ALÉAS

LA MAIN DANS LE SAC

Les souverains doivent faire face à de nombreuses difficultés logistiques et organisationnelles afin de mener à bien leur projet constructif. Et s'ils réussissent à mettre en place financement, approvisionnement et administration, ils ne sont pas pour autant sortis d'affaire. Ils sont tributaires des agents sur place, en qui ils doivent placer leur confiance. Or, les malversations sont fréquentes et ralentissent le chantier. Les dossiers de Salses et Gérone ne font pas figure d'exceptions dans le domaine. Déjà, au début du XVe siècle, sous le règne de Juan II, les *Cortes* se plaignaient régulièrement des irrégularités et fraudes commises par les responsables des chantiers des forteresses de frontières en Castille accusés purement et simplement de détourner l'argent envoyé par le roi (Quintanilla Raso, 1986, p. 880). En 1433, Juan II admet qu'il a envoyé de l'argent et qu'aucuns travaux ne furent faits. Aux *Cortes* de Valladolid de 1451, même scénario : 2 millions de maravedis ont été envoyés, mais pas une pierre n'a été posée (*Ibid.*, p. 881). Les souverains doivent donc impérativement veiller à l'honnêteté des hommes qu'ils placent en charge. Ils sont les garants du bon gouvernement (Telliez, 2005, p. 62 *sq.*), et par souci de justice doivent encadrer les dérives des officiers (Beauchamp, 2010, p. 55). Tout doit être scruté par eux, et su d'eux, afin d'éviter les délits. Ainsi, en 1499, quand le Trésorier général Gabriel Sanchez est auditionné pour sa reddition de compte, on exclut de la procédure Guillem Sanchez, son frère, récemment devenu *Maestre Racional*[74], afin d'empêcher tout conflit d'intérêts, ou tolérance à l'heure d'examiner les registres[75]. Il importe aux rois de veiller à ce qu'il n'y ait ni fraude dans les procédures administratives, ni « désordre » sur le chantier[76], et que les

74 Le contrôle sur l'équilibre des comptes et sur les officiers en activité fait partie des prérogatives du *Maestre Racional* (Montagut i Estragués, 1987).

75 ACA, Real Patrimonio, Maestre Racional, Volumenes, Serie general, 661, libros de albaranes, libro de albaranes de Guillermo Sanchez, 1497-1500, f° 4 v° : « [...] *la qual commissio es feta a nosaltres attes que lo molt magnifich monseyn Guillem Sanchez cavaller conseller e roper del dit senyor Rey, ierma vostre* [...] *erat stat creat mestre racional de la regia cort e no fora cosa honestat de dar a ell vostre compte i sens preiudici de nota sua* [...] ».

76 AGS, CCA, CED, 2, 2-2, f° 323 r° / 284 r°.

consignes et opérations soient appliquées loyalement. C'est là que tout le processus de retour d'information mis en place par les souverains prend sens. Ainsi, le désordre qui règne en juillet 1497 sur le chantier de la forteresse est inouï[77]. Jugeons plutôt :

> *Asi mismo sabed que avemos sido informados que los veedores e contadores de peones han llevado y llevan algunas peonias baldadas e otras cohechas y baratas mal hechos por servicio nuestro que tomed luego con vos el alcalde que alla mandare enviar y ayas ver informacion de todas las personas que vos conoscays que vos podran bien informar y aquella firmarla de vos nombres nos haced enviar a nuestro poder por que nos la mandamos ver y proveer y castigar como jusgaremos servidos y asi mismo nos haced saber lo que sabeis y conosceis destas otras oficiales que entiendas en nostro hacienda porque todo esto con eiqual proveimiento y recaudo que sea cumplir a nuestro servicio y al bien de nuestra hacienda.* [...] *Otro si sabed que tambien avemos sido informados que alguna moneda de la que alla avemos mandado enviar se ha dado son peso y que algunas paga que se hizo se dieron ciertas doblas cargadas de ceruada por que pesen mas que diz que llammara la gente entresi la dobla en ceruadadas. Todo nos lo averiguad e sabed e la razon cierta de todo seremos servidos. Nos envieys luego firmado de vos e del alcalde y todo esto se provea de manera que la verdad no se puede encobrir.*
>
> « De même, sachez que nous avons été informés que les inspecteurs et contrôleurs des ouvriers ont perçu et touchent quelques faux salaires et autres concessions et mauvais trafics pour notre service, qu'immédiatement vous [don Sancho] preniez avec vous le gouverneur que nous ordonnons d'envoyer là-bas et faites votre enquête auprès des personnes de votre connaissance qui pourront bien vous renseigner et faites-nous la parvenir signée de vos noms pour que nous ordonnions de la faire examiner et pourvoir et punir comme nous le jugerons et, de même, faites-nous savoir ce que vous savez et connaissez sur les autres officiers qui gèrent nos affaires afin que tout soit avec la disposition et le soin qui convient le mieux à notre service et à la bonne gestion de nos finances. [...] En outre, sachez que nous avons été informés que certains fonds que nous avons ordonné d'envoyer là-bas ont été distribués sans pesée et que dans certaines paies qui se sont faites, on a donné certaines *doblas* enduites de suie pour qu'elles pèsent davantage dont on dit que les soldats les dénommaient entre eux les "*doblas* à la suie". Tout cela, vous nous le vérifiez et faites savoir et serons satisfaits d'en connaître la raison exacte. Vous nous l'envoyez [le rapport] signé de vous et du gouverneur et que se fasse de manière que la vérité ne puisse être occultée ».

Salaires fictifs, trafics, fraudes... la situation est hors contrôle, et la facture qui en résulte peut être salée. Par la même cédule, don Sancho est informé que huit millions de maravedis lui sont envoyés : une

77 AGC, CCA, CED, 2, 2-2, f° 324 v° / 285 v°.

somme colossale pour laquelle une gestion stricte s'impose. Cet épisode nous renseigne sur les limites atteintes par le système des rapports demandés aux observateurs ou experts envoyés sur place. En effet, la mission d'enquête confiée à Garcia de Herrera date du mois de mars de la même année[78], soit quatre mois auparavant. Or la situation dure depuis plusieurs mois, et rien, à part un constat, ne semble se faire. Les souverains avaient déjà eu vent d'exactions ou de fraudes, ou en tout cas de désordres, sur le chantier, dès décembre 1496[79] :

> *Don Enrique de Guzmán, nuestro capitan general en la frontera de Perpiñan, por relacion de algunos que de alla nos han escrito, habemos sabido de alguna confusion y desorden y mal recaudo que hay en lo de las obras y porque ya sabeis cuanto a nuestro servicio cumple que en todo aquello haya recaudo y diligencia que conviene acordamos de vos escribir la orden que nos parece que en todo se debe tener* [...]
>
> « Don Enrique de Guzmán notre capitaine général sur la frontière de Perpignan par les rapports de quelques-uns qui nous ont écrit de là-bas, nous avons appris quelque confusion, désordre et mauvais soins dans les travaux et parce que vous savez combien il importe à notre service que dans tout cela il y ait le soin et la diligence qu'il convient, nous décidons de vous écrire l'ordre qui nous paraît nécessaire en tout [...] »

Garcia de Herrera doit être particulièrement vigilant sur certains points qui montrent que la confiance entre les Rois Catholiques et leurs agents n'est pas totale : il doit vérifier l'application des ordonnances et apporter les copies justificatives des dépenses, il doit connaître les modalités de la paie et savoir si certains s'en plaignent, savoir aussi si les officiels n'abusent pas de leur poste pour faire travailler indument des hommes ou bêtes à eux, et surtout si ce sont des hommes de confiance qui n'escroquent ni les hommes du chantier, ni la troupe ni, au final, le roi. Bref, ces officiers ne doivent pas s'enrichir personnellement sur l'argent public, comme cela s'est déjà vu (Beauchamp, 2017, p. 179). La feuille de route de l'enquêteur est sans équivoque sur les intentions du roi[80] :

> *Ytem aveis de pedir a cada uno de las personas que tuvieren cargo de las dichas obras la razon de lo que cada dia se gasta en ellas y de lo que monta el gasto de cada semana. Ytem aveis de informar y saber por cuantas nominas se paga la*

78 AGS, CCA, CED, 2, 2-2, f° 313 v° / 274 v°.
79 *Ibid.*, f° 295 r° / 255 r°.
80 *Ibid.*

dicha genta de las dichas obras y que veedores y escribanos hay en ellas y quien las paga y si la gente esta contenta de la paga o quejosa. Ytem aveis de informar vos si algunos contadores o veedores o pagadores o escribanos u otros oficiales si traen hombres o bestias suyos en las dichas obras y si se les ha pagado y desde cuando se pagan y por que copias y en que manera. Ytem habeis de informar vos que recaudo hay de tapias y sogas y espuertas y otras cosas desta calidad y si esta hecho cargo dello a alguna persona fiable en cada obra como las cosas de arriba y que guarda y recaudo hay en ello. Ytem habeis de informar si cada uno de los dichos veedores y contadores y escribanos que estan en las dichas obras y todos los otros oficiales de la dicha nuestra gente si usan bien de lo que tienen a cargo y les esta mandado o si algunos hace o ha hecho lo que no o si cohecha a la gente o les lleva algo de sueldo o si les trata bien o si algunos tienen queja de algunos dellos y de que manera se hace con ellos y finalmente habeis de informar vos si toda gente asi la de caballo como la de pie asi la de guerra como la de labor si tiene contentamiento de sus capitanes y contadores y veedores y pagadores y si algunos hubieren quejas habeis de traer la razon por que y si les han hecho o hacen algunas demasias o sin razones por que nos seamos del todo informados.

« De même, vous devez demander à chacune des personnes qui auraient en charge lesdits travaux la justification de ce qu'on y dépense chaque jour et du montant du coût par semaine. De même, vous devez vous informer par combien de bulletins on paie les gens de ces chantiers et quels inspecteurs et commis aux écritures il y a, et qui les paie et si les gens sont contents de la paie ou se plaignent. De même, vous devez vous informer si quelques contrôleurs, inspecteurs, payeurs ou commis aux écritures ou autres officiers ont des hommes ou des bêtes à eux sur ces chantiers et si on les leur a payés et depuis quand on les paye et par quelle copie et de quelle manière. De même, vous devez vous informer de la quantité qu'il y a d'ais[81], de cordage, de paniers et d'autres choses de cette qualité et si quelqu'un de confiance en a la charge sur chaque chantier comme les choses ci-dessus et quels surveillance et soin il y a en cela. De même, vous devez vous informer si chacun desdits inspecteurs et contrôleurs et commis aux écritures qui sont sur lesdits chantiers et tous les autres officiers de notre troupe usent bien de ce dont ils ont la charge et selon ce qui leur est ordonné et si quelques-uns font ou ont fait le contraire et s'ils escroquent la troupe ou leur enlèvent un peu de solde et s'ils les traitent bien et si quelques-uns ont motif de se plaindre et finalement vous devez vous informer, vous, si toute la troupe aussi bien la cavalerie que l'infanterie, aussi bien celle de guerre que celle d'œuvre, si elle est satisfaite de ses capitaines et contrôleurs, inspecteurs et payeurs et si quelques-uns avaient des plaintes vous devez en rendre compte pour que si on leur a fait quelques torts ou vexations nous en soyons totalement informés. »

81 Planchette ou plaque d'une matière rigide, utilisée dans différentes opérations de reliure.

Les Rois Catholiques suspectent beaucoup de délits de la part de leurs officiers : détournements, abus de position, racket, escroquerie[82]. Une vraie enquête sur la fraude pourrait être menée (Denjean, 2020, p. 245-259). La méfiance est de mise (Allard, Carey et Renault, 2016). Or, il est intéressant de constater que si la notion de confiance a été travaillée en histoire économique ces dernières années (Guinnane, 2005 ; Thuderoz, Mangematin et Harrisson, 1999 ; Fontaine, 2008 ; Gaillet, Perlo et Schmitz, 2019), celle de la méfiance l'est bien moins (Todeschini, 2015). La confiance a longtemps été associée à la naissance de l'État moderne : un État qui doit désormais gérer à grande échelle, et où le souverain ne peut plus connaître ses agents, et qui doit, par conséquent, leur faire confiance en mettant en place des institutions, une administration et des procédures de contrôle la garantissant (Judde de Larivière, 2019). Giacomo Todeschini a largement nuancé ce schéma : les relations de confiance existaient sans lien interpersonnel, et ce en plein cœur du Moyen Âge. La « modernité » est donc là bien médiévale. Le dossier de Salses montre que les Rois Catholiques, gérant à distance, s'attendent à pouvoir faire confiance à leurs agents, qu'ils ne connaissent pas. Ils mettent tout en œuvre pour pister les « délits de plume », qui ne semblent pas être ici des nouveautés, mais bien des situations auxquelles ils s'attendent. Parallèlement, la multiplication des ordres, des procédures, des demandes de justifications de toute sorte semble sans effet dans un premier temps. En revanche, ce qui apparaît très clairement, c'est que le système de communication et d'information, lui, fonctionne : les Rois Catholiques et leurs proches conseillers sont au courant de tout. L'enquête, secrète (Santamaria, 2018, p. 231) ou non, est bel et bien un outil de gouvernement efficace, qui permet au souverain, en cernant les faits et gestes de ses officiers, de séparer le bon grain de l'ivraie (Beauchamp, 2010, p. 56).

LES SOUCIS DU QUOTIDIEN

La vigilance est donc de mise pour surveiller les agents mal intentionnés. Mais il y a des incidents contre lesquels les princes ne peuvent rien, et dont ils ne peuvent blâmer les fonctionnaires, si ce n'est pour

82 Une liste de méfaits sommes toutes assez commune, comme on peut le voir également dans le cas français (Telliez, 2005).

leur étourderie, naïveté ou négligence. C'est la vie au jour le jour sur le chantier, dans les officines, avec les aléas inévitables du quotidien. Imprévisibles, ces incidents ont des conséquences sur la gestion de la construction, en terme économique ou administratif.

Il s'agit, par exemple, des vols. Le dossier géronais offre ici un épisode savoureux. Certains détails nous manquent, du fait de la très mauvaise qualité de conservation du registre, mais nous avons tout de même accès à l'essentiel de l'incident. Dès le début de son registre de comptes, Pere Miquel annonce que la situation lui a échappé[83]. Le sac de monnaie, envoyé par le roi et qu'il n'avait pas pu faire changer sur place, « par désastre et hasard [...] lui [a] été volé par un Français de l'armée des Français[84] ». Rappelons-nous d'un des intérêts de ce registre : il cumule plusieurs fonctions. Il est livre de comptes, mais également, dans ces dernières pages, bilan « moral » de cette comptabilité, visiblement en vue d'une reddition[85], puisqu'il est envoyé et soumis au roi. La mésaventure nous renseigne sur les conditions du quotidien, celles qui nous échappent souvent, mais qui représentent la geste de l'administration comptable. Comme le chercheur s'est penché sur le petit peuple (Delort, Gauvard et Boglioni, 2002), sur les « sans nom » (Todeschini, 2015), sur les « vies minuscules » (Michon, 2009), pourquoi ne pas également s'intéresser aux actes et habitudes du quotidien, à leur inscription matérielle, aux gestes, aux usages et organisations personnelles dans le cadre des activités professionnelles ? Ce sont les détails qui font la saveur du tableau d'ensemble. Pere Miquel plaide donc son cas dans cette affaire, pour se dédouaner de la responsabilité de la perte de la forte somme contenue dans le sac (227 *doblas* d'or castillanes). Pas de caissette, pas de coffre ici, mais bien en petit sac où les pièces des deux monnaies étaient d'abord mélangées[86]. Visiblement, il a mis les pièces utiles dans un coffret,

83 ACA, Real Patrimonio, Maestre Racional, Tesoreria real de Aragon, Libros ordinarios de la tesoreria de la reina, Volumenes, General, n° 0547, 1462, f° 1 r°.

84 *Ibid.* : « *E per desastre e cars fortuit* [...] *me son stades furtades per un Françès de la armada dels Francesos* [...] ».

85 *Ibid.*, f° 43 r°-43 v° : « *Item, per dues mans de papers despeses, la una o quasi en fer translat dels presents comptes e en diverses altres ordinacions, sumes e altres actes dels presents comptes, per la examinacio que lo honorable en Jacme Pallarès, tremés en Gerona per lo senyor Rey, solament a veure e informarse com stan e refferirho al dit senyor Rey, ne ha feta, volent e entreveninthi lo dit mossèn lo capità, e encare ab assistencia del dit honorable en Manuel Bou, scrivà de ració demunt dit e de mossèn March Mercader qui en tot son entrevenguts e stats presents, lo qual translat volgueren per que lo dit Pallarès lo se'n portàs, com ha fet, al dit senyor Rey* ».

86 *Ibid.*, f° 43 v° : « [...] *totes que tenia en un sach amb altre monede* [...] ».

les séparant des pièces non changeables qui, elles, étaient conservées dans le sac[87]. Ce sac lui a été volé dans sa propre maison, sur sa table de salle à manger[88], où visiblement, il travaillait, mais également où les soldats entraient[89]. C'est un élément intéressant quant aux informations dont nous disposons sur les lieux de gestion : le juriste ne travaille pas forcément dans un espace administratif dédié (officine, étude…). Ici, il travaille et reçoit chez lui. On sait que la paie se fait souvent directement sur le chantier, où le payeur s'installe avec son écritoire, en plein air. En 1495, Antoine Asemar, collecteur des droits royaux de Salses, leudes, barre et dîmes de l'étang explique de son côté qu'il ne peut pas rendre ses comptes parce qu'il a perdu tous ses livres qui étaient chez lui, lorsque sa maison a été mise à sac et brûlée par les Français[90]. Dans l'embuscade de Fréteval, en 1194, ce sont les archives financières de la royauté, itinérantes, qui sont perdues (Baldwin, 1991). Il n'y a donc pas forcément de séparation entre espace public et espace privé pour la gestion administrative, ni d'espace réservé ni de lieu de conservation privilégié pour les écrits intermédiaires. Rappelons-nous que Simancas a été bâti seulement au XVIe siècle pour conserver les archives de l'État. Mais revenons dans la salle à manger de Pere Miquel. Il raconte[91] :

> […] *que sehent jo en un banch qui stave entre la taula e la paret e tenint devant mi lo dit sach en que era la monede, ja ligat, com hagués pagat un dels acordats qui m'havie demenats diners del sou al cap de la taula qui stave molt prop del cap de la escala de la dita casa qui es molt streta, sobrevingué un Francès de la armada de Francesos qui eren venguts per deliurar la dita senyora regina, ab alguns libres que posà sobre la taula dientme qu'els li compràs, e diguili que no'ls volia comprar e que'ls se'n portàs ; estant jo occupat scrivint lo que havia donat al dit acordat, lo Frangès ça prés lo dit sach, demonstrant menejar los libres e dient que pu io no'ls volia irie per los eu vellet qu'els se'n portàs, ell, molt cuytadament, lexant los dits libres, dient ben prest tornaria, se'n devalà per la scala, e axi jo, no vehent lo sach dels diners, cuyti anant derrera lo dit Francès, e per quant fou primer exit de casa e mesclat ab los altres Francesos haventlo perdut de vista que no'l pogui aconseguir, veure ni conexer com*

87 *Ibid.*, f° 44 r° : « […] *tenia la dita monede, que havia treta de la caxa, en un sach* […] ».

88 *Ibid.* : « […] *en un sach sobre la taula del menjador de la mia habitació d'on me fou prese e furtade* […] ».

89 *Ibid.*, f° 44 v° « […] *que lo dit Francès vingué en casa mia* ».

90 ADPO, 1B 414, s.f°, 8/11/1495 : « *La jornada que lo dit loch es stat per los Francesos près e del tot barrejat* ».

91 ACA, Real Patrimonio, Maestre Racional, Tesoreria real de Aragon, Libros ordinarios de la tesoreria de la reina, Volumenes, General, n° 0547, 1462, f° 45 r°.

> *les carreres anassen plenes dels dits Francesos ; jatsia he fet tota aquella diligencia e tanta com fer se poguès, perdi la dite monede ; los libres romangueren en la casa [...]*
>
> « [...] j'étais assis sur un banc qui était entre la table et le mur et j'avais devant moi ledit sac, fermé, dans lequel était la monnaie, du fait que j'avais payé un contractuel qui m'avait demandé de l'argent de son salaire. [Le sac était] au bout de la table qui était très proche du haut de l'escalier de ladite maison qui était très étroite, quand est entré un Français, de l'armée des Français qui étaient venus pour libérer ladite seigneure reine, avec quelques livres qu'il a posés sur la table me demandant de lui acheter, et je lui ai dit que je ne voulais pas les lui acheter et qu'ils les remportent ; étant occupé à écrire ce que j'avais payé au dit contractuel, le Français a pris le dit sac, en manipulant rapidement lesdits livres et en disant que puisque je ne les voulais pas, il allait les reprendre, puis, très rapidement, laissant lesdits livres, il dit qu'il reviendrait rapidement, et il a dévalé l'escalier, et ainsi moi, quand je n'ai plus vu le sac d'argent, j'ai couru très vite après le Français et quand je suis sorti de la maison, et que je me suis mélangé aux autres Français [qui étaient dans la rue], je l'ai perdu de vue et je n'ai pu ni le rejoindre, ni le voir, ni le reconnaître comme les rues étaient pleines de Français ; dès lors j'ai fait tout ce que j'ai pu avec soin, mais j'ai perdu cet argent ; les livres sont restés dans la maison [...] »

Épisode digne d'un roman, le cas nous renseigne d'abord sur ce soldat français, qui, tout allié qu'il soit, apporte des livres, probablement volés lors d'un pillage de maison, chez celui qui, selon lui, devrait les acheter : un lettré. La gestion des troupes sur un territoire, ennemi, mais aussi ami, n'est pas chose aisée. En 1496, les consuls de Perpignan se plaignent du comportement des troupes dans la ville à Ferdinand II et des tensions qui naissent entre habitants et soldats[92]. C'est aussi un élément intéressant pour comprendre la perception que la société a de celui qui écrit et lit. Le livre est un bien précieux et négociable, si on trouve le bon acheteur, c'est-à-dire celui qui est susceptible d'en faire usage (Petrucci, 1995 ; Hillgarth, 1992). Le soldat, ne pouvant faire affaire, et visiblement sans scrupule, se sert directement sur la bête. C'est le quotidien d'une ville assiégée (Sánchez Martínez, 2008, p. 49-50),

92 ACA, Real Canceleria, Registos de Fernando II, comune 12, nº 3532, fº 87 vº, de Ferdinand II à don Enrique et don Beranger de Requesens, le 21 mars 1496 : « *Syndichs de nuestra villa de Perpinyan en nombre et per parte de los consules de aquella seamos informados que la gente de guerra questa en dicha villa e o sus cavallos y moços fazen muchos danyos a los sembrados de los habitadores de la dicha villa como sen trigos, cevadas, avenas, e otro panes e a los huertas, vinyas, campos* [...] *se podria seguir entre los dichos habitadores e gente de guerra algun danyo, desorden e inconveniente si por nos en ello no fuesse demanamente proveydo* ».

remplie de ces étrangers, les « Autres », qui se ressemblent tous selon le Géronais. Ensuite, l'histoire permet d'appréhender l'espace où l'on écrit, où l'on conserve et l'on archive, et où l'on reçoit et paie les ouvriers. Mais au-delà, l'affaire nous renseigne sur la vision qu'ont les fonctionnaires, ou ici les agents dans un contexte plus ponctuel, de leur responsabilité vis-à-vis de ce genre d'incident. En effet, Pere Miquel prête serment de bien servir le roi et la reine (Laurent, 2008). Pour autant, quand les choses se compliquent, il n'hésite pas à se dégager de ses obligations, et même à rejeter la faute sur les monarques. La somme a été perdue, mais elle lui a été remboursée par le trésorier et entrée en crédits, ce qui est selon Pere Miquel « justice, équité et courtoisie que le droit veut, comprend et accompagne[93] ». Il se présente donc comme avant tout la victime du vol, et ne semble pas disposé à remettre en question sa responsabilité en tant que gardien du trésor. Son plaidoyer est très clair à ce sujet : la perte de l'argent est responsabilité du roi et de la cour « et non la sienne[94] ». Il décline ainsi toute une série d'arguments qui, selon lui, le libère complètement de toute faute[95] – « Au cœur de l'homme est une faille que rien ne pourra résorber : l'homme se trompe, il pèche, il échoue » : c'est normal, saint Augustin le dit (Besson et Kikuchi, 2015, paragr. 4) –. Le premier argument, et de taille, est que cet argent est celui du roi, et non le sien. La responsabilité de cette somme incombe donc au monarque, légitime propriétaire. Notons que pour Miquel, la notion d'État est étrangère : les fonds appartiennent au roi, en tant que personne. Le roi lui a fait parvenir cette somme, dans une monnaie inchangeable, et c'est donc une erreur de sa part. La conséquence est que Pere Miquel s'est ainsi vu obligé de garder cet argent par-devers lui, et n'a pas pu s'en servir. Or, il n'avait pas comme rôle de conserver une telle somme, mais bien de la dépenser. Et cela, il n'a pas pu le faire, car le roi lui a envoyé une mauvaise monnaie. Il y a une distance entre trésor et livre de compte que Miquel ne semble pas disposé à franchir. L'envoi d'espèces sonnantes et trébuchantes par le

93 ACA, Real Patrimonio, Maestre Racional, Tesoreria real de Aragon, Libros ordinarios de la tesoreria de la reina, Volumenes, General, n° 0547, 1462, f° 1 v° : « [...] *de que lo dit mossèn lo tresorer me ha offert fer les me pendre en compte et restituir e es cosa de justicia, equitat e cortesia que lo dret vol, amplecte e acompanya* ».

94 *Ibid.*, f° 43 v° : « *E de justicia me deuen ésser preser en compte, e la perdició de aquelles se deu sguardar al senyor Rey e a la sua cort e no a mi per moltes rahons* [...] ».

95 *Ibid.*, f° 43 v°-44 v°.

souverain comporte des risques, sur le chemin certes, mais également à l'heure de les stocker. L'ordonnance cabochienne de 1413 en France précise par exemple les modalités de conservation en sécurité du trésor issu des impositions[96]. Poursuivons le playdoyer de Miquel : la reine l'a désigné et lui a ordonné de gérer cet argent, selon son bon vouloir et celui de son conseil, sans lui demander son avis, alors qu'elle avait des personnes compétentes autour d'elle qui auraient pu protéger mieux ce trésor. Il a servi le roi et la reine, car il doit l'accepter, presque contre son gré à le lire. On ne peut donc pas le juger responsable. Il est au service de la couronne certes, mais il refuse de payer les pots cassés, et n'hésite donc pas à désigner la cour, les autres fonctionnaires supposément plus compétents que lui, les choix de la reine, et du roi lui-même, plutôt que d'assumer les conséquences que lui impose son devoir. Il se sent au service de deux personnes, le roi et la reine, faillibles, et non au service d'un système, d'un État ou d'une cause plus grande que lui, à laquelle il serait donc soumis. Il n'est pas un agent de « l'État moderne ». En somme, il impose lui-même des limites à sa charge, dissociant fortement sa personne de sa fonction (Goody, 2018, p. 155).

Le quotidien comptable peut aussi être émaillé de tensions entre les fonctionnaires, dont il est difficile de trouver trace dans les sources. Pere Miquel, cependant, n'a pas encore la plume formalisée de l'écriture administrative. Il laisse parfois affleurer quelques rancœurs ou querelles « de bureau » dans son texte. Sa personnalité y est surement pour quelque chose : les explications données sont encore une fois un moyen de se dédouaner de toute responsabilité en cas de problème à l'heure de la reddition de comptes. Les commanditaires ne peuvent rien, évidemment, à ces difficultés dans les rapports humains. Mais elles perturbent le bon fonctionnement du système, ou en tout cas peuvent menacer de le faire. Ainsi, visiblement, les rapports avec le *scrivà de ració* Manuel Bou ne sont pas toujours au beau fixe, et ce dernier aurait peut-être tendance à outrepasser ses prérogatives. Le 31 décembre 1463, Miquel entre en recettes 3 125 s. provenant, *segon dix* – « selon ce que dit » – Bou, de

96 « [...] et à ceste fin ordonnons que icelle moitié fera par le receveur royal des dits aydes, ainsi comme l'argent d'iceux aydes vendra, apporté et mise en ung gros coffre qui sera mis en la grosse tour de nostre palais ou ailleurs en lieu seur et secret, tel que advisié sera, auquel coffre aura trois clefs, dont nostre chancelier présent et advenir gardera l'une, le président de nos comptes la seconde, et les commis au gouvernement de toutes nosdites finances, l'autre » (Santamaria, 2015, p. 231).

compositions qu'il aurait percues directement[97]. Cette première expression jette déjà un doute sur la voie peu orthodoxe empruntée par ces fonds. Le reste du texte ne laisse plus aucun doute sur l'agacement de Pere Miquel provoqué par la manière de faire de Manuel Bou[98] :

> [...] *des les quals quantitats, que lo dit scrivà de ració, sens sabudes ni consulta mia ha reebudes, he passat compte ab ell e compensat ab altres quantitats que'm havia donades, de que som romasos hugals fins lo present die.*
>
> « [...] lesquelles sommes que ledit *scrivà de ració* a reçues, sans que je sois mis au courant ni consulté, je [les] ai mises en compte avec lui et en équilibrant [les comptes] avec d'autres sommes qu'il m'avait données, lesquelles étaient restées en souffrance jusqu'à maintenant ».

Enfin, affronter le quotidien c'est aussi faire avec l'imprévisible. En décembre 1502, un incendie s'est déclaré sur le chantier de Salses et a été heureusement contenu. Mais on paye tout de même quatre hommes pour veiller une nuit et surveiller si le feu ne couve pas[99]. Plus grave, la mort de don Enrique en 1497 perturbe l'administration des constructions de la frontière. Le 30 mai 1497, l'homme tombe en effet dans une émeute à Perpignan. Blessé à la tête, il meurt quelques jours plus tard[100]. Or, le capitaine général est au cœur du processus comptable et administratif du chantier. Il faut donc rapidement le remplacer, et mettre en œuvre une solution alternative en attendant son successeur. Car le roi a un calendrier, il ne tolère pas le retard, pour quelque excuse que ce soit. « [...] À cause de la maladie de don Enrique, les travaux de Salses n'ont pas pu commencer comme cela avait été décidé [et cela] m'a déplu [...] », écrit-il[101]. Le roi

97 ACA, Real Patrimonio, Maestre Racional, Tesoreria real de Aragon, Libros ordinarios de la tesoreria de la reina, Volumenes, General, n° 0547, 1462, f° 3 r°.

98 *Ibid.*

99 AGS, CMC, 1ª ep., leg. 180, s.f°, dépense du 28/12/1502.

100 ADPO, G 238, f° 129 v° : « *Dilluns dia de sanct Felip et de sanct Jaume MCCCC norante e set se mogue hun avolot en dita vila* [Perpignan], *e aso per causa de hun que se nominava Alvaro de Soza, loqual feu matar en Fransi Serra, mercader, e se morit lo hun capita nominat Johan de Lena, loquall se dihia volia traura dit malfaytor ; los consols de la vila suplicaren a don Enrich, qui era capita general per la gens d'armes, e aixi dit don Enrich anant a cassa de dit capità, li tiraran huna pedra al cap, del qual colp mori. E aportaren lo seu en sa terra enbalsamat. Los consols lo companyaren fins a la porta de sant Marti. E per que per anant s'en tropia memoria, ne fas la present de ma mà Guillem de la Faga prevere* [...] ».

101 AGS, CCA, CED, 2, 2-2, f° 321 r° / 282 r° : « [...] *a causa del mal de don Enrique no se ha comenzado la labor de Salsas y del proveimiento que para ello estaba acordado desto me ha desplacido* [...] ».

demande donc de faire preuve de réactivité et de créativité. Une cédule est envoyée alors que don Enrique n'est pas encore mort, mais seulement blessé[102]. Cet accident a donc un impact sur la vie du chantier, bien qu'il ne soit pas un accident du travail à proprement parler, comme on a pu les étudier pour le monde de la construction (Leguay, 1981, p. 224-226; Victor, 2008, p. 239-241). L'intérêt de l'incident ici est de voir que la défaillance d'un agent ne doit pas perturber le projet d'État. Pas encore mort, mais déjà déficient, don Enrique est remplacé, pour le bien commun, rouage administratif substituable. Petites et grandes histoires se racontent donc à partir du chantier. Don Enrique meurt et cela contrarie l'organisation. Tout aussi contrariants semblent être, à une autre échelle, ces Catalans venus de Besalú et qui, après trois journées de marche sont arrivés fatigués sur le chantier, et n'ont donc travaillé que le lendemain[103], faisant perdre ainsi un temps précieux.

Arlette Farge (2019) a encore récemment mis les vies quotidiennes, « oubliées », au cœur de son travail, en soulignant toujours la richesse des sources pour retracer les parcours, même minuscules, des individus. Le comptable n'a pas la plume desséchée, et il offre parfois à l'historien le plaisir des petites choses de tous les jours, des aléas du quotidien. Comment ne pas retenir un sourire presque attendri quand Pere Miquel note dans ses comptes qu'il a réglé le salaire de Bernat de Bisbe, le charretier, le 13 septembre 1462, alors que ce dernier avait un reçu signé depuis le 23 août[104] ? Il faut dire que Bernat de Bisbe avait montré son papier, qu'il avait visiblement sur lui, à Miquel un jour où il l'avait croisé dans la rue, et avait oublié de passer chez lui se faire payer, ce qui explique le retard dans la comptabilité. C'est avec ce petit quotidien-là que les maîtres d'ouvrages doivent faire pour mener les grands projets du roi.

102 AGS, CCA, CED, 2, 2-2, f° 321 r° / 282 r°.

103 AGS, CMC, 1ª ep., leg. 1874, f° 347 r° : « [...] *por peones açadoneros que vinyeron de Nanpordan* [*sic*] *de la vegueria y baylias de Besalu a cargo de Juan Albusa capitan de dicho peones de tres dias de camino* [...] *que llegaron a esta obra de salsas y no trabajaron este dia porque heran cansado fasta otra dia siguiente que fueron del XVIII de mayo* ».

104 ACA, Real Patrimonio, Maestre Racional, Tesoreria real de Aragon, Libros ordinarios de la tesoreria de la reina, Volumenes, General, n° 0547, 1462, f° 22 r° : « *Item, lo dit die per albara de mossen Narcis de Sant Dionis fet a XXIII del prop passat mes de agost en lo qual temps feye semblant albarans, he donat an Bernat de Bisbe, treginer per treginar cals e arena a la obre de torra de Requesens la dita jornade que era dilluns ; e es veritat que lo dit Bernat me havia monstrat en lo dit temps lo dit albara per ciutat e remeti'l que vingues a casa e ha tardat fins arat, tres sous* ».

UNE BUREAUCRATIE DÉVORANTE

Jack Goody (2018, p. 138), citant John Arundel Barnes (1967) et son étude anthropologique des Nguni d'Afrique de l'Est, utilise l'expression d'« État boule de neige ». Cette image pourrait parfaitement s'imposer pour la production documentaire de l'administration des chantiers de la frontière roussillonnaise. De façon exponentielle, les procédures administratives de gestion, validation et contrôle engendrent des montagnes de papiers, comptes, copies, certificats, pièces justificatives… La fonction d'encadrement et de contrôle, et le rôle de la production écrite dans la mise en cadre de la confiance et la responsabilisation des agents (Goody, 2018, p. 156) est moteur dans la production de cette documentation. Mais ne risque-t-on pas de glisser d'un cercle vertueux à un cercle vicieux ? L'augmentation de la production écrite est un phénomène général à partir du XIIe siècle (Menant, 2006, p. 33-50 ; Clanchy, 2013 ; Bertrand, 2009, p. 75-92), et en particulier dans les pratiques de gouvernement (Bertrand et Chastang, 2019, p. 37 *sq.*). Si l'historiographie s'est intéressée au sujet, elle a peut-être moins envisagé ce que cette production induisait dans le quotidien des agents.

En fonction de leur poste et de leur charge, les agents du roi doivent produire toute une série de documents et en valider d'autres. Un rapide tour d'horizon des compétences attendues de leurs agents de la part des souverains et de la production documentaire induite renseigne sur la masse d'actes qui passe entre les mains des fonctionnaires :

Action réalisée	Document produit	Élément de validation
Archiver	Copie de registre	Signer
Compter	Livre de dépenses Compte général Compte thématique (ouvriers, matériaux, outils…)	Recompter
Contrôler		Signer Viser Être présent
Donner ordre de	Lettre Mandement Ordonnance Cédule	

Donner pouvoir de	Lettre Procuration	
Donner une évaluation chiffrée	Rapport Compte	
Encadrer	Liste Compte	
Évaluer les besoins	Lettre Rapport	
Informer	Lettre Rapport Copie de registre	
Inspecter	Rapport	
Licencier	Lettre de service	
Mandater	Lettre Mandement	
Payer	Livre de dépenses Compte général Compte thématique *Carta de pago* Cédule Reçu *Nomina* *Destajo*	
Rendre compte	Lettre Rapport Copie de registre	
Surveiller		Signer Être présent
Valider registre		Signer

TAB. 3 – Compétences des encadrants sur le chantier de Salses, et production écrite induite.

Les fonctionnaires ne sont pas tous producteurs d'écrits, ou en tout cas ils ne produisent pas tous les types d'écrits. Néanmoins, ils peuvent, en fonction de leur charge, produire et agir sur la plus grande partie d'entre eux. Prenons les cas des deux hommes qui sont le plus souvent au cœur des processus de paiement et de mise en compte des dépenses des salaires et matériaux sur le chantier de Salses : Diego de Tordesillas et Juan de Valladolid. À eux deux, ils produisent ou valident la majorité des documents générés par la gestion du chantier. La seule action de payer les salaires en 1498 demande à Diego de Tordesillas de manier les listes d'ouvriers, les *nominas*, les *cartas de pago*, des reçus (*albaranes*) et bien sûr le registre de comptes dont il assurera la copie, le tout en présence des *veedors*, mais également, de veiller à avoir la validation signée des encadrants que sont don Sancho, Juan de Valladolid, Diego Navarro, Pedro de Ribero ou maître Ramiro. Ainsi, cinq documents, et une dizaine de personnes sont mobilisés pour enclencher, générer et valider le paiement d'une seule *nomina*. Lors des paiements effectués par Diego de Tordesillas entre 1497 et 1499, il y a en général cinq personnes avec lui, témoins et garants de la bonne marche de l'opération. Ils sont ensuite trois au minimum, mais parfois six, voire sept, à valider les *nominas* entrées en compte. Les livres de dépenses sont également contrôlés et recomptés : les corrections en marge, les totaux, ou les sommes de bas de page faites par une autre main peuvent nous laisser penser que si cette relecture n'est pas réalisée par les validateurs eux-mêmes, une autre personne – un contrôleur des comptes – intervient à leurs côtés.

Posé ainsi, le problème semble étonnant. La bonne marche administrative de ces opérations demandait-elle vraiment autant de paires d'yeux pour scruter, traquer l'erreur, éviter la fraude, contrôler ? Le nombre est-il vraiment garant de la sécurité de la transaction, ou est-ce le prix de la confiance ? D'autant qu'une autre question se pose : dans le processus de paiement, il semble que ce soit Diego de Tordesillas qui paie directement les ouvriers[105]. Sachant que ce sont les capitaines ou responsables d'équipe qui remontent les listes des ouvriers, et que Tordesillas entre généralement en compte les équipes entières, et non les hommes un par un, il semblerait plus logique de penser qu'il donne aux responsables la somme totale du montant des salaires, à leur charge de la distribuer aux ouvriers. Mais ceci pose un problème. Si la procédure impose la présence des *veedors* pour surveiller le paiement des salaires au moment où Tordesillas les traite, qui surveille que les capitaines distribuent bien leur dû à chaque ouvrier ? Personne, visiblement. Soit c'est une faille du système, soit ce n'est pas comme cela que ça se passe,

---

105 AGS, CMC, 1ª ep., leg. 1874, fº 300 rº : « *Asy que son los maravedis y los dineros que Tordesillas distes y pagastes* […] ».

et Tordesillas donne bien le salaire directement à chaque homme. Alors tout cela nous amène à une autre interrogation : combien de temps passaient concrètement ces hommes pour les tâches administratives ? Ils étaient, rappelons-nous, souvent affectés à plusieurs missions : ils étaient capitaines, capitaines généraux, surveillants, contrôleurs, *alcalde* des soldats. Ils avaient en charge des hommes de la troupe, la gestion de la solde, ils devaient visiter les chantiers, les diriger. Leur aire d'action était généralement le Roussillon et non pas seulement Salses. Des agents comme Juan de Valladolid, qui est à la fois présent lors des paiements et validateur de ceux-ci, doivent donc passer un temps infini à la table de travail de Tordesillas, le regardant travailler. Peut-être finissent-ils par l'aider ? Comment cela se passait-il ? Très concrètement, la question n'a pas vraiment été posée par les historiens. Or, il s'agit ici d'une question hautement économique. Non pas parce que nous parlons d'argent et de salaires, mais bien parce que nous parlons de temps. Le 15 avril 1501, ce sont 220 ouvriers qui touchent leur rétribution. Permettons-nous un temps d'hypothèses. Ces 220 hommes sont présents sur les listes de leurs responsables, listes non classées par ordre alphabétique selon ce que nous avons constaté dans les livres de dépenses[106]. Si Tordesillas les paie directement, ils doivent faire la queue devant son bureau, peut-être mis dans la cour pour l'occasion. Peut-être est-ce lui qui se déplace d'équipe en équipe, d'un pôle de travail à un autre. Chacun leur tour, les ouvriers doivent annoncer leur nom, que Tordesillas doit vérifier sur la liste, et – ou ? – sur la *nomina* qui doit être montrée signée, en présence du responsable et des *veedors*. Puis, il compte la somme due et leur remet. Et ensuite, note tout cela dans son registre. Combien de temps cela peut-il bien prendre ? 2 minutes par personne ? 3 peut-être ? Même à ce rythme-là, il faudrait plus de sept heures au payeur pour s'acquitter de sa tâche. Et pendant ce temps, les ouvriers faisant la queue ne travaillent pas. Pas plus que les agents présents. Or le temps est compté, au point, nous le verrons, que les Rois Catholiques ordonnent que les hommes travaillent jour et nuit, dimanche inclus. Perdre du temps pour la paie semble donc impensable. Les choses devaient surement se passer autrement, mais aucune trace documentaire ne nous permet de répondre.

106 Exemple : le 2 février 1500, une *nomina* est montrée pour paiement de 22 personnes, d'après une liste commençant par Juan Pode et finissant par Guillaume Galter (AGS, CMC, 1ª ep., leg. 180, s.fº).

Néanmoins, la question interroge, car elle n'est pas si anecdotique que cela. Car nous n'évoquons là que l'action de payer les salaires. Si nous revenons aux tâches que doit mener Tordesillas dans le cadre du chantier, on constate qu'il doit également produire courriers et rapports, lettres de paiements, ainsi que diverses copies. Il doit archiver, rendre compte. Diego de Tordesillas, tout en charge de la troupe qu'il soit, apparait comme un rond-de-cuir. Il compte peut-être sur l'aide d'un secrétaire, commis aux écritures, dont le nom n'apparaît jamais. Mais même en avançant cette hypothèse, Tordesillas doit tout de même être très étroitement impliqué dans la rédaction des registres : il en va de sa responsabilité. Il doit également improviser ou en tout cas faire preuve d'organisation face à des situations inattendues. Ainsi, il est tenu de mettre en place un système pour se souvenir des salaires dus, quand les ouvriers ne viennent pas se faire payer « le jour de la paie[107] ». Instaure-t-il un système de baguettes à entailles (Kuchenbuch, 2006 ; Wyffels, 1988) – qui serait peut-être une baguette double (bipartite) dans ce cas –, de jetons de présence (Blanc, 1998, p. 121), qui ne sont pas des moyens de paiement, mais des preuves d'appartenance à une équipe (*Ibid.*, p. 305) ? Tient-il un registre des impayés ? Est-il contraint de garder les listes des équipes si un ouvrier ne se présente pas ? Les délais peuvent être longs : Alonzo Martin s'est ainsi présenté le 4 décembre 1500 pour réclamer le salaire qu'il lui était dû pour un prix-fait de 1498[108]. Diego de Tordesillas se doit ainsi d'avoir en tête la procédure, et s'assurer que toutes les pièces justificatives qui lui permettront la reddition de ces comptes sont bien présentes. Quel système met-il en œuvre pour les conserver, les lier aux entrées du registre[109], les réclamer aux oublieux, ne pas les oublier lui-même ? En octobre 1501, il paie un dédommagement

107 Deux exemples parmi tant d'autres : en 1502, Juan Castellanos, qui travaille à la carrière, n'était pas venu chercher son salaire (AGS, CMC, 1ª ep., leg. 180, fº 53 rº). En 1501, le 12 janvier, Diego de Tordesillas paie des hommes venus réclamer leur salaire qu'ils n'étaient pas venus chercher en octobre 1500 « *porque no estaban a la paga al tiempo que se hizo y ahora son venidos y demanaron los maravedis que les devian* » (AGS, CMC, 1ª ep., leg. 101, s.fº).

108 AGS, CMC, 1ª ep., leg. 180, s.fº.

109 Dans le registre des dépenses de 1501, on trouve en marge des numéros en face de prix-faits, ne correspondants ni à des dates, ni à un nombre de personnes ou à des prix : « X », « I », « VIII ». Ce sont peut-être des renvois vers des documents annexes ou des pièces justificatives qui seraient ainsi numérotés. Nous ne pouvons que nous contenter d'hypothèses à ce sujet. (AGS, CMC, 1ª ep., leg. 180, s.fº, *destajos* du 5/03/1501 et du 6/02/1501).

pour des dégâts faits par deux maîtres à une maison près de l'artillerie de Perpignan[110]. Le montant des travaux est d'importance (112 500 mrs). Or en marge du compte, il précise dans un premier temps qu'il manque les pièces justificatives de la part des *veedors* pour libérer la somme. Plus tard – dans une seconde étape marquée par une encre différente et une autre main –, il est précisé que la situation est arrangée, car on a présenté une lettre de paiement[111].

Ces « outils quotidiens d'apparence insignifiante » (Kuchenbuch, 2006, p. 113) sont autant de documents supplémentaires à produire, à conserver, à organiser. Ils interrogent le fonctionnement, la logistique et la méthode de travail propre à chaque agent, au-delà des directives surplombantes, et questionnent les compétences cognitives induites.

Plus largement, la question du temps consacré à la gestion administrative et à la production d'écrits en découlant se réfléchit au niveau hebdomadaire (Schmitt, 2016, p. 574). Là également, pour les encadrants qui doivent valider les procédures par leur signature ou leur accord verbal, la tâche doit les contraindre à s'asseoir à une écritoire, ou en tout cas passer dans un office pour vérifier, même en diagonal, les registres, et ce assez fréquemment. Encore une fois, en ne prenant en considération que la tâche consistant à valider le paiement des salaires, excluant par là même toutes les autres productions écrites auxquels ils sont également contraints (rapports, lettres, mandements, cédules etc.), on constate qu'ils doivent prendre un temps presque quotidien à la validation des registres de dépenses. L'exemple du mois de juin de 1500 est à ce titre significatif. Les validateurs, que sont don Sancho, Juan de Valladolid, Pedro de Ribero, Diego de Torres et bien d'autres, sont parfois épaulés par des agents de passage avec une autorité suffisante pour s'acquitter du rôle. C'est le cas d'Antonio Desvivers, le procurateur royal, de Gonzalo de Huerta, le gouverneur des troupes pour le Roussillon ou de Diego de Aranda, *alguazil*, procurateur du commun de Ségovie. Lors de ce mois de juin 1500, ils doivent valider les comptes tous les jours ou presque pendant trois semaines. Lors de certaines journées, ils signent ou valident oralement plus de 10 actes. Leur charge leur impose d'être présents à la tâche tous les jours, même le dimanche.

110 AGS, CMC, 1ª ep., leg. 180, fº 53 rº.

111 *Ibid.*, [en marge] : « *Ojo ! À lo de mas del pago y que los veedors ha de monstrar la facultat para librarle* ». [En dessous, autre main, autre encre] : « *Mostro carta de pago de todo* ».

Juin 1500 (extrait)						
D	L	M	M	J	V	S
1	2	3	4	5	6	7
8	9	10	11	12	13	14
15	16	17	18	19	20	21

1 acte validé

2 actes validés et plus

Plus de 5 actes validés

Plus de 10 actes validés

TAB. 4 – Calendrier de validation définitive des sommes engagées en comptes, Salses, juin 1500 (extraits).

Ce rythme se calque évidemment sur la saisonnalité ou les accélérations du chantier. Ainsi, en 1500, la cadence des validations s'accentue entre mai et octobre ; en 1502, la charge est plus lourde entre juillet et décembre.

C'est bien timidement que le dossier de Salses lève le rideau sur ce quotidien administratif. Les traces, preuves, sources manquent pour comprendre. Il y a quelques années, les historiens ont essayé de comprendre le quotidien des ouvriers. Quel est le quotidien des comptables, des commis aux écritures, des validants ? Plus de questions que de réponses surgissent. Mais il semble important de ne pas négliger de les poser, car, ce sont des questions hautement économiques. L'historiographie récente a mis – enfin ! – à l'honneur les « écritures grises », les « écrits pragmatiques ». Il apparaît, maintenant que la production de cette documentation est mieux connue, utile d'interroger les efforts et les moyens humains nécessaires à cette production. Par ce biais, c'est le temps de l'ouvrier et le temps du fonctionnaire que nous interrogeons. Dernier élément de réflexion autour de ce thème : celui de la prolifération documentaire. Est-elle la marque de « l'État moderne » en construction ? Est-elle la preuve du gouvernement à distance ? La gestion des chantiers de la Força à Gérone en 1462, très contrainte dans l'espace, contraste à ce titre avec le cas roussillonnais. La documentation produite est réduite à un strict minimum, les contrôles également. Le facteur distance semble en revanche imposer une production documentaire surnuméraire. Est-ce le prix de la méfiance, la marque de la difficulté pour le souverain à s'assurer de la loyauté et de la morale de ses agents éloignés du pouvoir ? Au final, la question est de savoir si multiplier les documents et les validations est une garantie efficace de la procédure.

L'ART DE RÉSOUDRE LES PROBLÈMES

« À chaque page une victoire »

OPTIMISER LE TEMPS ET L'ESPACE

LE TEMPS DU ROI

Les contraintes de temps pesant sur le chantier de Salses sont fortes, dès 1495. Ramiro est ainsi sommé par les souverains d'inspecter les sites « pour que la réalisation s'achève le plus vite et le mieux[1] ». Les Rois Catholiques n'ont pas le choix : la situation militaire leur impose de trouver des solutions pour mener à bien la construction de la forteresse avant la fin de la trêve. Ils doivent donc veiller à ce que le chantier se conforme à un calendrier très serré, et que rien ne soit entrepris hormis le strict nécessaire[2] :

> *Ytem debeis mirar mucho por aprovechar vos el tiempo todo cuanto mas pudieredes labrando siempre lo mas necesario y antes que se deribe ninguna cosa se debe mirar que sea de manera que este luego proveido lo que fuere menester para reparar lo derivado por que derivando y no obrando luego sera dañar y no aprovechar.*
>
> « De même, vous devez veiller à profiter le plus possible du temps pour construire toujours ce qui absolument nécessaire, et avant de démolir quelque chose, on doit regarder que le nécessaire soit immédiatement prévu pour réparer le démoli parce qu'en démolissant sans construire tout de suite cela serait préjudiciable et sans profit. »

Nous avons vu qu'une des solutions est de faire venir de la main--d'œuvre en masse. Une autre est de fournir aux hommes le temps dont ils ne disposent pas. Les historiens ont travaillé, à la suite des trois articles fondateurs de Jacques Le Goff sur le sujet (Le Goff, 2004, p. 49, p. 67,

---

1 AGS, CCA, CED, 2, 2-2, f° 105, cédule du 31/10/1495 à maître Ramiro.

2 *Ibid.*, f° 295 r° / 255 r°.

p. 401-420). Les notions de temps (Thompson, 1967) et de rythme du travail (Maitte et Terrier, 2014 et 2020), l'émergence du temps industriel, ou celui « du marchand » ont été envisagés comme des marqueurs de modernisation de la société. Le problème de la durée du temps de travail a été traité presque exclusivement dans son rapport à la question salariale (Geremek, 1992). L'ambition était de comprendre la prise en compte de l'élément temps par tous les acteurs, à la fois ouvriers et employeurs. La durée de la journée de travail, la saisonnalité des tâches sont les perspectives souvent privilégiées par les différents dossiers. Le chantier de Salses offre un éclairage sensiblement différent : celui du temps « du pouvoir », non pas lu comme un rythme de la vie politique, mais comme un temps créé par la volonté des rois.

Le travail nocturne et lors des dimanches et des jours fériés est traditionnellement interdit (Schmitt, 2015, p. 566 ; Boileau, 2005), à quelques exceptions près. Le temps de travail est d'une dizaine à une douzaine d'heures par jour selon la saison, de 5 à 6 jours par semaine[3]. Certaines tâches sont saisonnières, en particulier les travaux de maçonnerie. Dans le cas de Salses, l'urgence impose aux souverains d'accélérer le rythme du chantier. Il leur faut donc contrôler et optimiser le temps qui leur est imparti. La première des choses est d'éviter les temps morts. C'est un des points de vigilance imposés à Ramiro dès octobre 1495[4] : il ne doit laisser aucun ouvrier « inactif ».

Le calendrier est contrôlé pour une meilleure répartition annuelle des tâches. Lors de la trêve imposée par les températures hivernales, il faut transférer les efforts sur l'excavation des fossés et sur la préparation de la saison suivante, en faisant venir d'ores et déjà les matériaux dont on aura besoin au printemps[5]. Les ordres donnés sont précis en ce sens, dès décembre 1496[6] :

> *Ytem en lo que toca a las obras como nos habemos escrito nos parece que ahora de invierno hasta que venga el tiempo en que se pueda labrar de cal y de canto y tapiera se deba dar mucha priesa en hacer las cavas cuanta mas anchas y hondas se pueda hacar y los baluartes muy recios y fuertes de madera y rama y tierra y piedra por la orden que vos lo escrivimos y cuando algo de tapiera por ahora se hubiere de labrar ha*

3 Les données varient sensiblement localement selon les chantiers et les contextes (Bonnassie, 1975 ; Domenge i Mesquida, 1997 ; Victor, 2008 ; Lardin et Leguay, 2001).

4 AGS, CCA, CED, 2, 2-2, f° 105 r°.

5 AGS, CCA, CED, 2, 2-2, cédule du 27/10/1497, f° 347.

6 *Ibid.*, f° 295 r° / 255 r°.

de ser en parte donde sera muy necesario y no se pueda escusar y debe se de tener fin de labrar de manera que la obra provechosa y lo muy necesaria se haga con tiempo antes que haya necesidad por que comenzandose tan grande obra como se nos ha escrito es cosa que no se podra acabar para el tiempo que es menester y que por causa de esto no se labre lo muy necesario, todo lo remitimos a vos para que con el parecer de los que entienden en ello se provea en todo con aquella buena diligencia y recaudo que veais que mas a nuestro servicio cumpla.

« De même, en ce qui touche aux travaux, comme nous l'avons écrit, il nous paraît que maintenant [que nous sommes en] hiver [et] jusqu'au retour du temps permettant de construire en maçonnerie de mortier ou de pisé, on doit se presser de faire les terrassements aussi larges et profonds que possible et les boulevards très solides et forts en bois et branches, en terre et en pierre conformément à l'ordre que nous avons écrit. Et si du pisé s'avérait nécessaire maintenant, que ce soit par absolue nécessité et inévitable et on doit veiller à ce que ce travail soit profitable, et que ce qui est indispensable se fasse à temps avant qu'il y en ait besoin parce qu'en commençant une œuvre aussi grande que ce qui nous a été écrit, elle ne pourra être terminée dans le temps nécessaire et pour cette raison on ne peut travailler que le strict nécessaire. Pour tout, nous nous en remettons à vous afin qu'avec l'avis de ceux qui s'y entendent on pourvoie en tout avec bonne diligence et soin que vous estimerez conforme à notre service. »

Les Rois Catholiques programment strictement les étapes et tâches du chantier, hiérarchisant pour les encadrants les priorités, « de manière à ce que Dieu aidant durant la bonne saison cette œuvre puisse être construite en tout le nécessaire[7] ». D'ailleurs, afin d'optimiser encore mieux cette période hivernale, les fondations sont données à prix-fait – *destajo* –, ce qui supprime totalement la question temps pour le roi[8]. À charge des preneurs de *destajo* de livrer les attendus en temps et en heure. Il est ainsi possible de penser que le passage du salaire au temps – à la journée – au salaire à la tâche soit ici un moyen pour le roi de s'affranchir de la contrainte du temps, celle-ci étant transférée à la charge du preneur.

L'économie de temps peut également concerner le recrutement et la gestion des hommes impliqués dans les prix-faits. En effet, un paiement de mai 1500 laisse à penser que le *destajero* peut embaucher de la main--d'œuvre supplémentaire, payée à la journée, afin de tenir les délais de son engagement. Le gain de temps pour les administrateurs résulterait

7 *Ibid.*, f° 321 v° / 282 v°.
8 *Ibid.*, cédule du 27/10/1497, f° 347.

du fait que le preneur, ici maître Pedro, se charge du recrutement et de la gestion de ces hommes, incorporés à son équipe[9]. Sachant la charge administrative qui pèse sur eux, ce gain de temps peut être appréciable. En tout cas, cela montre que le *destajero* évalue le rapport forces disponibles/délai et est en mesure de solliciter des ressources humaines supplémentaires pour atteindre l'objectif qui lui a été donné.

La redistribution saisonnière des tâches et le transfert des livrables ne sauraient cependant suffire. Les souverains doivent imposer une cadence plus soutenue encore. Dès 1496, la question du temps de la journée de travail se pose. Garcia de Herrera doit voir « si on se lève tôt et on part tard » du chantier[10]. Yñigo López est tenu également de mettre la pression sur les ouvriers « en les faisant lever tôt[11] ». Mais ce n'est toujours pas suffisant. Il faut encore travailler davantage[12] :

> *En lo que decis que todos los maestros y ayudantes y oficiales del artilleria andan continuamente en las obras dello me tengo muy servido y que ellos ni vos ni ninguno no repose sino que de dia y de noche andeis continuamente en las obras y que ninguno se escuse dello* [...]
>
> « Pour ce que vous me dites des maîtres, aides et officiers de l'artillerie qui sont continuellement sur les chantiers, je me tiens en cela très bien servi, et que ni eux ni vous, ni personne ne se repose, mais qu'au contraire, de jour comme de nuit, vous soyez continuellement sur les chantiers et qu'aucun n'y échappe [...] »

Désormais, le travail doit se poursuivre jour comme nuit. La question est de savoir ce que signifie cette expression. Y a-t-il vraiment un roulement, deux équipes, une diurne l'autre nocturne, qui se succèdent, ou est-ce une seule et même équipe, qui commence son travail alors que le soleil n'est pas levé et finit lorsqu'il est déjà couché ? La comptabilité ne nous donne pas la réponse, et aucun salaire n'est majoré pour « service

9 AGS, CMC, 1ª ep., leg. 180, s.fº, dépense du 23/05/1500 : « [...] *A Juan de Altuna y Perucho de Arizmede, y Domingo de Barra* [...] *de sus jornales de un destajo que tiene a cargo que an de hazer las pechinas y lombarderas del destajo de maestro Pedro* [...] ». – Dans le même registre, on retrouve le 2/09/1500, toujours dans le cadre du prix-fait de maître Pedro, la mise en dépenses de journées d'ouvriers et d'achats de matériaux – chaux, brique, tuile, sable –. On parle ici de 221 ouvriers, mis à disposition dudit maître, et qu'il doit donc gérer dans le cadre de son *destajo*.

10 AGS, CCA, CED, 2, 2-2, fº 314 rº / 275 rº : « [...] *si madrugan y se van tarde* [...] ».

11 *Ibid.*, fº 253 rº / 214 rº.

12 *Ibid.*, fº 323 rº / 284 rº.

de nuit ». Il serait plus prudent de penser, puisque les sources sont muettes à ce sujet, que l'on procède à une extension de la journée de travail plutôt qu'à une réelle instauration d'un travail de nuit sur un format 2 × 12 heures. Car, en 1496, les Rois Catholiques souhaitaient que le temps de travail se fasse classiquement du lever au coucher du soleil, en tout cas pour les équipes d'ouvriers galiciens[13] :

> *Han de labrar los dichos maestros e obreros todos los dias de llevar de sol a sol dandoles un tiempo convenible para almuerzar e comer segun costumbre.*
>
> « Lesdits maîtres et ouvriers doivent travailler tous les jours ouvrés, du lever au coucher du soleil, en leur laissant le temps convenable pour déjeuner et manger selon la coutume. »

C'est à partir de la fin de l'année 1496 et surtout 1497 que la pression au temps augmente. La cédule du 13 janvier 1497 envoyée à don Enrique pourrait laisser entendre que l'option du travail nocturne peut être envisagée au sens littéral[14] :

> *Juan de Valladolid escribio como en las obras no se labraba en los domingos y otras fiestas y veais cuanta necesidad hay de esas obras y reparos no se deba dejar de labrar ningun dia y aun si posible fuese en las cosas muy necesarias seria bien labrar tambien las noches mas pues esto no ha lugar todos los dias asi domingos como fiestas y dias de labor haced que labra la gente con mucha diligencia y recaudo pues por semejante cosas se puede hacer sin pecado y asi vos mandamos que se haga.*
>
> « Juan de Valladolid a écrit que sur les chantiers on ne travaillait pas les dimanches et les autres fêtes, et selon la nécessité qu'il y a de ces travaux et réparations, on ne doit arrêter de travailler aucun jour, et en outre si cela est possible pour les choses très nécessaires, il serait bien de travailler aussi les nuits, mais comme cela n'arrive pas tous les jours, faites en sorte que les dimanches et fêtes et jours ouvrés la troupe travaille avec beaucoup de diligence et soin, car pour de telles choses, on peut le faire sans pêché et nous ordonnons qu'il en soit ainsi. »

Néanmoins, cette missive montre surtout l'action de plus en plus forte des souverains sur le temps de travail. Les hommes doivent travailler 7 jours par semaine, passant outre les interdits de l'Église. Les Rois Catholiques décident ici ce qui est pêché ou non. Et visiblement, travailler le dimanche ne l'est plus, si c'est pour un projet royal. Pour

---

13 *Ibid.*, f° 253 r° / 214 r°.
14 *Ibid.*, f° 299 r° / 260 r°.

les ouvriers, le rythme imposé ne leur permet aucune relâche. Le roi est cependant d'accord pour qu'ils soient payés s'ils travaillent lors du repos dominical, cela lui « paraît bien et qu'il en soit ainsi[15] ». Cependant, ils ne touchent pas ces jours-là de salaire différent d'un autre jour de semaine[16]. Ainsi, maître Pedro et son équipe de 20 carriers sont payés au même salaire 30 jours par mois en janvier 1499[17]. Le travail de nuit et les jours fériés ne concernent pas que les ouvriers. Les encadrants doivent bien sûr travailler avec les hommes à toute heure et tous les jours. En décembre 1497, Diego de Tordesillas paie ainsi le *veedor* Pedro de Ribero pour son encadrement « *domingos y fiestas*[18] ».

Enfin, certains hommes ne sont pas payés au temps, mais au livrable : c'est le cas de maître Gomis qui détient à prix-faits la fourniture des pierres pour le fossé. Cependant, ils sont aussi contraints par les souverains à tenir leurs engagements de calendrier. Ainsi, Gomis doit payer 500 drs en juillet 1501 « comme amende pour ne pas avoir terminé ledit prix-fait[19] ».

> [...] *abaxan de esta nomina D drs que son CLXXXXVIII U* [NT = ^{M}] *drs perpiñanense los quales son delos dineros que maestro Gomez ovo de aver y se la libraron de la piedra blanca que dui* [*sic*] *en el año pasado de MD para la dicha obra los quales dichos D dineros el dicho maestro Gomez puso dobre* [*sic*] *a de pena si el no acabase en dicho destajo que tiene de la meytad de la cava de la dicha Salsas en cierto termino contenido en el asiento que* [...] *con el se hizo y estuvieron en poder del pagador hasta quel dicho tiempo aquesta a obligado y el dicho Gomez de acabar el destajo paso, y porque en el dicho termino no lo acabo quedaron los dichos D drs para sus alargas* [...]
>
> « [...] furent déduits de ce salaire 500 drs soit 198 000 drs à valeur de Perpignan, lesquels proviennent des deniers que maître Gomis devaient avoir [de la] livraison de la pierre blanche qu'il fit l'année dernière en 1500 pour les travaux. [Quant aux]dits 500 drs, ledit maître Gomis a travaillé [mais] reçoit une peine s'il ne finit pas ledit prix-fait qu'il détient de la moitié du fossé de ladite [forteresse de] Salses à une certaine date convenue dans le document comptable qui [...] s'est fait avec lui en pouvoir du payeur jusqu'à ce qu'arrivé au délai convenu et que le dit Gomis dépasse le délai pour terminer

15 *Ibid.*, f° 305 v° / 266 v°.

16 Exemple, mai 1498 (AGS, CMC, 1ª ep., leg. 1874, f° 357 r°) : « [...] [A] *maestros canteros que vinieron con maestro Pedro maestro mayor de canteria* [...] *por dias que han trabajado* [...] *los quales ganan domingos y fiestas como dias* ».

17 AGS, CMC, 1ª ep., leg. 1000, f° 135 r°.

18 AGS, CMC, 1ª ep., leg. 1874, s.f°, dépense en date du 31/12/1497.

19 AGS, CMC, 1ª ep., leg. 180, s.f°, dépense du 23/07/1500.

le prix-fait, et parceque qu'il n'a pas ainsi terminé le prix-fait, lesdits 500 drs sont retenus pour son retard [...] »

Le système ingénieux. Le payeur avait retenu ces 500 drs d'une paie antérieure en précisant au maître Gomis qu'il devait tenir les délais s'il voulait récupérer la somme : la date étant passée, la somme reste dans les coffres du payeur[20]. L'homme est coutumier du fait, puisqu'en décembre 1501[21], on lui retient encore 30 250 drs des 39 733 drs qu'il devait toucher pour la fourniture des 2 500 quintaux de pierre, « *quel rey y la reyna nuestros senyores le mandaron descontar por cierta falta quel hizo en el dar de la piedra blanca quel avia dado para la dicha obra de Salsas* [...] ». La retenue est considérable. Les dirigeants du chantier usent donc de la menace et de la punition pour, vaille que vaille, faire avancer les travaux à marche forcée.

Le dossier de Salses permet d'interroger le rapport entre temps et travail d'une façon différente. La question centrale n'est pas ici la durée de la journée de travail, mais bien le temps, et les moyens, que le roi décide de mettre à disposition de son projet. C'est un « chantier total », en activité presque permanente, pour lequel les souverains sont tenus de contraindre trésor et calendrier.

À L'ÉCHELLE D'UN TERRITOIRE

Après avoir optimisé le temps, les princes doivent aussi maîtriser l'autre contrainte forte : celle de l'espace. Salses est une forteresse de frontière, qui, par définition, est à la marge du royaume. Or, les souverains et leurs agents doivent maintenir la pression sur le site pour que le chantier soit correctement approvisionné en hommes et matériaux, l'affranchissant des contraintes de l'offre locale réduite. Bref, il faut pour les Rois Catholiques effacer les distances et réfléchir au niveau national. C'est là qu'ils doivent résoudre la question de la distance d'approvisionnement : comment motiver les hommes à venir travailler loin de chez eux ? Comment optimiser l'approvisionnement en matières premières extraites à de longues distances du site de construction ?

Soit par manque de ressources dans la zone de Salses, soit par prix trop élevés localement, il s'avère rentable de faire venir de loin matériaux

20 *Ibid.*
21 AGS, CMC, 1ª ep., leg. 180, dépense du 15/12/1501.

et outillage. Profitant des mouvements de troupes, qui ne réduisent à rien les coûts de transport puisque c'est la soldatesque qui s'en charge, on achemine depuis tout le royaume le nécessaire au chantier. En 1496, les Rois Catholiques demandent à Casafranca d'emprunter « la voie de Xerez » afin de transporter 100 quintaux de cuivre, autant de fer et de plomb, et 20 quintaux d'étain et d'acier[22]. Les hommes remontant d'Andalousie parcourent ainsi plus de 1 200 km pour amener ces matériaux. Le fait que cette cargaison soit constituée de métaux peut expliquer le choix de lui faire traverser le pays. On peut supposer que c'est un stock, ou des reliquats de la campagne andalouse. Les métaux sont le nerf de la guerre, car utilisés pour l'artillerie comme pour les chantiers. Ils restent une préoccupation permanente. En 1510, maître Yñigo de Vittoria, lapicide et maître maçon de la garnison de Salses, reçoit l'autorisation de chercher des mines d'or, d'argent, cuivre, étain, plomb et autres métaux en Roussillon et Cerdagne, même dans les bouches et minières déjà exploitées pour peu qu'elles ne soient plus actives depuis un an et un jour. Le roi prend ici à sa charge outils et ouvriers nécessaires à l'exploitation[23]. Déjà en 1495, Jaume de Casafranca avait été chargé de payer à Barcelone des outils, en particulier des pics, indispensables à l'excavation des fossés, pour le château de Perpignan et pour les autres de la frontière. La cargaison avait été envoyée par mer, via Collioure[24]. Tout comme le surcoût d'un achat local était accepté s'il compensait le délai d'approvisionnement, la carence locale doit être compensée coûte que coûte. C'est l'urgence qui prime.

22 AGS, CCA, CED, 2, 2-2, f° 278.

23 ADPO, 1B 418, 5/02/1510.

24 ACA, Real Patrimonio, Maestre Racional, Escribania deRació del Rey, Registros de albaranes, volumenes, general, n° 0875 : Registres de albaranes extraordinarios de Luis de Santángel (1495-1498), f° 7 v°, en date du 31/09/1495 : « *Albara de diverses despeses pagades per lo honrat en Jaume de Casafranch* [*sic*]. *Lo Magnifich etc. De Part etc. faç vos saber que al honrat en Jaume de Casafrancha regent vostre offici son degudes les quantitats infrascriptes les quals de manament e ordinacio del dit Senyor Rey ell per vos e en nom vostre present* [...] *Liempari Vidal scrivà de mon ofici ha bestretes donades e pagades en la ciutat de Barchinona a les persones deius scrites per les compres de les coses seguents per manament del dit Senyor Rey son astodes comprades per provissio y defencio del castell de Perpinya e altres castells reals dels comtats de Rosello e Cerdanya e aquelles sou stades carregades ab lo lent den Gontino de la dita Ciutat per portar ho por mar fins ala vila de Coliure per repertirho per lo dits castells reals* ». – Idem, f° 8 v°, en date du 28/10/1495 : « [...] *per les obres e provissio del castell de Perpinya y per altres castells dels comptats* [*sic*] *de Roselló e Cerdenya e aquelles carregades e tremeses per mar ala vila de Cobliure ab lo lent de Anthoni Rosquello mariner de la ciutat de Barchinona* [...] *LXXXII pales de ferro ar° de I s. VI drs* [...] ».

Ainsi, le rapport temps d'approvisionnement/distance/rentabilité est étudié pour savoir la meilleure décision à prendre afin de ne pas arrêter le chantier. Le choix des modalités administratives du ravitaillement en matières premières est aussi un moyen d'optimisation de la gestion de la distance. En effet, comme nous avons vu que le choix du prix-fait peut être un moyen de se libérer de la pression du facteur temps, on constate qu'il est aussi utilisé pour gérer le facteur distance. Si nous concentrons notre enquête sur les conditions d'approvisionnement du chantier en pierres, nous constatons que dans un premier temps, les pierres sont achetées à des fournisseurs divers[25]. Or, cela demande aux administrateurs d'avoir une connaissance du territoire, de ses acteurs et des coûts pratiqués. Donner à prix-faits l'approvisionnement de la majeure partie de la pierre pour la construction des fossés permet ainsi au capitaine de se libérer d'une partie de l'organisation logistique du transport du matériau depuis le site d'extraction, ainsi que d'une partie de la prospection. De plus, s'assurer que les pierres viennent du même site est une garantie de qualité de la construction, le matériau présentant une unité de caractéristiques physiques. Ainsi, Francesc Gomis est amené à s'occuper de gérer extraction, transport et transfert de la pierre depuis l'Empordà jusqu'à Salses. Les éléments documentaires manquent, mais il est fort probable qu'il connaisse très bien les pierres de cette carrière lointaine. Maître majeur de la cathédrale de Gérone (Victor, 2008), il est habitué de la zone, et sait parfaitement les caractéristiques physiques du matériau, employé depuis longtemps pour les constructions géronaises. Ayant obtenu à prix-fait la réalisation du fossé, il a fait jouer ses connaissances techniques et son réseau professionnel antérieur pour à la fois livrer en temps et en heure l'ouvrage, mais aussi travailler un matériau qu'il connaît. L'administration du chantier ne lui laisse pas pour autant les coudées franches. À chaque étape du trajet, un homme est responsable de veiller à la bonne marche du transport. En 1498, c'est Johan – Juan – Ximon, « *lombardero de sus altesas*[26] » qui est en poste au moulin de l'Armentera pour vérifier que les pierres sont correctement chargées sur les barques[27]. Étant donné que Gomis est payé pour ses pierres et charrettes[28], il a la main sur le

25 AGS, CMC, 1ª ep., leg. 1873.

26 « Bombardier », celui qui servait une bombarde – « *lombarda* ».

27 AGS, CMC, 1ª ep., leg. 1874 (cahier copie du leg. 101), f° 938 r°.

28 *Ibid.*, f° 428 r°.

transport depuis la carrière de Vilacolum[29]. En 1498, maître Ramiro fait construire un ponton en bois pour faciliter le chargement des barques, et un système de pesée pour comptabiliser les charges[30]. C'est encore Juan Ximon qui a la charge de la pesée, avec l'aide de Juan Rosso de Brimesta, écuyer[31]. Il faut ici noter que le processus de transfert des pierres de la carrière à Salses est contrôlé par les hommes des troupes des Rois Catholiques, qui s'improvisent agents encadrants du chantier. Les convois de pierres s'organisent ensuite en noria, voguant par mer. Des marins se chargent de ce transport, certains venant avec plusieurs barques, en équipe. C'est le cas de Juan Canet, habitant de Palamos qui transporte des pierres « dans ses barques » de l'Empordà à la plage de Saint-Laurent[32]. Ainsi, une douzaine de nautoniers s'active entre les deux sites entre mai et juillet 1499[33]. Ils sont 15 en 1500[34]. Une barquée peut transporter 110 quintaux de pierres[35]. Les nautoniers peuvent être payés au voyage, c'est-à-dire à la barquée, au poids[36], à l'unité[37] ou à la journée[38]. Les pierres sont déchargées sur la plage de Saint-Laurent sous la houlette de Sancho de Acabana[39]. Également, il est fait mention de deux autres sites de débardage : sur la plage « *del cantar en el termino de la Sant Marti del Mar*[40] », où les pierres sont remises à Juan Moro, *tyrador* de l'arsenal[41], et sur la plage « *del Tameriu entremedio de Sant Lorenzo*[42] ». Encore une fois, un militaire est à la manœuvre et au contrôle. De là, une kyrielle de

29 La carrière, dite actuellement del Prat d'en Cervera, au lieu-dit El Rouret, est sur la commune de Torrella de Fluvià, sur la colline d'Els Olivets-Les Pedreres (Gimeno, *s.d.*).

30 AGS, CMC, 1ª ep., leg. 1874 (cahier copie du leg. 101), fº 398 rº.

31 AGS, CMC, 1ª ep., leg. 1000, en date du 30/10/1499, fº 338 rº.

32 *Ibid.*, fº 325 rº : « [...] *a Juan Canet vecino de la villa de Palamos* [pour] *piedras que trayo en sus barcas de l'Amporda fasta Sant Lorenço* ».

33 *Ibid.*, fº 325 rº.

34 AGS, CMC, 1ª ep., leg. 180, s.fº, dépense en date du 10/08/1500.

35 *Ibid.*, dépense en date du 26/08/1502.

36 *Ibid.*, dépense en date du 08/02/1501.

37 *Ibid.*, dépenses en date du 21/02/1501.

38 *Ibid.*, dépense en date du 10/08/1500.

39 AGS, CMC, 1ª ep., leg. 1874 (cahier copie du leg. 101), fº 398 rº.

40 AGS, CMC, 1ª ep., leg. 1000, fº 325 rº. Il a été impossible de localiser avec certitude cette plage. Cependant, on peut émettre l'hypothèse que ce soit la plage repérée comme étant « Port de Barques » (qui deviendra Barcarés) sur la carte de Cassini ou bien au bord de l'étang de l'Angle, ce qui est plus probable, une des traductions de « *cantar* »/« *canto* » étant « angle ».

41 *Ibid.*, s.fº, en date du 21/09/1499.

42 *Ibid.*, fº 338 vº. – C'est la plage de Tamarit.

charrettes emporte les pierres vers Salses[43], dont une partie est aussi propriété de Gomis, avec les chevaux qui les tirent[44]. On paie les charretiers à la journée[45] ou au poids[46]. C'est un autre écuyer, Alonso Demandora, qui a la charge de veiller au transbordement et à l'acheminement[47]. Même si du personnel royal intervient dans le transport de la pierre, s'appuyer sur un fournisseur local permet en un sens de réduire la distance, en déléguant la logistique. Gomis, propriétaire de charrettes à la carrière ou à Saint-Laurent, peut tout à fait avoir proposé les équipes de nautoniers, payées au voyage en plus du *destajo* qui est sien et n'en faisant pas partie, simplifiant d'autant la gestion de l'approvisionnement de ce matériau.

Si l'aire de ravitaillement en matériaux peut être ainsi relativement contrôlée, il en est de même de celle de recrutement des hommes. Ils sont recrutés dans toute la péninsule, puis regroupés localement et conduits sous les ordres de capitaines ou de maîtres vers Salses. En chemin, ils peuvent prendre d'autres équipes[48]. Le gros des hommes vient ainsi de Catalogne, mais signalons toutefois quelques autres origines privilégiées. La Biscaye est sollicitée à de nombreuses reprises. Le flux d'hommes d'un bout à l'autre des Pyrénées est ancien, et très actif (Ferrer i Mallol, 2003 ; Priotti, 2003). De 1440 à la fin du XVe siècle, près de 350 Basques traversent ainsi la chaine pyrénéenne pour venir travailler dans les forges autour de Perpignan et dans le Vallespir (Pinto et Verna, 2009). Les maçons basques ont migré en groupes vers toutes les régions de la péninsule, confins catalans inclus (Aparici Martí, 2006). Il n'est donc pas surprenant que des ouvriers y soient captés pour les chantiers de la frontière. L'opportunisme de groupe est ici à souligner. On s'aperçoit que des Basques viennent « avec les maîtres » pour se louer comme « aventuriers[49] ».

43 Exemple : *ibid.*, f° 138 r° : ils sont 6 hommes avec des charrettes à faire les allers-retours.

44 *Ibid.*, paiement du 11/10/1499 à maître Gomis, pour « [...] *les jornales que el servio con su carreta en la obra de Salsas trayendo piedra de la paya del cantera ala obra de Salsas* », « [...] *con III cavallos arabo de XVIII s. por dia* », « [...] *con II cavallos arabo de XIV s. por dia* ».

45 AGS, CMC, 1a ep., leg. 180, s.f°, dépense du 15/03/1501.

46 *Ibid.*, dépense du 10/03/1501.

47 AGS, CMC, 1a ep., leg. 1000, f° 338 v°.

48 Exemple : AGS, CMC, 1a ep., leg. 1874 (partie du cahier copie de leg. 101), f° 304 v° : On paye 2 365 mrs a un certain Martin de Gustoso « *desde el XVI de febrero que le tomo maestro Pedro en el camino en un lugar que se llama Huesca* [...] *por XIII dias de camino para llegar a Salsas* ».

49 AGS, CMC, 1a ep., leg. 1874 (copie de leg. 101), f° 300 v° : « [...] *maestros de vinieron de Vizcaya con maestros, pagados por aventurieros* [...] ».

Les maîtres recrutés arrivent donc avec leur équipe constituée. C'est le cas de *maestro* Pedro, maître majeur de la carrière – *maestro mayor de la canteria*[50] – qui dirige sa propre équipe basque[51]. Autre « nation » représentée : les Bretons. On les retrouve en 1500 quand il s'agit de creuser l'emplacement d'un baluard[52]. Le chantier a peut-être ici fait appel à des experts. En effet, il est possible de faire le parallèle avec le dossier toulousain. Lors du chantier de la construction des murailles de la ville à la fin du XIVe siècle, on remarque que ce sont également des Bretons qui ont creusé[53]. Auraient-ils un savoir-faire particulier, en l'occurrence pour le drainage ou le soutènement ? Ce n'est qu'une hypothèse, mais cette équipe vient de bien loin, et ceci pourrait expliquer cela.

La Castille et l'Aragon sont également sollicités[54], tout comme les hommes qui, en 1499, sont démobilisés après la campagne andalouse. En 1496, le *contino* Iñigo López de Padilla est envoyé à Salses par Ferdinand et Isabelle avec pas moins de 200 artisans venus de Galice, charpentiers, tailleurs et maçons[55]. Cet épisode montre que de formidables campagnes de recrutement devaient se tenir en amont, dans les régions. Isabelle et Ferdinand mobilisent ainsi des armées entières d'artisans autour de Burgos. En décembre 1496, trois troupes partent vers Salses, à trois jours d'intervalle[56]. La première, composée de 100 terrassiers – c'est l'époque de la première phase du chantier où le site est nivelé – est dirigée par un certain Badilla. La seconde part le lendemain avec également 100 terrassiers piocheurs sous les ordres de Juan Manuel. Le dernier convoi passe par Aranola où Sedano doit récupérer 200 terrassiers supplémentaires. 400 hommes en 3 jours : la zone est littéralement vidée des hommes pouvant manier pics, pioches et pelles. Tous les moyens sont mobilisés pour alimenter en bras les chantiers, mais aussi en bêtes de somme,

50 *Ibid.*, f° 304 v°.

51 *Ibid.*

52 AGS, CMC, 1ª ep., leg. 180, s.f°, dépense en date du 10/07/1500. Il s'agit d'une petite équipe de trois hommes, nommés Pero Trullaque, Lendria et Juan Carteo « bretones ». Ils travaillent de janvier à juin 1500, puis sont de nouveau payés en septembre pour les mois de juillet et d'août (*Ibid.*, s.f°, dépense du 08/09/1500).

53 Archives Municipales de Toulouse, EE 32, 1354.

54 Exemple : AGS, CMC, 1ª ep., leg. 1874, s.f°, du 14/08/1497 au 27/08/1497 : « *Pago por una nomina de CLXXXX partidos en que entra maestros y albanis* [*sic*] *y picadores y peones castelanos* [*sic*] *y catalanos y ladrilleros* ».

55 AGS, CCA, CED, 2, 2-2, f° 214 v°.

56 *Ibid.*, f° 278 r° / 239 r°.

indispensables au transport sur le site. Ce sont les « *bestias aventureras* », entrées en compte selon leur village d'origine[57]. On constate, en 1498 par exemple, que ces animaux viennent d'Ille-sur-Têt, Boule d'Amont, Joch, Céret, Thuir, Llupia, Ria, Cornella-de-Conflent, Rivesaltes, et peut-être de Villalonga de Ter[58], soit un recrutement maximum à une cinquantaine de kilomètres du chantier.

Depuis Burgos, les Rois Catholiques écrivent le 1er novembre 1496 à Juan de Valladolid[59]. Ils valident l'idée de ce dernier de recruter dans les comtés de Roussillon et Cerdagne 400 à 500 bergers. Les autorités n'hésitent pas à stimuler économiquement ces recrutements. Le majoral touche 3 503 mrs par an ainsi que 12 fanègues de blé[60] alors que le reste des bergers touche 3 000 mrs par an et 12 fanègues de blé « ou un peu plus étant donné qu'ils doivent quitter leurs terres ». Car, si le recrutement des ouvriers se réalise sur une grande partie de la péninsule, il n'en reste pas moins que les Rois Catholiques doivent trouver un moyen de motiver les hommes à aller travailler loin de chez eux. Pour leur faire oublier la distance, la solution est de leur payer le déplacement.

Deux formes de financement du voyage sont expérimentées par les agents des Rois Catholiques. Les Basques qui arrivent en mars 1498 à Salses sont gratifiés par un forfait d'une *dobla* d'or pour leur trajet, sans que soit pris en compte le nombre de jours de marche[61]. L'autre option est de payer les hommes en fonction du nombre de jours de marche depuis leur domicile jusqu'à Salses. Toujours en 1498, les hommes venus depuis Gérone ont marché trois jours et sont payés 3 s. par jour de voyage[62]. Le tarif des déplacements oscille ainsi entre 33 mrs[63], 34 mrs[64] et 35 mrs[65] par jour et par personne. Ce mode de recrutement semble fonctionner : en 1500, 121 personnes arrivent en trois jours en avril, 143 en mai-juin[66].

57 AGS, CMC, 1a ep., leg. 1874 (copie de leg. 101), fo 338 vo-339 vo.

58 Le seul « Villalonga » trouvé dans les environs de Salses est Villalonga de Ter, en Catalogne, à 75 km du site de construction.

59 AGS, CCA, CED, 2, 2-2, fo 218.

60 La fanègue est une mesure de capacité espagnole, correspondant à environ 60 litres.

61 AGS, CMC, 1a ep., leg. 1874, fo 301 ro.

62 *Ibid.* fo 355 vo.

63 *Ibid.*, s.fo, dépense du 11/07/1497.

64 *Ibid.*, s.fo, dépense du 30/08/1497.

65 *Ibid.*, s.fo, dépense du 12/04/1500.

66 AGS, CMC, 1a ep., leg. 180, s.fo, dépense du 13 et 17/04/1500, dépense du 22/05/1500 et du 2 et 8/06/1500.

Ils sont 238 à se présenter en avril 1501[67]. Notons la coquette somme de 50 mrs payée à Juan de Verastegui, Juan de Vergara et Martin Ezqueroa, dont les patronymes peuvent indiquer leur origine basque, pour leur venue à Salses en 1500[68]. Le montant de ces frais de voyage interroge. Ils peuvent indiquer une différence de traitement dans ce domaine entre les simples ouvriers et les maîtres de métier, dont la compétence et l'expertise seraient ainsi valorisées dès qu'ils franchissent le seuil de leur maison. Mais cela peut aussi être la marque d'une tractation en amont, justement car la pénurie de main-d'œuvre permet aux hommes de négocier leur savoir-faire. Ce bonus à l'embauche est en effet source de discussion entre les recruteurs et les ouvriers. Un certain Salvator Esteban, *tapiador*, est payé pour les 5 journées de voyage depuis son domicile 4 s. par jour, pour venir faire les murs des fossés – *tapiar*[69]. Il est clairement exposé que cette somme a été négociée – « *se concordo con el* ». Le cas des 4 carriers de l'équipe de maître Pedro en 1497 est aussi assez révélateur de tout ce que ces hommes peuvent marchander[70] :

> *A IIII canteros que heran de la companya de maestro Pedro de los que vineron con el de Castilla llaño* [*sic*] *que paso de XCVII* [...] *los quales se despidieron para yr a sus casas* [...] *araho de LV mrs por dia y de los dias que han estado enfermos a raho de XXVII mrs por dia ques la meytad del jornal que ganavan trabajando por asyento con llo se hiso al* [...] *del comandador maestro Ramiro por que quando partieron de sus casas fue asento conllos por Juan del Carriga en nombre de sus altezas que se les pagase cada dia domingo y fiestas y dias de trabajar a dos reales de plata cada uno y aun asy mismo la venida y vuelta para sus casas y despues viendo quel jornal hera grande se asento y concerto con ellos y con otros el dicho asyento lo qual ellos tovieron por bien por holgar los domingos y fiestas que son mandados guardar por la yglesia.*
>
> « À 4 carriers qui étaient de la compagnie de maître Pedro, de ceux qui sont venus avec lui de Castille l'an dernier en 1497 [...] lesquels ont démissionné pour rentrer chez eux [...] à raison de 55 mrs par jour, et les jours où ils ont été malades à raison de 27 mrs par jour, ce qui est la moitié que ce qu'ils gagnent en travaillant, selon ce qui a été convenu avec eux [par] le *comandador* maître Ramiro, car quand ils sont partis de chez eux, il a été convenu avec eux par Juan del Carriga au nom de Leurs Altesses qu'il leur serait payé tous les jours, dimanches, et fêtes, et jours de travail à raison de 2 *reales* d'argent chacun, et de même la venue et le retour chez eux, et par la suite, voyant

67 *Ibid.*, dépense du 12/05/1501.

68 *Ibid.*, dépense du 22/06/1500.

69 AGS, CMC, 1ª ep., leg. 1874, fº 424 rº.

70 *Ibid.*, fº 411 vº.

que les journées [de travail] étaient longues, il a été convenu et concerté avec eux de suspendre les dimanches et fêtes que l'Église demande de chômer. »

Ce cas est à lui seul indicateur de tous les éléments de tension sur le chantier : ils ont discuté le salaire, y compris pour les jours où ils ne travaillaient pas, les frais de voyage et les jours travaillés. Leurs compétences étant visiblement indispensables, et l'administration ayant peu de marge de manœuvre, ils ont obtenu des conditions très enviables. Ce bonus est visiblement habilement négocié par maître Pedro pour toutes ses équipes. En effet, en 1498, les carriers venus de Castille gagnent également un demi-salaire quand ils sont absents[71]. Ce n'est pas ce qui est couramment pratiqué : en mai 1498, Martin Dastriagan, maître carrier, et Martin de Etrixill voient leur paie réduite de deux jours de salaire pour maladie[72]. Certaines autres équipes semblent également particulièrement bien loties : elles n'ont, par exemple, pas de capitaine[73]. On peut se demander si c'est une faveur qu'on leur fait, sachant, comme nous l'avons vu, que le rôle des capitaines est de les faire travailler sans relâche – « *andar sobre la gente* ». Maître Pedro semble également assez fin négociateur quant à ses conditions de travail personnelles. Une affaire qui court entre juin et novembre 1500 montre que l'homme a même réussi à se faire payer 84 journées qu'il a pourtant passées chez lui entre le 18 novembre 1497 et le 11 février 1498[74]. Cela souligne la situation délicate dans laquelle se trouvent les souverains et leur administration. Le contexte de tension dans lequel est construite la forteresse les pousse

71 *Ibid.*, f° 409 r°. – Il est aussi possible de citer comme exemples complémentaires le charpentier Antoni Juan qui a été payé 40 mrs par jour pendant les 30 jours où il a été malade, en février 1499 (*Ibid.*, f° 418 v°) ou encore Antoni Lopez qui, en mars de la même année, qui a touché 825 mrs sur son salaire de 1 650 maravedis car il était également souffrant, sachant qu'il lui a tout de même été décompté dimanches et jours fériés (*Ibid.*, f° 420 r°).

72 AGS, CMC, 1ª ep., leg. 1874, f° 337 r°.

73 *Ibid.*, f° 413 v°-414 r°.

74 AGS, CMC, 1ª ep., leg. 180, s.f°, dépense en date du 27/11/1500, et leg. 101, s.f°, dépense en date du 15/06/1500, les deux registres étant des copies l'un de l'autre : « *Al dicho maestro Pedro X^M^CDXVI mrs que ha de aver de sus sueldo de LXXXIV dias que estado en su casa con licencia en el año XCVII desdel XVIII dias del mes de noviembre del dicho año del XCVII hasta honze de hebrero del de XCVIII los quales non le avia sido librados ni pagados hasta agora* [*sic*] *por que no avia sido delibrado sy le avian de ser pagados hasta despues que fue asentado con el quando vino la primera vez de su casa a la dicha obra que le fuesen librados y pagados de que mostro libramento firmado de los sobre dichos fechos a XV de junio del dicho año de MD con carta de pago* » – [leg. 101] : « [...] *con carta de pago en las espaldas de este dicho libramiento firmada del dicho maestro Pedro el XXVII de noviembre de MD* ».

à optimiser, tout en les contraignant à ne pas regarder à la dépense s'ils veulent atteindre leurs objectifs. La pression qu'ils peuvent exercer sur la main-d'œuvre a donc des limites : celle de l'intelligence d'artisans qui connaissent les lois de l'offre et de la demande, et qui sont pleinement en mesure de valoriser économiquement leurs compétences.

« SAVOIR CE QUI SE FAIT EN TOUT »

La contrainte temps est forte. La maîtrise du territoire est difficile. C'est par la connaissance que les souverains peuvent dominer l'un et l'autre. Il est impératif pour les rois de transmettre ordres, conseils et décisions le plus rapidement possible. Ils doivent aussi être tenus informés en temps presque réel. Connaître et savoir sont les moyens pour eux de rendre leur action possible. Il leur faut donc essayer de réduire les temps de réaction administrative en faisant abstraction de la distance. Ainsi, en 1498, un coursier, Francisco Chaves, fait les allers-retours entre la cour et le chantier de Salses afin de transmettre les ordres au plus vite[75]. Les souverains sont confrontés à une gestion à longue distance de leur royaume. Générer de l'information et en recevoir sont désormais des formes de relation à leur espace de pouvoir : c'est ainsi qu'ils s'approprient leur domaine, mais aussi qu'ils en cernent l'étendue (Pécout, 2016, paragr. 8). Depuis le XIIIe siècle, les rois possèdent les moyens de leur gouvernement en termes de contrôle et production de l'information (Aurell, 2007, p. 12). D'ailleurs, la diffusion de l'information écrite accompagne le développement de la bureaucratie des « États naissants » (Boudreau, Fianu, Gauvard et Hébert, 2004, p. 12). C'est un moyen de formaliser la relation avec l'agent (Pécout, 2016, paragr. 17), mais, dans le même temps et sans paradoxe, de pallier un manque de contact. Ces communications ont un coût, nous l'avons vu, mais c'est celui à payer pour s'affranchir de la « tyrannie de la distance ». Et cela fonctionne plutôt bien : le roi répond à Casafranca le 18 mars 1496 depuis Tortosa à une lettre envoyée le 27 février[76], soit 19 jours plus tard. Des missives sont échangées en avril 1495 entre Salses, où est le gouverneur, et Madrid, où séjourne le roi, dans un délai d'un mois[77]. En 1497, le roi envoie sa réponse le 30 mars au courrier de don Enrique envoyé de Salses le 7 du

75 AGS, CMC, 1ª ep., leg. 1874, fº 408 vº.

76 ACA, Real Cancillería, registros, Curie sigilli secreti 10, reg. 3614, fº 85 vº.

77 *Ibid.*, Curie sigilli secreti 7, reg. 3611, fº 113 vº.

même mois[78]. Dans la ville assiégée de Gérone, il est essentiel que le lien reste actif entre la reine et le territoire extérieur. La correspondance est ici élément capital, voire vital (Savy, 2009, p. 1995 ; Puñal Fernández, 2019). Le responsable du courrier, Ramon Bertran, a donc la charge de transmettre les lettres, comme entre la reine et le capitaine lorsqu'il est devant Torroella en août 1462, pour tenir compte de la situation[79]. Il est aidé par des coursiers ponctuels, à l'image de Miquel Estany de Campmayor envoyé à la cour à Perpignan en janvier 1463[80]. La qualité de ces hommes est essentielle, afin que la mission soit dûment remplie (Boudreau, Fianu, Gauvard et Hébert, 2004, p. 19). La lettre, rapide et informelle, est l'élément fondamental du dialogue entre les acteurs du chantier. Mais elle est loin d'être le seul canal d'information.

Nous l'avons déjà vu, pour Salses, le premier grand moment de concentration de l'information est l'enquête commanditée en 1497 à Garcia de Herrera. Auparavant, en 1495, maître Ramiro avait aussi été chargé de parcourir la zone et de faire un rapport détaillé « de toutes les autres choses qu'[il] verr[a] plus particulièrement nécessaires de [leur] écrire et [de les] informer de tout, [il] [leur] enverr[a] la longue et pleine information[81] ». Pour les Rois Catholiques, faire appel à un seul homme, chargé de porter le regard sur le site à leur place, est un moyen rapide de pallier les inconvénients des rapports intermédiaires et des agents médiaux (Pécout, 2016, paragr. 18). Mais c'est aussi mettre en place une relation de confiance forte avec l'agent en question, qui devient les yeux et les oreilles du monarque. « Que toujours vous nous fassiez savoir ce qui se fait en tout[82] », « afin que nous soyons pleinement informés de tout[83] » : telle est la mission de maître Ramiro dès 1495. Garcia de Herrera est, lui, bien plus qu'un expert qui diagnostique une situation : il est un agent de renseignements pour les souverains. « *Habeis de saber*[84] » – « Vous devez savoir » – martèle le roi dans son ordre de mission. Garcia de Herrera doit savoir pour que le roi sache.

78 AGS, CCA, CED, 2, 2-2, f° 316 r° / 277 r°.

79 ACA, Real Patrimonio, Maestre Racional, Tesoreria real de Aragon, Libros ordinarios de la tesoreria de la reina, Volumenes, General, n° 0547, 1462, f° 14 v°.

80 *Ibid.*, f° 32 r°.

81 AGS, CCA, CED, 2, 2-2, f° 105 r°.

82 *Ibid.*, f° 307 / 268.

83 *Ibid.*, f° 105 r°.

84 *Ibid.*, f° 314 r° / 275 r°.

Cette production d'information, et le soin de maintenir les canaux de communications ouverts, sont des moyens de mettre en place un contrôle pour cibler les manquements, mais aussi une relation de confiance compensant l'incomplétude contractuelle qui lie les agents à leur roi (Billand, 1998). Également, c'est un moyen de contrôler les informations – « *feedback* » – qui sont remontées par d'autres voix – voies ? –, et l'application des ordres qu'il a fait redescendre. Ainsi, Garcia de Herrera se fait espion pour savoir si Juan de Valladolid et maître Ramiro font bien leur inspection des chantiers, et s'ils y maintiennent l'ordre. C'est l'inspecteur inspecté en somme[85]. Multiplier les canaux d'informations permet aux souverains de croiser les renseignements dont ils disposent, afin de ne pas être tributaires d'un seul rapporteur des faits. La méfiance, naturelle dans le dialogue politique entre pouvoir, administrés et administrateurs est source de production d'écrits informatifs, ascendants et descendants (Allard, Carey et Renault, 2016, paragr. 16). Ces rapports sont les marqueurs à la fois d'un lien de confiance et de défiance entre le souverain et ses agents. Vérifier l'information par la multiplication des canaux semble une pratique courante. Quand en 1497, maître Ramiro écrit pour faire un point sur la situation du chantier, c'est très naturellement que les Rois Catholiques lui répondent qu'ils étaient au courant de son travail par les comptes-rendus qui leur avaient été faits par don Enrique, Juan de Valladolid et « autres[86] ». Les mémoires sont également un moyen pour les agents ou les sujets de faire remonter leurs plaintes. Les *jurats* géronais envoient ainsi un mémoire au roi pour le tenir informé de la situation, et en particulier des mauvais rapports avec le capitaine général Rocaberti dont ils se lamentent[87].

Produire ces écrits et faire produire ces mémoires et rapports sont également des outils pour convaincre les agents de la solidité du projet et des ressources qui sont mises en œuvre pour le réaliser, et de se convaincre que les ordres donnés sont appliqués et que le pouvoir est reconnu[88] :

---

85 *Ibid.*, f° 314 r° / 275 r° : « *Ytem habeis de informar vos si Juan de Valladolid y maestre Ramiro andan continuamente sobre las dichas obras y que orden se tiene en ello* ».

86 *Ibid.*, f° 307 r° / 268 r° : « *Comendador maestre Ramiro nuestro artillero mayor vimos vuestra letra aunque nos escrivisteis brevemente, por letras de don Enrique e de Juan de valladolid e por relacion de otros que de alla vienen a habemos sabido e sabemos el recaudo y diligencia que en todas cosas que son a vuestro cargo poneis* […] ».

87 AHMG, Manuels d'Acords, Actes del Ple, reg. 17 564, 1462-1464, f° 192 v°-193.

88 AGS, CCA, CED, 2, 2-2, f° 253 r° / 214 r°.

> [...] *y continuamente me hazed saber de todo lo que en la obra se face y de toda la cosa de alla que cumplan a mi servicio que en ello me servireys mucho.*
>
> « [...] et faites-moi savoir en permanence tout ce qui se fait sur le chantier et tout ce qui là-bas importe à mon service, qu'en cela vous me servirez beaucoup. »

Ainsi écrit depuis Gérone en 1496 Ferdinand II à Iñigo López de Padilla et Aznar Ruiz. Les collectes d'informations, comme celles de Herrera ou de Ramiro, que l'on pourrait qualifier d'enquêtes, ont lieu au démarrage du projet. Mais elles peuvent être complétées par des rapports de situations. Modestes pour certains, ils permettent à la fois de faire mémoire et de justifier d'une décision. Ainsi, en 1493, Jean de Launay fait un rapport au capitaine général à Perpignan pour l'informer que les travaux du château de Salses ont été remportés à l'encan par Berenger Camens et maître Pere Mihepe, dont les prix étaient les plus bas[89]. En 1499, maître Pedro Casa, qui n'apparaît d'ailleurs dans les comptes qu'à cette occasion, est payé pour 10 jours « où il est allé visiter le chantier de Collioure, où il était parfois avec maître Ramiro[90] ». D'autres de ces rapports sont en revanche de véritables outils de décision. C'est le cas au début de l'année 1503, à la veille du siège des Français, quand Antonio de San Martín envoie à Ferdinand II un rapport sur les travaux restants à faire dans la forteresse pour qu'elle soit pleinement opérationnelle[91]. L'intérêt de ce rapport est qu'il propose trois moyens d'appréhender la situation pour le roi : une évaluation technique des travaux restants à effectuer, dont l'ampleur est estimée en cannes[92] ; une évaluation financière chiffrée des matériaux engagés[93] ; et une conclusion sous forme de préconisations quant à la hiérarchie et la priorité des travaux à mettre en œuvre[94]. La structure de ce rapport montre comment l'enquêteur, Antonio de San Martín, présente les informations au roi pour que ce dernier soit en mesure de se faire une idée de la situation, mais également soit à même de prendre des décisions quant à la suite à donner. Ainsi, il présente les travaux par grandes phases, ce qui permet

89 ADPO, 1B 413, f° 59 r°.

90 Nous n'avons malheureusement pas le rapport qui a résulté de cette inspection. AGS, CMC, 1ª ep., leg 1000, f° 365 v°.

91 AGS, Guerra Antigua (désormais GA), leg. 1315. Voir annexe p. 225.

92 *Ibid.*, f° 127-128 et f° 222.

93 *Ibid.*, f° 201.

94 *Ibid.*, f° 186.

au roi de se représenter clairement les sites prioritaires. Il distingue les travaux de la Tour de l'Hommage de ceux des murailles, dont il fait l'évaluation séparément, puis propose un total général en cannes, comme cela a pu être documenté ailleurs (Bernardi et Mignon, 2001). Cette évaluation à l'unité de mesure permet au roi de se faire une idée globale du budget que cela peut engager, dans une estimation médiane, hors des considérations des fluctuations du marché local. En effet, quand San Martín évalue les travaux encore à la charge de maître Pedro, à prix-fait, il jauge le coût de la canne à 2 000 mrs[95]. Ces estimations doivent majoritairement concerner la main d'œuvre, puisque les matériaux sont évalués à part, ainsi que les « extras ». En fragmentant ainsi l'information, l'enquêteur permet au souverain de réfléchir par pôles de dépenses et par tâches, et il lui offre les moyens de prendre les décisions adéquates en termes de priorités.

Pour obtenir une information de qualité, ou en tout cas suffisamment experte pour pouvoir en tirer des actions pertinentes, les rois doivent choisir avec soin l'agent à qui ils confient le diagnostic. Antonio de San Martín, qui a écrit ce rapport de 1503, avait déjà été mobilisé par les Rois Catholiques en 1498[96]. Ce commandeur de l'ordre de Saint-Jean de Jérusalem est ingénieur artilleur. Il avait en 1495 été chargé de renforcer le château Saint-Ange à Rome pour Alexandre VI. Son expertise n'est plus à prouver. Le rapport qu'il avait déjà fait en août 1498 pour les Rois Catholiques donne de précieuses informations quant au parcours de diffusion des informations et des recommandations[97] :

> *Yo soy ydo muchas veses e agora* [*sic*] *a tres dias a Salsas que tenian fecho el çimiento de la mitad del moneo de la torre que esta entre los baluartes, e desinado las lonbarderas e todo lo que en ello se ha de haser e por capitulos con el governador e maestre Ramiro los quales enbio a vuestra altesa y el traslado dellos dexo al capitan general por que lo faga esecutar [...] Ya tengo dicha toda mi opinion al governador de lo que ha de faser para estar seguro en Salsas [...]*

> « J'ai été plusieurs fois, et désormais trois journées, à Salses où l'on a fait les fondations de la moitié du moineau de la tour qui est entre les deux boulevards, et j'ai dessiné les canonnières et tout ce qu'il y faut faire, ce que j'ai mis par écrit avec le gouverneur et maître Ramiro, ce que j'envoie à Votre Altesse ; j'en ai laissé la copie au capitaine général pour qu'il en fasse exécution [...]

---

95 *Ibid.*, f° 222.
96 *Ibid.*, f° 186.
97 AGS, GA, leg. 1315, f° 186.

> J'ai déjà donné mon avis complet au gouverneur sur ce qu'il doit faire pour être en sécurité à Salses [...] »

Comme on peut le constater, après cette visite de plusieurs jours, l'expert informe les Rois Catholiques sous deux formes : un rapport écrit, structuré puisqu'il précise qu'il a couché ses observations « *por capitulo* », et un dessin explicatif. Surtout, s'il informe bien évidemment Isabelle et Ferdinand, il a aussi présenté son avis, probablement à l'oral, au gouverneur, et a dressé une liste de tâches à réaliser au capitaine général. Il n'attend donc pas le retour des Rois Catholiques pour lancer les opérations, ce qui semble indiquer qu'il avait un blanc-seing de leur part. En tout cas, l'information emprunte divers canaux et se diffuse selon plusieurs modalités. Exemple complémentaire : en 1496, maître Ramiro envoie directement à Isabelle et Ferdinand une lettre, sous forme de préconisation et de bilan, et un rapport[98]. Les rapports et enquêtes informatives ne sont donc pas forcément connus de tous, et les avis des experts peuvent être réservés au seul roi. Ainsi, quand en 1497 « on » a rapporté aux Rois Catholiques que la forteresse n'était pas assez solide[99], ils exigent immédiatement que don Sancho fasse un rapport de situation. Il est impératif, aux vues des retours négatifs que les souverains ont eus sur l'état de la forteresse que cette contre-expertise se fasse rapidement, et dans le plus grand secret[100] :

> [nous] ordonnons que sur-le-champ vous preniez avec vous secrètement trois ou quatre personnes très entendues parmi celles que vous jugerez des plus aptes à cela et, sous serment, recueillez leur avis sur cette affaire et avec le vôtre faites nous le savoir au plus tôt.

Les rois ont donc intérêt à multiplier les sources d'informations pour avoir une vision claire. Le développement de la documentation écrite n'exclut pas l'usage de l'oralité et le maniement du secret (Santamaria, 2018, p. 10). Le gouvernant cherche le bon conseil, celui qui fera de lui un roi avisé. Mais on voit que le roi cultive le cloisonnement de l'information, faisant de la discrétion bureaucratique un atout pour prendre les décisions politiques justes (*Ibid.*, p. 211). Cette discrétion,

98 ACA, Real Cancillería, registros, curie secreti 10, reg. 3614, f° 87.
99 AGS, CCA, CED, 2, 2-2, f° 315.
100 *Ibid.*, traduction de René Quatrefages.

acquise par serment des agents, ou par signature de leur nom du rapport[101], comme dans l'affaire des « *doblas* à la suie », induit aussi le discernement (*Ibid.*, p. 212), c'est-à-dire la capacité pour ces hommes à distinguer le bien du mal, le vrai du faux, le bon du mauvais. Solliciter ainsi les expertises lors de situations complexes est une pratique courante. Multiplier les avis, discrets ou publics, permet donc au prince de forger le sien. L'objectif final est d'atteindre la justice, dans les choix et les décisions, « *de manera que la verdad no se puede encobrir* » – « pour que la vérité ne puisse être occultée[102] » –. Dans cette affaire, il est intéressant de voir qu'au final, à partir des lettres écrites en août 1497[103] mettant en doute la solidité de la construction, les rois ont demandé leur avis à Gonzalo de Ligon sous forme de questions posées par écrit[104], puis d'un rapport de don Sancho, qui s'était déplacé pour enquête avec maître Ramiro et « les personnes idoines », ainsi que d'un autre rapport à maître Pedro. C'est donc sereinement que les souverains peuvent conclure le 29 octobre 1497 que[105] :

> Il est apparu que cette œuvre est très bien et durable et sans aucun défaut, nous sommes convaincus puisqu'à vous [don Sancho] et aux autres elle a paru bonne et qu'elle doit être telle que vous le dites.

Convaincre et se convaincre, donc.

Enfin, les Rois Catholiques peuvent aussi avoir écho de leur chantier par les voies moins administratives et techniques. Quand Piedro Martire d'Anghiera (1670, Epst. CCXXVIII) se rend en Égypte en 1501, missionné par les Rois Catholiques, il passe à Salses et en profite pour leur faire un rapport de ce qu'il y voit. Cet humaniste italien qui fait sa carrière à la cour d'Isabelle et Ferdinand donne une image très optimiste de la forteresse, où l'on peut déceler sous la plume l'avis précautionneux du courtisan :

> *Munitur arx hujus oppiduli muris pedum decem et septem latitudine, calce, bitumine lapidibusque robore miro, constructis, sic ut sustinere Gallorum impetus queant, si sese*

---

101 AGS, CCA, CED, 2, 2-2, f° 324 v° / 285 v° : « [...] *y ayas ver informacion de todas las personas que vos conoscays que vos podran bien informar y aquella firmala de vos nombres nos haced enviar* [...] ».

102 *Ibid.*

103 *Ibid.*, f° 315.

104 *Ibid.*, f° 347.

105 AGS, CCA, CED, 2, 2-2, f° 347. Traduction René Quatrefages.

> *moverint ad Hispanos fines perturbando. Ibi locata degunt presidia. Quid futurum sit, nescio. Ex praesentis rei adspectu tormentis omnimodis fore, ut obsistere queat, potest jure merito judicari. Magnus est operariorum numerus, architectorum ingens cura, sed non minore opus esse percipio.*
>
> « La citadelle de cette place forte est fortifiée par des murs de 17 pieds de large, construits en chaux, béton et pierres d'une solidité extraordinaire afin qu'ils puissent résister aux attaques des Français. À en juger par son apparence actuelle, il est raisonnable de penser qu'elle puisse résister à toutes sortes de machines. Il y a un très grand nombre d'ouvriers et une admirable maîtrise des architectes, mais je ne pense pas qu'il y ait besoin de moins ».

Même si on sent le ton flatteur et le manque d'expertise de l'universitaire italien, ce genre de compte-rendu est aussi source d'information pour les rois, leur permettant de se rassurer ou de se convaincre.

ADAPTER LES PROCESSUS ADMINISTRATIFS

Les chantiers de Salses et de Gérone parlent jusqu'à présent surtout de contraintes : espace, temps, urgence, ressources… Le rapport des souverains à leurs chantiers est une démonstration de l'exercice de leur volonté sur le territoire. L'État moderne en germe passerait par une phase de mise en processus et de bureaucratisation de l'administration. Cependant, les deux dossiers montrent surtout au chercheur des capacités de flexibilité et d'adaptation très fortes aux situations locales. En substance, c'est peut-être cette ingéniosité à transposer un cadre général à une situation particulière, et faire fonctionner les procédures tout en les adaptant qui serait la marque d'une administration en pleine mutation.

LES PROCESSUS « AGILES »

La flexibilité est traditionnellement invoquée pour expliquer des réorganisations ou des aménagements dans les organisations du travail et les processus de production (Ughetto, 2016, p. 206-208). Face aux contraintes, les entreprises surtout, mais également les administrations, sont poussées à des ajustements. Dans le cadre de la réflexion sur l'administration des chantiers, c'est une flexibilité interne qui traduit les stratégies mises en œuvre pour trouver en elle-même les ressorts de son adaptabilité aux situations et contraintes. Flexibilité, agilité, réactivité sont ainsi trois notions qui se répondent pour envisager la capacité de l'État – ou de l'entreprise même si ici nous n'envisagerons pas le cas – à s'adapter aux obstacles (Roubelat, 2007, p. 44-45). Bref, il faut pour les administrateurs être en mesure de s'adapter au changement pour atteindre leur objectif, plus que se conformer au suivi d'un plan (Highsmith, 2002).

Pau Badia, assiégé à Gérone en 1462, tombe malade[106]. Or l'assistant du trésorier royal est une pièce indispensable dans les rouages administratifs du chantier. Son absence ralentit la bonne conduite des paiements. Qu'à cela ne tienne : les quittances à son nom sont écrites par un homme au niveau de compétences équivalent, en tout cas en termes de littératie et numératie : Guillem Andreu, marchand[107]. Il le remplace donc, mais surtout, il bénéficie d'un transfert de pouvoir puisque la quittance permet de libérer les fonds nécessaires aux dépenses. Qui plus est, l'indisposition de Badia se prolongeant dans le mois d'août 1462, c'est Narcís de Sant Dionís lui-même qui produit des quittances[108]. Or les quittances de Badia libèrent les sommes demandées par Sant Dionís. Ce dernier en vient donc à avoir en main tous les outils administratifs pour débloquer des paiements, sans contrôle extérieur. Mais, face à la situation déjà difficile, à la faible main d'œuvre administrative sur place, la procédure est adaptée pour ne pas ralentir le cours des choses. C'est une solution de souplesse et surtout de simplification qui est retenue. C'est ce fonctionnement pragmatique qui prévaut également dans la gestion des recettes[109].

> *Altres rebudes fetes de guiatges atorgats a diverses peroquies e persones arabo de I flori dor per foch les quals per star pus clar hen deliberat posar a part de les altres per ques mostre discretament que es stat reebut de quescune peroqia e no stigue mesclat com el la maior part sie reebut en diverses partides e jornades.*

---

106 ACA, Real Patrimonio, Maestre Racional, Tesoreria real de Aragon, Libros ordinarios de la tesoreria de la reina, Volumenes, General, nº 0547, 1462, fº 14 rº.

107 *Ibid.* : « *Item a XIII del dit mes* [août], *per albarà del dit Pau Badia, scrit, per sa indisposicio, per en Guillem Andreu mercader, de Gerona, he donat al dit mossèn Sant Dionis per vint e hun homens* [...] ».

108 *Ibid.*, fº 22 rº : « *Item, lo dit die, per albara de mossèn narcis de Sant Dionis fet a XXIII del prop passat mes de agost en lo qual temps feye semblants albarans, he donat an Bernat Bisbe, treginer, per treginar cals e arena* [...] ».

109 *Ibid.*, fº 8 rº.

« Autres recettes des laissez-passer accordés à diverses paroisses et personnes à raison d'un florin d'or par feu, lesquelles nous avons décidé de les mettre à part des autres pour être plus clairs [et] pour qu'elles montrent discrètement ce qui a été reçu de chaque paroisse et que cela ne soit pas mélangé avec le reste reçu en diverses fois et journées ».

Besoin de s'y retrouver rapidement, d'avoir une vision plus claire de la situation, de simplifier : autant de principes poussant à une grande flexibilité dans l'application et le respect des procédures. *In fine*, c'est l'intérêt du souverain qui prime : si la procédure prévue contraint et si l'adaptation libère, il n'y a aucune raison pour se priver d'une salutaire mutation. Ainsi, si une décision est prise, mais qu'une autre solution se fait jour, dans l'intérêt du trésor, du service du roi et des objectifs du projet, les agents sont libres de la soumettre[110] :

Los destajos de las cavas y otras cosas desta calidad que se puede hacer a provecho de la hacienda sin traer daño a las obras y lo de los gavaches que decis y todas las otras cosas en que veais en que pueda ser servido y las obras aprovechadas todas se hagan y aprovechan como todos vieren des que mas sea servido y todas estas cosas en que veais que recibo servicio las comunicad todos los que mando que entendeis en esto con el conde y con el obispo de Urgel por que segun quieren y deso an mi servicio ellos veran y aun buscaran las mejores maneras que se puedan haber para que todo se haga como mas servido sea.

« Pour les prix-faits des fossés et autres choses du même genre qui peuvent se faire au bénéfice du trésor sans porter préjudice aux travaux, ainsi que ce que vous dites des "*gavaches*[111]" et toutes les autres choses que vous jugeriez nécessaires à mon bon service et profitables aux travaux, qu'il y soit procédé en tout comme vous estimerez tous que je sois le mieux servi et toutes les choses que vous estimez nécessaires à mon bon service, communiquez-les-moi, afin que tous ceux à qui j'ordonne de s'en occuper avec le comte et l'évêque d'Urgell puissent voir et en outre rechercher les meilleurs moyens possibles pour que tout se réalise pour mon meilleur service ».

La fluidité des processus traduit le dialogue mis en place entre les souverains et leurs agents, et dénote la confiance en leur jugement. En mars 1497,

110 AGS, CCA, CED, 2, 2-2, f° 323 r° / 284 r°.

111 Le terme « *gabacho* » désigne péjorativement les Français pour les Castillans, ou les habitants des contreforts des Pyrénées pour les Catalans. Le mot désigne toute personne bourrue qui « descend » (des montagnes, au sud etc.). Il est attesté légèrement plus tardivement (1530 selon Coromines, 1973). La lecture du mot ne faisant pratiquement aucun doute dans le document, nous proposons cette transcription, même si le sens n'est pas tout à fait clair, et dénoterait un ton très péjoratif de la part du secrétaire royal.

le roi et la reine écrivent en ces termes à don Enrique de Guzmán, leur capitaine général[112] :

> [...] *en lo que decis de la fortaleza a la puente de la Salsas que el gobernador ha dicho que tomara cargo de hacer, bien sera que lo platiqueis con maestre Ramiro y veais con el de que condicion ha de se resta fortaleza y de que ha de ir labrada y en que tiempo la dara acabada y nos enviais luego la relacion dello por que vista vos enviamos a mandar lo que habeis de hacer* [...]

> « [...] sur ce que vous dites de la forteresse au pont de Salses dont le gouverneur a déclaré vouloir se charger de la réalisation, et serait bien que vous en discutiez avec maître Ramiro et voyiez avec lui de quelle nature doit être cette forteresse et comment elle doit être construite et dans quel délai il la livrerait terminée et vous nous enverrez tout de suite le compte-rendu de cela pour que l'ayant vu nous vous fassions parvenir les ordres que vous devrez suivre [...] »

Il ne faut pas cependant penser que toutes les remarques et idées remontées par les agents de terrain trouvent automatiquement grâce aux yeux des Rois Catholiques et de leurs conseillers proches. Leur rôle ne se réduit pas à celui de donneurs d'ordres dont ils ne seraient pas à l'origine. Ainsi, la proposition faite en mars 1497 par don Enrique pour simplifier les paiements en limitant le personnel intervenant reste lettre morte[113] :

> [...] *decis que vos parece que el gasto destas obras se debia hacer por mano de un pagador y no de tantos, bien seria como vos decis si las pagas no fuesen diferentes por que como vos sabeis la paga de sueldo sa paga de un dinero y es a cargo y cuenta de Juan de la Torre y de Diego de Tordesillas en su nombre y el cargo de la otra paga asi de la demasia de mas del sueldo como de los ortos gastos de las obras es a cargo de Gavriel Sanchez nuestro tesorero y desta causa no se puede ser que se pague por otra via mas pues alla es llevado bien recaudo de dinero, bien hay manera para que lo ordeneis por la orden que antes vos habemos escrito* [...]

> « [...] vous dites qu'il vous semble que la dépense de ces travaux devrait se faire par la main d'un payeur et non plus de plusieurs ce serait effectivement bien si les paiements n'étaient pas différents car, ainsi que vous le savez la paie de la solde est faite sur certains fonds et relève de la charge de Juan de la Torre et de Diego de Tordesillas en son nom, et la charge de l'autre paie ainsi que du surcroît de la solde, de même que les autres dépenses des travaux relèvent de Gabriel Sanchez notre trésorier et pour cette raison il n'est pas possible de payer par une autre voie, mais puisque là-bas on a transporté une

112 AGS, CCA, CED, 2, 2-2, f° 316 r° / 277 r°.
113 *Ibid.*, f° 316 r° / 277 r°.

bonne quantité d'argent il y a bon moyen pour que vous l'ordonniez selon l'ordre que précédemment nous vous avons écrit [...] »

La flexibilité dans l'application des processus mis en place se manifeste surtout, pour l'enquête qui est la nôtre, dans l'épisode dramatique de la mort de don Enrique Enríquez de Guzmán. L'homme, pris dans une embuscade à Perpignan et touché à la tête, meurt des suites de cette blessure en mai 1497. Or, il est un élément central des dispositifs d'enquête, de gestion logistique et de contrôle des comptes. Il faut donc rapidement modifier et adapter la procédure de gestion du chantier. Deux cédules sont immédiatement envoyées : la première à Juan de Valladolid, la seconde à don Sancho de Castilla. Pour gérer l'urgence, les Rois Catholiques décident dans un premier temps – don Enrique n'est pas encore mort à cette date – de simplifier les étapes administratives, et de s'appuyer sur une équipe réduite d'hommes qui assumeront la charge. C'est l'objet de la cédule envoyée le 17 mai à Juan de Valladolid[114] :

Y todas las copias de las pagas de la gente de labor y otros gastos de las obras hasta que Dios mediante don Enrique este sano se firmen de don Sancho de Castilla y de vos y de Garcia de Herrera y de maestre Ramiro ; y de todo se tome la cuenta y razon como don Enrique hacia tomar y maestre Ramiro deba estar lo mas del tiempo en la obra mas necesaria y vos en la otra y Garcia de Herrera en otra y continuamente andad visitando una parte a otra poniendo en todo el recaudo que convenga [...]

« Et [que] toutes les copies des paiements aux ouvriers et autres dépenses, jusqu'à ce que Dieu aidant don Enrique recouvre la santé, soient signées de don Sancho de Castilla et de vous [Juan de Valladolid] et de Garcia de Herrera et de maître Ramiro ; et qu'on fasse les comptes de tout comme faisait don Enrique et maître Ramiro doit être le plus souvent sur le chantier qui nécessite le plus sa présence et vous [Juan de Valladolid] sur un autre et Garcia de Herrera sur un autre et ainsi continuellement allez visiter d'un endroit à un autre en mettant tout le soin qui convient [...] »

La copie adressée à don Sancho de Castilla le même jour confirme l'ordre, en focalisant le rôle de ce dernier sur le volet administratif et gestionnaire, délaissant les détails techniques des inspections de chantiers[115] :

Don Sancho de Castilla mi capitan por que a mi servicio cumplo que entre tanto que Dios mediante don Enrique este bueno entendais vos con maestre Ramiro y

114 *Ibid.*, f° 321 r° / 282 r°.
115 AGS, CCA, CED, 2, 2-2, f° 321 r°-321 v°.

> *Juan de valladolid en lo de las obras deste condado por rende yo vos encargo y mando que con mucha diligencia lo pongais en obra por manera que mediante el tiempo de la labor se pueda labrar todo lo necesario y las copias de todo lo que se gastare habeis de firmar vos y maestre Ramiro y Juan de Valladolid y Garcia de Herrera y aveis de tomar de todo la cuenta y razón que don Enrique hacia tomar por manera que en todo ello haya aquel recaudo y diligencia que de vos se espera en lo qual mucho servicio recibire y de lo que en todo se hace me haced saber continuamente.*

> « Don Sancho de Castilla mon capitaine, parce qu'il plait à mon service que rapidement si Dieu le veut don Enrique se remette, il est entendu qu'en ce qui concerne les chantiers de ce comté, je vous charge vous, avec maître Ramiro et Juan de Valladolid, pour m'en rendre des comptes et ordonne que vous mettiez beaucoup de soin dans ces chantiers de sorte que dans le temps de travail, on puisse travailler tout le nécessaire, et les copies de tout ce que vous dépenserez vous aurez à les signer vous et maître Ramiro et Juan de Valladolid et Garcia de Herrera et vous devez pour tout rendre compte comme don Enrique le faisait de façon qu'en tout il y ait ce soin et cette diligence de nous espérons de vous pour mon service et que de tout ce que vous faîtes vous m'informiez continuellement. »

Désormais, don Enrique n'ayant pas survécu à sa blessure, le personnage central du processus administratif est Diego de Tordesillas. La nouvelle procédure, adoptée très rapidement, dès le mois de juin, met l'accent sur la production des écrits justificatifs, des copies totales ou partielles des postes de dépenses, et sur la validation des écrits produits[116]. Nous avons la chance, à ce sujet, d'avoir un registre qui est l'application de cette procédure de 1497 : le registre des comptes de 1498 de Diego de Tordesillas[117]. Contrairement aux autres comptabilités, il est organisé selon deux modes : on y trouve les livres de dépenses ordinaires et extraordinaires des chantiers[118], où les *nominas* recensent les salaires des ouvriers, organisés par équipes[119], puis des dépenses classées thématiquement : prix-faits[120], matériaux[121]… Il est donc fort probable que nous ayons ici en main une copie de la synthèse des comptes validée par don Sancho, Juan de Valladolid, maître Ramiro, les inspecteurs

116 Voir encadré 8, p. 95.

117 AGS, CMC, 1ª ep., leg. 1873.

118 Salses à partir du f° 299 r°, Collioure à partir du f° 449 v°.

119 Pour Salses, cette partie s'étend du f° 299 r° au f° 434 v°, pour la période mars-juin 1498.

120 F° 433 r°-438 v°.

121 Briques et tuiles : f° 439 r°-f° 441 r° ; chaux f° 441 v°-f° 444 r° ; pierres f° 444 v°-f° 449 r°.

et le procurateur royal. Il s'agit donc d'une compilation, mettant en lumière la structuration d'un « réseau documentaire » (Bertrand, 2015, p. 244). La liasse 1874[122] est, elle, le livre de comptes, sans l'adjonction des copies à part des comptes matériaux et fournitures. On peut supposer qu'elle est le livre de compte tenu par Diego de Tordesillas ou sa copie, à moins que ce soit une copie du « registre des dépenses, achats, soldes et salaires ».

Il est important de remarquer que cette adaptation n'est pas une « révolution » administrative, qu'elle ne met pas en place des procédures nécessairement très innovantes, sans parler toutefois de « conformisme ». Cependant, si on reprend les organisations mises en place depuis le début des travaux, on ne peut de constater la souplesse et l'inventivité des Rois Catholiques en matière de gestion et de production d'écrits : deux procédures ont été mises en place en 1495, trois en 1496, dont une spécifique aux équipes de Galiciens, deux en 1497 et une encore en 1498. C'est cette flexibilité qui est remarquable et à souligner. Elle s'était déjà traduite par la gestion de l'urgence et la capacité à hiérarchiser les tâches et opérations, quitte à réduire les intermédiaires et modifier les modalités d'action. C'est le choix fait en 1496 pour activer le démarrage des travaux d'Elne, de Salses et de Collioure[123] :

> *[...] y que labres siempre en Salses como os dira don Enrique y que sobreseays por ahora en las otras lavores ; para estas Casafranca dara lo que necessario fuere y screvid me que es lo que deve necessidad de repararse en la ciudad de Euna demas de lo de la fortaleza.*

> « [...] et que vous travailliez toujours à Salses comme vous le dira don Enrique, et que vous sursoyiez pour l'heure aux autres travaux ; pour cela Casafranca donnera le nécessaire et écrivez-moi pour ce qu'il est nécessaire de réparer à Elne en plus de la forteresse. »

On retrouve également cette adaptabilité dans la capacité des Rois Catholiques à revoir leurs plans et à débloquer des fonds extraordinaires si le contexte l'impose, comme après l'inspection de maître Ramiro en octobre 1495[124]. Les souverains procèdent donc à une actualisation constante de la norme (Schrimpf-Patey, 2019, p. 49). Ils font preuve

---

122 AGS, CMC, 1ª ep., leg. 1874.
123 ACA, Real Cancillería, registros, curie secreti 10, reg. 3614, fº 85 vº.
124 AGS, CCA, CED, 2, 2-2, fº 105.

de capacité d'adaptation et d'interaction, ce qui est une des marques de la « première modernité » renaissante (Jouanna, 2002). Cependant, cette agilité administrative est assez peu retenue comme critère de progrès ou en tout cas comme marqueur de la bureaucratisation des États naissants. Les historiens ont volontiers, depuis quelques années, scruté les évolutions et dynamiques de l'écrit, du document produit, mais assez peu interrogé le système dans lequel il s'inclut (Dewez, 2019, p. 7), ou l'adaptation des agents, surtout les courtisans, aux nouvelles modalités curiales (Gamero Igea, 2015). Le terme de « bureaucratie » ayant une forte connotation négative, on a du mal à y voir, même dans les premiers temps de sa mise en œuvre, souplesse, dynamisme et réactivité. Or l'enquête sur les chantiers de la frontière roussillonnaise nous pousse à penser qu'elle est plastique et malléable, et que les souverains savent parfaitement discerner les enjeux pratiques de leurs projets. Leur capacité d'*action*, leur pouvoir d'*agir*, embrassent aussi les procédures administratives.

UN ÉDIFICE ADMINISTRATIF SOLIDE

Mettre en place des procédures administratives, placer les hommes de confiance aux postes clefs, produire la documentation nécessaire au bon fonctionnement de l'ensemble sont les étapes de gestion indispensables à la bonne conduite du chantier. Cependant, cela ne semble pas être assez. Il apparaît en effet lors de l'enquête que nous avons menée que quatre temps forts sont particulièrement visibles dans la documentation. Ils semblent être autant de verrous pour solidifier l'ensemble de la démarche, tout en induisant un effet cliquet.

Ordonner et engager

La première étape administrative est l'ordre, donné par le souverain ou par son délégué, de démarrer ou d'effectuer les travaux. On pourrait se poser des questions autour de cet ordre donné. Le roi ordonne, voilà tout ? Ce serait un peu réducteur quant à la conception de l'État, naissant ou non[125]. Quels sont les mécanismes qui sous-tendent cet ordre ?

125 « [...] *La autoridad de la corona no puede medirse simplemente en términos de su capacidad para mandar y obligar pues para ello actuaba a través de su capacidad para invocar y movilizar la participación de la sociedad política* » (Ladero Quesada, 1994, p. 36).

C'est un moment primordial, évidemment, car le manque de directives ralentirait le chantier. Les Rois Catholiques en sont très conscients. Ils écrivent en 1497 à don Enrique[126] :

> [...] *bien hay manera para que lo ordeneis por la orden que antes vos habemos escrito como la que de las obras este continuamente bien pagada y por falta desto las obras no cesen.*
>
> « [...] il y a bon moyen pour que vous l'ordonniez selon l'ordre que précédemment nous vous avons écrit, et aussi pour que les travaux soient payés constamment et qu'ainsi ils ne s'arrêtent pas [faute de décision]. »

L'ordre donné n'est pas un choix. Il doit être appliqué, car il est le garant de l'avancée cohérente du projet. Le choix des mots utilisés par les souverains parle de lui-même : « [...] nous vous envoyions les ordres que vous devez exécuter[127] », « [...] nous ordonnerons de pourvoir ce qu'exigera votre service[128] », « les choses que vous, le commandeur maître Ramiro, Dieu aidant et sa glorieuse Mère, devez faire [...][129] », « [...] l'ordre que vous devez avoir pour les travaux de Salses est le suivant[130] » etc. Le vocabulaire est du même acabit pour les ordres, beaucoup plus directs vu le contexte, donnés par la reine à Gérone : « [...] à moi commandé et imposé par l'Excellentissime Seigneuresse dona Johana [...][131] ». Le souverain doit ici rappeler à ses agents qu'ils sont à son service, et doivent répondre impérativement à ses demandes[132] :

> *Juan de Valladolid contino de nuestra casa [...] en cuanto a lo de las obras por una mi instruccion vereis lo que envio a mandar por mi servicio entendais como aquello se provea y haga con aquella fidelidad y buen recaudo que conviene y a mi servicio cumple [...]*
>
> « Juan de Valladolid, gentilhomme de notre maison [...] en ce qui concerne les travaux par une de mes instructions vous verrez ce que j'ordonne pour mon service, voyez comment y pourvoir avec cette fidélité et le bon soin qui conviennent et importent pour mon service [...] »

---

126 AGS, CCA, CED, 2, 2-2, f° 316 r° / 277 r°.
127 *Ibid.*
128 *Ibid.*, f° 102 r°.
129 *Ibid.*, f° 105 r°.
130 *Ibid.*, f° 253 r° / 214 r°.
131 ACA, Real Patrimonio, Maestre Racional, Tesoreria real de Aragon, Libros ordinarios de la tesoreria de la reina, Volumenes, General, n° 0547, 1462, f° 1 r°.
132 AGS, CCA, CED, 2, 2-2, f° 323 r° / 284 r°.

Cette autorité s'applique aux fonctionnaires, mais plus largement à tous les sujets de Leur Majestés. L'évêque de Badajoz, par exemple, est ainsi fermement prié de fournir blé et avoine à la troupe casernée à Salses[133] :

> […] *de alla lo debeis escribir al obispo de Badajoz que de aca yo le enviare a mandar que cumpla lo que le escribieredes acerca desto* […]
>
> « […] et de là-bas vous devez informer l'évêque de Badajoz à qui je ferai donner l'ordre d'ici d'exécuter tout ce que vous demanderez en la matière […] »

Évidemment, promulguer un ordre ne signifie pas qu'il soit parfaitement et correctement appliqué comme le roi l'avait prévu. Il lui arrive donc de réitérer des ordres, tout en faisant savoir qu'il en est fort mécontent, ce qui peut interroger sur leur effectivité[134] :

> […] *no se ha comenzado la labor de Salsas y del proveimiento que para ello estaba acordado desto me ha desplacido porque ya sabeis cuanto cumple a mi servicio que aquello se labre, po rende por mi servicio que maestre Ramiro y vos con muchas diligencias entendais como luego se ponga en orden esta labor poniendo en ello el mayor recaudo que luego se pueda por manera que Dios mediante durante el buen tiempo que hay para la labor se pueda labrar todo lo necesario y el proveimiento que decis que para ello estaba acordado me ha parecido muy bien y asi mando que se haga* […]
>
> « […] les travaux de Salses n'ont pas pu commencer comme cela avait été décidé [et cela] m'a déplu parce que vous savez combien cela est important pour mon service, par conséquent et pour mon bon service, il convient que maître Ramiro et vous, avec beaucoup de diligence, décidiez immédiatement comment procéder à ce travail en y mettant le plus grand soin possible de manière à ce que Dieu aidant, pendant la bonne saison, on construise ou puisse construire tout le nécessaire ; et ce que vous avez prévu pour cela m'a paru très bien et ainsi j'ordonne que cela se fasse […] »

La répétition des ordres, et le fait qu'ils ne soient pas suivis, ne sont pas des cas isolés. Il semblerait que, distance aidant peut-être, certains capitaines prennent des initiatives qui ne soient pas du goût des monarques. Il leur faut donc non seulement les rappeler à l'ordre, mais également et encore une fois, leur rappeler qu'ils sont d'abord et avant tout à leur service. Ainsi, en 1496, don Enrique s'est permis quelques libertés, vite recadrées[135] :

---

133 *Ibid.*
134 *Ibid.*, f° 321 r° / 282 r°.
135 *Ibid.*, f° 273 r° / 234 r°.

Asimismo habemos sabido que disteis licencia al diezmo de la gente de la nuestras capitanias por tres meses contre la orden contenida en nuestras ordenanzas y sin tener licencia ni mandamiento para ello y sin nos consultar sobre ello, y como quiera que por los nuestros oficiales vos fue dicho que aquello ecedia del termino de la tregua y que no se debia hacer. Vos diçen que sin embargo de todo esto lo hicisteis de [que] *somos mucho maravillados hacer semejante cosa sin licencia ni mandamiento nuestro y siendo menester la gente ; luego nos enviades la relacion de todo por que nos sepamos que fueron las causas que vos movieron a ello ; y mandemos proveer sobre todo como cumpla a nuestro servicio, y de aqui adelante no conviene que se de licencia a persona alguna fuera de la orden de nuestras ordenanzas y asi vos mandamos que se haga y mandamos a los veedores y contadores que lo guarden y cumplan asi por que esto es lo que a nuestro servicio cumple.*

« Nous avons su également que vous avez donné licence au dixième de la troupe de nos capitaineries pour trois mois en contradiction avec la règle contenue dans nos ordonnances et sans autorisation ni ordre pour cela et sans nous consulter sur le sujet, et bien que nos officiers vous aient dit que cela dépassait le terme de la trêve et qu'il ne fallait pas le faire, ils nous disent que néanmoins vous avez fait tout cela et nous sommes très étonnés d'une chose semblable sans autorisation ni ordre de notre part et que la troupe soit nécessaire ; tout de suite, envoyez-nous un rapport de tout cela pour que nous sachions quelles furent les raisons qui ont motivé cela ; et que nous ordonnions de pourvoir en tout comme il convient à notre service, et dorénavant il ne convient pas de donner licence à personne en infraction avec la réglementation de nos ordonnances et ainsi nous vous ordonnons de faire et ordonnons aux inspecteurs et contrôleurs qu'ils observent et exécutent cela, puisque cela est ce qui est conforme à notre service. »

La question, sans réponse, est de savoir pourquoi le capitaine général s'est senti en droit d'aller contre les ordres des souverains. En tout cas, les éléments qui sécurisent le processus, en particulier ici les rapports envoyés par tous les fonctionnaires sur le terrain, ont fonctionné. Par la maîtrise de l'information, les Rois Catholiques ont pu intervenir et faire appliquer leurs volontés comme il se doit. En ce sens, le souverain sait se montrer ferme et dur envers ses agents, comme l'expérimente maître Ramiro en 1496[136] :

Maestre Ramiro mi voluntad es que por ahora no fazays lavores costosas salvo que repares en las fortalezas de Euna y de Cobliure lo necesario que excusar no se puede.

« Maître Ramiro, ma volonté est que pour l'instant vous n'engagiez pas de travaux dispendieux, excepté le nécessaire qu'il faut réparer dans les forteresses d'Elne et de Collioure, et je n'accepterai aucune excuse. »

136 ACA, Real Cancilleria, registros, Curie secreti, 10, reg. 3614, f° 85 v°.

Ferdinand II peut même utiliser la menace si vraiment la situation l'oblige, comme en 1502 quand il doit impérativement trouver des ouvriers pour terminer la construction de la forteresse, de plus en plus menacée par les Français. S'adressant au viguier, au bayle et aux *jurats* de Gérone, il leur certifie qu'il saura parfaitement ce qui se passe (Briand, 2016), et qu'ils feront l'expérience de son mécontentement, à la hauteur de « l'ennui et du manque de service » dont ils auront fait montre[137].

La caractéristique des ordres donnés par les souverains, Isabelle, Ferdinand II ou Johana Enríquez, est qu'ils sont précis tout en étant surplombants. Précis, car ils répondent à un projet, à un plan défini. Comme nous l'avons vu, ils mettent en place des procédures qui ne souffrent pas de l'à-peu-près. Surplombants, car en même temps, ils montrent la direction à suivre, sans toujours entrer dans les détails. Ces deux niveaux de lectures sont peut-être la trace des discussions entre les souverains, dont la connaissance des situations locales est générale, et leurs conseillers, plus au fait des détails des dossiers à suivre. Ce sont donc aux relais d'autorités de décliner l'ordre général, et de produire eux-mêmes une feuille de route. On a donc à faire à un commandement en cascade. Gardons-nous cependant de plaquer un caractère toujours fortement impérieux aux ordres transmis par les souverains. Quand le roi s'aventure dans le domaine technique, il est intéressant de voir qu'il délègue d'emblée la décision à qui s'avère être le plus à même de la prendre, même si cela ne l'empêche pas de donner un avis. C'est le cas en 1497 à propos de la situation de la chambre du gouverneur[138] :

> *Una cosa me ha paresçido que el retraimiento del alcaide que viene traçado en medio de la plaça de la casa que se deve de hacer a un escriva sobre la puerta principal de la casa por la una parte e por la parte que tenga lejor salida al campo y queste restraymiento se haga de manera que la obra no sea muy larga syno que se acabe justamente con toda la otra y que el baluarte de la puerta principal no sea quadrado salvo a la manera de los de Santa fe que vos hisystes. Esto me pareçe aca, mas sy alla otro mejor horden paresçiere, hagase con acuerdo del conde e del obispo de Urgel e de don Sancho de Castilla como vierdes que mas a mi servicio cumpla y pues veys quanto soy servido en que en estas obras se ponga mucho recabdo e diligencia e se acabe lo mas brevemente que ser pueda por servicio mio [...]*

137 AHG, Lletres Reials, du 25/07/1502, depuis Jadraque (Arnall Juan, 2000, p. 965) : « [...] *De altra manera, lo que no crehem, siau certs farem tal provisió que conoxereu bé per la speriència lo ennuig e deservey que reebríem* [...] ».

138 AGS, CCA, CED, 2, 2-2, f° 324 r° / 285 r°.

« La chose m'a paru que le logement du gouverneur qui est situé au milieu de la place de la forteresse doit se faire dans un coin sur la fausse porte pour avoir une meilleure issue à l'extérieur et que ce logement se fasse de manière à ce que sa construction ne soit pas trop longue, mais qu'elle se termine en même temps que tout le reste et que le boulevard de la porte principale ne soit pas carré sauf à la manière de ceux de Santa Fe que vous fîtes. C'est mon avis ici, mais si là-bas on estimait un meilleur ordonnancement qu'on le réalise avec l'accord du comte et de l'évêque d'Urgel et de don Sancho de Castilla comme vous jugerez qu'il convienne à mon service et puisque vous voyez combien je suis servi qu'en ces travaux on mette beaucoup de soin et de diligence et qu'on les achève le plus rapidement possible pour mon service [...] »

On a donc un rapport de confiance qui se met malgré tout en place. Le roi est à l'écoute, mais il est celui qui de toute façon décide. Ainsi, il tranchera dans le débat entre don Enrique et maître Ramiro en 1496[139] :

[...] *visto que toca al reparar de las fortalezas parece que hay alguna diferencia de vuestro parecer al de maestre Ramiro porque vos diceis que se debe reparar y fortificar Colibre y Elna y Clayran y maestro Ramiro dice que se debe reparar Colibre y Elna y Argeles, mas como quiera que esta todavia nos parece que es bien que se fortalezca Clayran todo quanto fortalecer se pudiere por que esta en la delantera y en el paso de todo este condado y asi vos encargamos y mandamos que se haga* [...]

« [...] il apparaît qu'il y a quelque différence entre votre avis et celui de maître Ramiro, en ce que vous dites que l'on doit réparer et fortifier Collioure, Elne et Claira et maître Ramiro dit qu'il faut réparer Collioure, Elne et Argeles ; mais quoi qu'il en puisse être, il nous paraît bien de fortifier Claira autant que possible, car elle est en avant-garde et sur l'entrée de tout ce comté, c'est pourquoi nous vous chargeons et ordonnons de le faire [...] »

Comment consolider cette confiance dont sont tributaires les décisions des souverains ? Faire prêter serment aux agents semble la solution la plus couramment retenue (Prodi, 1992 ; Agamben, 2009 ; Aurell, Aurell i Cardona et Herrero López, 2018). Selon Hiéroclès, le serment conserve l'ordre des choses et les rend stables, pour une garantie de la loi (Agamben, 2009, p. 10). À Gérone, en 1462, Pere Miquel tient ses comptes sous serment – « *migensant jurament*[140] » –. On jure ainsi de tenir un bon registre, et possiblement, d'en garder les informations secrètes (Santamaria, 2018, p. 129). En 1497, quand il s'agit de trouver

139 *Ibid.*, f° 278 r° / 239 r°.

140 ACA, Real Patrimonio, Maestre Racional, Tesoreria real de Aragon, Libros ordinarios de la tesoreria de la reina, Volumenes, General, n° 0547, 1462, f° 46 v°.

trois ou quatre experts – des « personnes très entendues » – pour une contre-évaluation de la situation sur le chantier de Salses, dont on a rapporté aux Rois Catholiques que la construction n'était pas durable, qu'elle avait des défauts et que les terrassements et fossés prenaient eau de toutes parts, ils précisent à don Sancho qu'il devait, « après serment », recueillir leur avis sur l'affaire[141]. Le serment est en effet un outil politique qui garantit la véracité du langage, qui assure la vérité de la parole (Benveniste, 1987 ; Dumézil, 1995). Il n'est donc pas étonnant qu'il soit vu comme une confirmation de la bonne foi des experts. La reddition de comptes de Johan Alcanya, lieutenant du procurateur royal Antonio Desvivers, pour les travaux effectués au château royal de Collioure en 1500, se fait sous serment[142]. La justification écrite, le registre de compte, s'adosse donc à une validation orale et morale. Le serment peut être lu comme un outil contre un possible déficit de *fama* personnelle de l'agent, qui entacherait toute la procédure (Gauvard, 1993). Le fonctionnaire met ainsi par le serment en jeu son honneur et sa respectabilité. Le souverain, quant à lui et dans un mouvement bien plus large (Gevertz, 2014 ; Richard, 2016 ; Buchholzer et Lachaud, 2014), utilise la parole donnée, héritage féodal s'il en est, comme lien et liant de l'institution de l'État en cours.

Également, et plus prosaïquement, un moyen de faire respecter ordres et délais est de payer par avance les officiers envoyés en mission, comme on le voit à Gérone en 1462. Par une opération d'*acurriment*, la trésorerie fait une avance par paiement anticipé. C'est l'équivalent catalan du « prêt à compter de la lettre de retenue » française (Lainé, 2015, paragr. 21). Pareillement, certains artisans sont payés par anticipation – *bestreta* – pour un prix-fait. Toujours à Gérone, on rencontre ainsi l'exemple de Francesc Rillot, entrepreneur de bâtiment – *mestre de cases* – payé par avance pour le forfait qu'il prend pour certains travaux au portail de Sant Cristofol[143].

141 AGS, CCA, CED, 2, 2-2, f° 347.

142 ACA, Real Patrimonio, Maestro Racional, volumenes generales, libro ordinario del procurador Antonio Desvivers, vol. 115, 1499-1500, f° 138 r° : « [...] *les quals obres e reparacions lo dit Johan Alcanya a donat compte per menut e ab jurament adverat* [...] ».

143 ACA, Real Patrimonio, Maestre Racional, Tesoreria real de Aragon, Libros ordinarios de la tesoreria de la reina, Volumenes, General, n° 0547, 1462, f° 26 v° : « *Item, a XXV del dit mes de octubre, per albarà del dit Nicholau Masdeval, he donat an Francesc Rillot, mestre de cases, per bestreta de certa obre que a preu fet fa a la casa dedicade a la sobreguayte prop Sant Christoffol* ».

Enfin, un dernier moyen pour les souverains de faire respecter leurs ordres est d'y inclure les acteurs, par adhésion au projet. En mars 1497, Garcia de Herrera doit ainsi enquêter pour savoir « si les gens sont contents de la paie ou se plaignent[144] » ou encore[145] :

> […] *si los tratan bien o si algunos tienen queja de algunos dellos y de que manera se hace con ellos y finalmente habeis de informar vos si toda gente asi la de caballo como la de pie asi la de guerra como la de labor si tiene contentamiento de sus capitanes y contadores y veedores y pagadores y si algunos hubieren quejas habeis de traer la razon por que y si les han hecho o hacen algunas demasias o sin razones por que nos seamos del todo informados.*
>
> « […] s'ils [inspecteurs, contrôleurs et commis aux écritures] les traitent bien et si quelques-uns ont motif de se plaindre et finalement vous devez vous informer, vous, si toute la troupe aussi bien la cavalerie que l'infanterie, aussi bien celle de guerre que celle d'œuvre, est satisfaite de ses capitaines et contrôleurs, inspecteurs et payeurs et si quelques-uns avaient des plaintes, vous devez en rendre compte pour que si on leur a fait quelques torts ou vexations nous en soyons totalement informés. »

La clef est encore une fois l'information et le renseignement, mais il est ici intéressant de noter que les souverains se soucient, ou en tout cas font mine de le faire, de l'avis des hommes du rang. Cette préoccupation, feinte ou non, est un moyen d'imposer une paix sociale sur le chantier, et de s'y faire respecter.

Rendre compte

Les procédures et processus reposent tous sur une action clef : celle de retracer l'activité et de justifier les dépenses et décisions. Les rapports et redditions de comptes sont par conséquent au cœur de l'édifice administratif.

Nous avons mentionné à plusieurs reprises l'importance des rapports d'information, qui témoignent des situations à la demande des Rois Catholiques et de leurs conseillers directs, ou dans une routine mensuelle ou hebdomadaire[146] de points d'étapes voulus par la procédure. Ils peuvent, à l'exemple de celui du prieur de Barletta ou de celui de

144 AGS, CCA, CED, 2, 2-2, f° 313 v° / 274 v°.

145 *Ibid.*, f° 313 v° / 274 v°.

146 En 1496, par exemple, maître Ramiro doit faire son rapport aux Rois Catholiques toutes les « deux ou trois semaines ». AGS, CCA, CED, 2, 2-2, f° 278 r° / 239 r°.

Piedro Martire d'Anghiera (1670) être des descriptions du chantier et du monument à un moment précis, avec un regard plus ou moins expert. Ils peuvent également être une projection dans l'avenir, complétant l'état des lieux par un devis des travaux à poursuivre et engager. Ces rapports sont des documents prospectifs, au sens où ils reposent sur l'avis et l'expertise de certains – Ramiro, Herrera ou San Martín – pour permettre aux souverains de décider et d'agir dans l'avenir, ou d'attendre, comme en 1496 où tous les travaux sont suspendus tant que le rapport de situation de Ramiro n'est pas parvenu à la cour[147]. Le discours des experts demeure cependant fragile face à la désicion prise au niveau de l'État. C'est un outil de prise de décision économique (Dewez et Tryoen, 2019, p. 6). C'est aussi le moment où le dialogue se noue entre le pouvoir central et les officiers locaux (Kerhervé, 1987, p. 375 et p. 414). Les comptabilités, où l'on tient comptes et desquelles on va rendre compte en fin d'exercice, sont de toute autre nature. Il s'agit de documents qui parlent du passé, d'un argent déjà dépensé et pour lequel il faut justifier décisions, emplois, et erreurs éventuelles. Ce temps est aussi celui où il est possible de faire un point le plus juste possible, pour avoir une vision du trésor au plus près de la réalité[148] (Beck, 2012, p. 3)[149] :

> *En lo que toca al dinero que falta para cumplimiento de la paga de LXXXXVI don Enrique y vos y Tordesillas nos escribisteis relacion bien creemis que con los siete cuentos que llevo don Sancho de Castilla e faltas de gente e mantenimiento aura cumplimiento para todo pero si por las copias deste fenecimiento de cuenta deste año faltare algo para cumplimiento desta paga dar se da orden como se cumpla luego y entre tanto por que no haya falta de dinero para la paga de los peones* [.] [*P*]*arte luego uno de Alfonso de Morales nuestro tesorero del extraordinario con recaudos de dinero.*

> « Au sujet de l'argent qui manque pour terminer la paie de 1496, don Enrique, vous [Juan de Valladolid] et Tordesillas, vous en avez fait rapport. Nous sommes convaincus qu'avec les 7 millions que don Sancho de Castilla a emportés et les diminutions de la troupe et de la munition, il y aura suffisamment pour tout et si, au vu des copies d'arrêtés de compte de cette année, il manquait quelque chose pour achever les paiements, ordre sera donné pour y satisfaire tout de suite ; et entre-temps, pour qu'il n'y ait plus de manque d'argent pour la paie des piétons [et] des ouvriers. Un agent d'Alfonso de Morales, notre trésorier de l'extraordinaire, partira rapidement avec les fonds nécessaires. »

147 ACA, Real Cancillería, registros, curie secreti 10, reg. 3614, f° 85 v°.

148 Cette véracité est cependant toute relative si l'on s'appuie sur l'exemple des comptabilités pontificales dont les totaux finaux sont justes, mais les totaux intermédiaires erronés (Bernardi, 2015).

149 AGS, CCA, CED, 2, 2-2, f° 306 r° / 267 r°.

Le temps de la reddition est un moment où l'agent est actif et responsable, même si, dans le dossier géronais, Pere Miquel ne semble pas disposé à endosser ses faux-pas ou négligences. Il est en effet intéressant de constater que les deux dossiers se complètent dans le niveau d'intériorisation éthique des obligations des agents (Weber, 1995). Pere Miquel arrive à l'heure de rendre des comptes avec des problèmes et des plaintes, les agents des Rois Catholiques à Salses se présentent plutôt avec des solutions. Le discours de Pere Miquel serait un support intéressant pour une approche d'anthopologie historique de la conception des responsabilités face à l'État. L'exercice de la reddition de comptes s'apparente en effet à un procès (Mattéoni, 2007, p. 34), où le commis en écriture, quel qu'il soit, doit expliquer et s'acquitter de la bonne gestion des fonds dont il avait la charge. On y trouve des éléments communs : le serment, le juge/examinateur, la volonté de justice et de vérité. L'exposé fait par le juriste géronais en 1463 expose bien les enjeux du moment[150] :

> *E los presents comptes los quals lo dit Pere Miquel advera e es prest e offer adverar* [...] *migensant jurament si exhigir se'n volra* [...] *integrament segons en aquells es contengut* [...] *posats* [...] *com es stat e es en ells dit* [...] *sua* [...] *en tal forma* [...] *ha res* [...] *o lexat ni posat de mes* [...] *que stan posats* [...] *axi en les reebudes* [...] *occorreran que haie* [...] *que degen star* [...] *si lo cars era* [...] *e no de certa sciencia ni per* [...] *dir, posar,* [...] *e levar, corregir e smenar* [...] *e apparra esser digne de enadir, posar,* [...], *corregir e smenar e encara declarar e interpretar tot quant hi sie duptos e freturera de declaració e interpretacio, e en cars que dupte e duptes alguns sien en aquells demane e requer e encare protesta que li sien comunicats e de aquells dada copia e sie hoyt a ple sobre aquells e en satisfaccions e deffensions sues les quals, Deu ajudant, donara justes, bones e clares indubitadament, protestant, mes avant, que per la present tradicio no li sie fet preiudici ans se pugue aiudar de la examinacio e apuntaments ja fets dels dits comptes ja examinats en temps passats per consell reyal en la ciutat de Gerona per lo noble capita qui lavores era e altres deputats per la magestat del senyor Rey. E ab lesdites protestacions e altres acustumades e degudes fer e posar en semblants actes dona los dits comptes dels quals requer lin sie feta fi e diffinicio degude e que en la examinacio sie haude consideració al temps quant era desbaratat e desviat que no era possible tenir ni servar lo orde e seremonies ni actes acustumats en altre temps reposat.*
>
> « Et les présents comptes, lesquels ledit Pere Miquel certifie [leur véracité] et est prêt et offre d'[en] donner preuve [...] sous serment si cela est exigé [...] totalement

150 ACA, Real Patrimonio, Maestre Racional, Tesoreria real de Aragon, Libros ordinarios de la tesoreria de la reina, Volumenes, General, n° 0547, 1462, f° 46 v°-47 r°. – Les feuillets sont malheureusement dans un triste état de conservation, ce qui rend la lecture difficile et tronque d'autant la transcription.

selon ce qui est contenu dans ces comptes [...] arrêtés [...] tels qu'ils sont et c'est dans lesdits [...] sa [...] de cette manière [...] a rien [...] ou laissé ni mis de plus [...] que ce qui est mis [...] de cette façon dans les recettes [...] advenait qu'il y ait [...] qui doivent être [...] si c'était le cas [...] et non consciemment ni par [...] dire, mettre, [...] et oter, corriger et amender [...] et apparait être digne d'ajouter, mettre, corriger et amender et encore déclarer et expliquer quand la déclaration et l'interprétation seraient douteuses et manquantes, et en cas de doute et que quelqu'un doute de celles-ci, [en cas de] demande, requête ou encore protestation qu'elles lui soient comuniquées et qu'on lui fasse copie et qu'il soit entendu pleinement sur celles-ci [pour réparer] l'offense et en sa défense, lesquelles, avec l'aide de Dieu, seront justes, bonnes et sans aucun doute possible claires, certifiant solennellement, de plus, que pour cette présente soumission, il ne lui soit fait préjudice sans qu'il ne puisse en amont s'aider de l'examen et des notes faits des dits comptes, déjà évalués auparavant par le conseil royal à Gérone, par le noble capitaine qui y était, et [...] les autres députés au nom de la Sa Majesté le Seigneur Roi. Et avec lesdites déclarations et autres habituelles et dûes et faites-en de pareilles circonstances, qu'il rende les dits comptes desquels on lui exige qu'ils soient fait et dûment clos et que dans l'examen soit entendu et pris en considération les temps qui étaient bouleversés et agités [et durant lesquels] il était impossible de maintenir ni de servir l'ordre et les cérémonies ni les actes accoutumés des temps de paix. »

On retrouve les mêmes éléments pour d'autres redditions, à des niveaux de décisions plus élevées, comme celle de Gabriel Sanchez, trésorier général d'Aragon, en 1498[151]. Sous serment – « *migensant jurament* » –, et autres solennités coutumières formant rituel (Mattéoni, 2007, p. 46-47), sur la base de la copie du registre de comptes servant de pièce justificative et déposée entre les mains de ses examinateurs[152], dont le *maestre racional*, l'agent doit justifier chaque élément, dépense comme recette. La commission compte également, dans le cas de Pere Miquel, avec Jachme Pallares, envoyé du roi avec procuration royale, et se tient en présence du capitaine de la ville. Pere Miquel s'explique avec l'assistance du *scrivà de ració* Manuel Bou et de March Mercader[153]. Une copie du registre est remise à l'occasion à Pallares pour qu'il la transmette au roi. Lors de la reddition de comptes de Gabriel Sanchez, il est intéressant de

151 ACA, Real Patrimonio, Maestre Racional, volumenes, serie general 661, libros de albaranes, libro de albaranes de Guillermo Sanchez, 1497-1500. Voir en annexe, p. 231.

152 ACA, Real Patrimonio, Maestre Racional, Tesoreria real de Aragon, Libros ordinarios de la tesoreria de la reina, Volumenes, General, n° 0547, 1462, f° 46 v° : « *Item pos en data per lo translat present dels presents comptes que he fet per liurar aquell al magniffich mossen lo mestre racional o a son scrivà o coaiudador* [...] ».

153 *Ibid.*, f° 43 v°.

noter que la commission s'est délestée d'un membre, Guillem Sanchez, son frère, récemment nommé *maestre racional*. Par équité, et pour éloigner toute suspicion de conflit d'intérêts – « *no fora cosa honestat* » –, c'est son lieutenant, Galceran Bertran, qui mène l'examen. La pratique veut par conséquent que les comptes soient rendus non pas en secret devant un seul, mais en secret devant une commission composée de plusieurs membres (Mattéoni, 2007, p. 44). L'examen est collectif, car il s'agit de la gestion du trésor de la collectivité, du bien commun. Le pouvoir éprouve à cette occasion la confiance qu'il a placée en son agent, et évalue ses capacités à tenir ses ambitions (Berland et Lemaigre-Gaffier, 2019). La commission a pour mission de « ouïr, examiner, liquider, discuter et clôturer » l'exercice comptable soumis. Pour plaider son cas – « *deffensions sues* » –, l'agent peut ou doit « ajouter, mettre, corriger, et rectifier, et encore déclarer et expliquer ». On rencontre le vocabulaire classique des phases d'audit de comptes, tel qu'on peut les retrouver à la chambre de Paris (Jassemin, 1933, p. 124-128). On invite les examinateurs à la vigilance sur certains points, que l'agent doit corriger – « *corrigatur* » –, expliquer – « *loquatur* » –, rectifier ou ôter – « *radiatur* » (Mattéoni, 2007, p. 51). Il insiste surtout sur le contexte dans lequel il a dû travailler. « Que l'examen ait en considération les temps de désordre et éloignés du bon chemin où il n'était pas possible d'avoir ni de servir l'ordre et la pompe ni même les actes habituels des temps de paix », plaide ainsi Miquel. Pour reprendre les mots de Valérie Theis et Étienne Anheim (2006, p. 167), les comptes sont bien ici une « représentation du monde » et non un reflet réel de celui-ci. Quant à Sanchez, il doit également justifier des redditions de comptes de ses receveurs qu'il a lui-même validés, « corrigé[es] et puni[es] » le cas échéant. Rendre des comptes ne fait pas obligatoirement l'objet d'une lourde procédure. Dans les livres ordinaires du procurateur Antonio Desvivers, on trouve par exemple la synthèse des sommes engagées pour les travaux faits au château royal de Collioure[154]. C'est Johan Alcanya, lieutenant du procurateur royal, qui lui rend compte[155] :

> *Les quals obres e reparacions lo dit Johan Alcanya a donat compte per menut e ab jurament adverat que monta la dita cantitat de les quals a fermado* [*sic*] *apocha en poder den Franci Reynart notaire a XIV de octobre de MD.*

154 ACA, Real Patrimonio, Maestre Racional, volumen general, libro ordinario del procurador Antonio Desvivers, vol. 115, 1499-1500, f° 138 r°.

155 *Ibid.*

« Desdites œuvres et réparations ledit Johan Alcanya a rendu compte en détail et sous serment certifiant du montant duquel il a signé une quittance détenue en pouvoir de Franci Reynart notaire, le 14 octobre 1500. »

Même si l'examen est de moindre ampleur, on retrouve les éléments clefs : le serment, le compte détaillé et sa justification, la clôture du compte, ici par quittance. Le fait que l'agent signe cette quittance montre qu'il est d'accord avec l'examinateur sur le bilan comptable. Un notaire, jouant ici le rôle à la fois d'officier royal et d'intermédiaire, suffit à enregistrer la fin de l'exercice par la production de l'*apoca* (Claustre, 2016, p. 102 et p. 110). La reddition n'est donc pas un temps exclusivement terminal, mais peut être une étape intermédiaire pour une comptabilité surplombante, c'est-à-dire plus synthétique, pour laquelle les comptes seront rendus plus tard. On rencontre ainsi un autre exemple, toujours dans les livres ordinaires d'Antonio Desvivers, en 1501 cette fois[156]. L'agent qui rend compte est ici Pere Ciffre, le maître des Œuvres royales, pour des travaux effectués au château royal de Collioure. Dans ce cas, Ciffre a justifié de ses comptes devant Baldiri Tallender, lieutenant du procurateur royal Desvivers, qui lui-même en fait mention lors de sa propre reddition de comptes devant le *maestre racional*. La reddition de compte se fait dans ce cas à la fin d'une tâche, et non selon un rythme correspondant à l'exercice annuel comptable[157].

La particularité de l'exercice est que ces hommes de plume puissent se faire entendre de la commission – « *sie hoyt a ple* » –. C'est le moment où leur voix résonne, pour faire un travail réflexif sur leur pratique. Mais ce temps est aussi un temps de mise en scène de l'agent par lui-même, prisme déformant entre norme et réalité. Pour le pouvoir, c'est un moment « d'exercice légitime du doute » (Allard, Carey et Renault, 2016, paragr. 16), mais surtout le moment où il manifeste sa domination, où il exerce tout son poids sur la pyramide administrative (Mattéoni, 2007, p. 40). La relation comptable est, d'abord et avant tout, une relation d'obéissance. L'objectif est d'arriver à livrer une comptabilité « juste,

156 ACA, Real Patrimonio, Maestre Racional, volumen general, libro ordinario del procuradot Antonio Desvivers, vol. 117, 1501-1502, f° 146 v° : « [...] *lo dit Pere Ciffre a donat compte per menut al dit loctinent montans la dita quantitat la qual cantitate* [*sic*] *per mi les a donades Nantoni Alamany mercader e render de la dita leuda de Copliure al dit Pere Ciffre de la qual quantitat lo dit Ciffre a fermade* [*sic*] *apocha en poder de Franci Reynart notari* ».

157 Le cas breton a démontré que près de la moitié les redditions ne suivaient cependant pas ce rythme (Kerhervé, 1987, p. 387 *sq.*).

bonne et claire ». L'enjeu est de s'assurer que les livres soient équilibrés, et que si asymétrie il y avait, qu'elle soit connue, justifiée et rectifiée le cas échéant (Goody, 2018, p. 110). C'est également de prouver que les ordres ont été appliqués, que les règles et normes ont été suivies, et que si défaillance il y a, ce n'est pas la trace d'une défiance vis-à-vis de l'État. La commission de reddition de compte peut, pour sa part, se prévaloir de la tradition et de l'expérience des réunions tenues avant elle, et s'en inspirer (Beck, 2012, paragr. 6), c'est en tout cas ce pour quoi plaide Pere Miquel. Cette démarche, d'inspection d'un côté et de justification de l'autre, interroge sur les compétences cognitives, en particulier en matière de littératie et numératie, des acteurs en jeu, et surtout des producteurs des comptes (Bourlet, Bove et Claustre, 2012). Questionner les dynamiques d'apprentissage et de mise en œuvre de compétences de ces techniciens (Bertrand, 2015, p. 310)[158] à partir de ces redditions est une autre enquête à approfondir. Les « gens de comptes » sont les Apedeftes décrits par Rabelais, ignorants peut-être, mais terriblement compétents (Mattéoni, 2007). Enfin, examen fait, les copies de comptes et pièces justificatives sont scellées du sceau de *maestre racional*, puis archivées, se transformant en mémoire et en traces. La conservation de ces documents du quotidien n'était pas prévue pour durer longtemps, quelques années tout au plus, ce qui correspondait à l'usage que l'on pouvait faire de la preuve qu'ils apportaient (Bertrand, 2015, 1953).

Contrôler et valider

Les deux étapes finales, la validation et le contrôle, stabilisent et verrouillent l'édifice administratif ainsi conçu.

Les dépenses sont tout d'abord validées, nous l'avons vu. Certains registres ne font pas mention de cette validation et sont donc à considérer comme des étapes préliminaires à la constitution finale du livre de compte, complet et justifié. Le processus de validation de paiement est triple dans le cas de Salses. Une première étape valide la dépense et donne l'accord d'engagement par *carta de pago*. Si les validateurs ne voient pas d'objection ou de contestation possible à la dépense, et « se déclarent satisfaits » – « *dieron por contentos* » –, la *carta de pago* peut

158 Il est certain que nombre de ces hommes n'ont pas été formés à l'aide de manuels de comptabilité (Jeannin, 1991, p. 243-259).

ne pas être effectivement produite. Les validateurs de cette étape sont généralement les inspecteurs – *veedores* –, directement aux prises avec le chantier. Cette validation est orale. Une deuxième étape consiste à payer les sommes dues devant ces mêmes témoins que sont les validateurs, ceux-ci garantissant le bon déroulement de l'opération par leur examen visuel de la transaction, et éventuellement par une validation orale qui nous échappe. Enfin, pour être entrée en comptes, une fois la somme payée, elle est définitivement validée dans une troisième étape par la signature (Fraenkel, 1988, p. 8) d'autres agents validateurs, de trois à cinq, en général don Sancho, Pere de Ribero, Juan de Valladolid, maître Ramiro. Prenons comme exemple le paiement des ouvriers *azadoneros*[159] de décembre 1498[160]. Les hommes, en charge de Juan Papalo, sont payés pour la période du 1er août au 31 août 22 985 drs. La *carta de pago* n'a pas été générée, car les *veedores* « *se dieron por contentos* ». Les ouvriers ont reçu leur dû des mains de Diego de Tordesillas en présence de Gonzalo de Huerta, Juan de Valladolid et Pedro de Ribero. Le 2 décembre, la somme a été définitivement validée pour le compte final par don Sancho, Pedro de Ribero, Juan de Valladolid et maître Ramiro. En prenant comme source la comptabilité de 1497[161], on peut ainsi résumer cette procédure : l'homme au cœur du système est Diego de Tordesillas, qui paie au quotidien personnels, ouvriers et fournisseurs devant les témoins que sont Juan de Valladolid, Diego Navarro et Pedro de Ribero. Il fait tenir les comptes de ces paiements et procède ensuite au calcul final. Alors, il génère le compte final, duquel sera fait des copies. Ce registre terminal est validé par don Sancho, Juan de Valladolid, Pedro de Ribero, Diego de Torres et maître Ramiro.

Cette procédure de base, que l'on rencontre dans la plus grande partie de la comptabilité du chantier roussillonnais, peut être encore renforcée par des validations signées d'actes complémentaires. Ainsi, comme nous l'avons vu précédemment, les sommes peuvent être libérées grâce à des *libramientos*, qui remplacent la *carta de pago*, surtout dans les cas de prix-faits. Ces *libramientos* sont signés par les responsables du chantier et contre-validés par la signature du prestataire, ceci inscrivant définitivement

159 « *Azadoneros* », trouvé également « *açadoneros* » : désigne un ouvrier qui utilise une pioche (« *azadón* ») ou une bêche (« *azada* »). Ce sont les terrassiers majoritairement.

160 AGS, CMC, 1ª ep., leg. 1874, s.fº, dépense en date du 2/02/1498.

161 AGS, CMC, 1ª ep., leg. 1874 et 1873.

l'accord et le paiement sur le papier. L'engagement est doublement validé à l'écrit. Ainsi, en mai 1499[162], Juan Vizcayno apporte du sable sur le chantier, à prix-fait. Il est payé par *libramiento* signé de don Sancho, Pedro de Ribero, Juan de Valladolid et maître Ramiro. Il contresigne. Ces signatures valent validation définitive, et Diego de Tordesillas n'a pas à faire valider de nouveau la somme quand il l'entre en comptes le 14 mai.

Un autre exemple, légèrement plus complexe, confirme et complète ce rôle important de la signature (Fraenkel, 1992) dans les validations de procédure. Le 18 mai 1499[163], le maître Amao Ferrero est payé pour quatre roues de tombereau. Juan de Valladolid et Andres de Poza sont présents, « satisfaits », et donc ne demandent pas de *carta de pago* pour le paiement. Il est payé par mandement signé par don Sancho, Andres de Poza, Juan de Valladolid et maître Ramiro le 18 mai. L'entrée en compte n'est cependant réalisée que le 22 mai, après que Amao Ferrero ait montré une *carta de pago*, signée par lui prouvant qu'il a été payé[164]. C'est ce dernier document qui confirme à Diego de Tordesillas que la transaction a eu lieu : « par véracité de laquelle je mis [la somme] en compte ». Ces exemples montrent le poids de la validation écrite par la signature (Jeay, 2015, p. 336-339). Dans le compte de 1499, il est précisé que maître Ramiro ne signe pas – « il manque pour les salaires de cette page la signature de maître Ramiro », « pour ces trois salaires maître Ramiro n'a pas signé[165] » –. Cette mention souligne le singulier de la situation. Le visa écrit renforce l'autorité, authentifie l'acte, et parfois peut pallier une faiblesse (Fraenkel, 1992, p. 23), en particulier si les validateurs sont absents et qu'un seul homme a la charge d'entériner une dépense. C'est le cas en juillet 1499[166], quand Juan de Valladolid est seul présent pour valider le paiement fait par Diego de Tordesillas de 31 tailleurs de pierres venus de Biscaye. Ce dernier précise dans son compte que[167] :

> *Juan de Valladolid que con su firmada de sus nombre de como las dichas personas son contentas y pagadas y con esta nomina vos seran recebido en cuenta los dichos dineros.*

162 AGS, CMC, 1ª ep., leg. 1000, s.fº, dépense du 14/05/1499.

163 *Ibid.*, dépense du 18/05/1499.

164 *Ibid.* : « *Asy mismo monstro carta de pago en las espaldas firmadas del dicho maestro Amao fecho a XXII de mayo por verdad de lo qual se le recibio en cuenta* ».

165 *Ibid.*, fº 299 vº *sq.* (5 occurrences entre le 5/12/1499 et le 31/12/1499) : « *Falta en las nominas desta plana la firmada de maestre Ramiro* », « *En estas tres partidas no firmo maestre Ramiro* ».

166 *Ibid.*, fº 219 rº.

167 AGS, CMC, 1ª ep., leg. 1000, fº 219 rº.

> « Juan de Valladolid par la signature de son nom [valide] que lesdites personnes sont contentes et payées et avec cette *nomina*, lesdits deniers seront mis en comptes ».

La procédure se termine ensuite classiquement par la signature de don Sancho, maître Ramiro, Juan de Valladolid et Pere de Ribero. En fait de signature, il s'agit plutôt ici de la « trace » (Fraenkel, 1992, p. 10 et p. 30) écrite des encadrants, dont un inscrit les noms des présents. Cependant, la signature d'un seul, liée à son honorabilité, peut suffire à valider l'ensemble de la procédure sans autre intervention de tiers. Le cas est rare, mais il existe et mérite d'être mentionné[168]. En août 1498, Diego de Tordesillas paie le personnel de l'artillerie de Perpignan, qui travaille pour le chantier. À cette occasion, aucun des validateurs habituels n'est présent à l'exception de Juan de Valladolid. Le *contino*, qui revient justement de la cour, signe la première validation, celle du paiement, puis celle de l'entrée en comptes. Tordesillas précise et insiste sur la qualité du personnage et sa morale pour renforcer le poids de sa signature et la ratification de la dépense par un seul[169] :

> *[…] en presencia de Juan de Valladolid contyno de la casa de sus altezas que con su fe fyrmada de sus nombres de comolas dichas personas son pagadas.*
>
> « [Diego de Tordesillas a payé] en présence de Juan de Valladolid, *contino* de la maison de Leurs Altesses qui avec sa foi signe de son nom que lesdites personnes sont payées ».

Notons enfin que ces validations sont définitives, ce qui semble tomber sous le sens. Or, on constate que certaines sommes déjà validées peuvent par la suite être modifiées en comptes. Une fois de plus, cela nous montre la souplesse – ou un certain laxisme ? – dans les pratiques. L'exemple démontre surtout l'ingéniosité pour rendre incontestables paiement, entrée en compte et modification. Pour cela, il suffit de faire valider les rectifications une seconde fois, de préférence par des agents qui n'ont pas validé le premier acte. Ceci permet d'avoir une relecture complète du parcours de l'argent. La *nomina* validée le 16 juin 1498 en est le parfait exemple[170]. Les ouvriers *azadoneros* de l'équipe de Pedro de Coronado sont payés classiquement par Diego de Tordesillas

---

168 AGS, CMC, 1ª ep., leg. 1874, fº 403 rº.

169 *Ibid.* Notons que la situation se reproduit le 5/01/1499, dans les mêmes termes (*Ibid.*, fº 412 rº).

170 *Ibid.*, fº 348 rº-349 vº.

devant Juan de Valladolid, Diego Navarro, Pere de Ribero, qui ne demandent pas de *carta de pago*. La dépense est entrée en comptes et validée par don Sancho, Pere de Ribero et maître Ramiro. Le même jour, le payeur écrit à la suite de cette *nomina*, une explication qui en rectifie le montant[171]. En effet, une partie du salaire a déjà été versée, et le total à entrer en comptes ne correspond pas au salaire du nombre de jours travaillés pour la période par l'équipe, mais à son montant dont il faut ôter l'avance sur salaire déjà effectuée. Cette rectification est à son tour validée par Juan de Valladolid, Diego Navarro et Diego de Tordesillas.

La dernière phase est enfin celle du contrôle. Tout d'abord, que contrôler ? La lettre, bien sûr, mais aussi l'esprit des comptes. Le serment prêté par les agents à leur prise de fonction est ici primordial, car c'est l'engagement moral d'accomplir au mieux leur mission. L'esprit du compte est donc d'abord de s'assurer, non pas que les calculs soient justes et que le bilan soit équilibré, mais bien qu'ils se fassent au bénéfice du Trésor, dans l'intérêt des souverains (Mattéoni, 2007, p. 33). Antoni Desvivers, dans une quittance faite au nouveau maître des Œuvres royales du Roussillon, Pere Ciffre, en 1499, le précise[172] :

> […] *lo qual abans que entre en lo dit exercici de dit offici fasa jurament en mans vostres de haverse be e lealment en aquell a tot avantage e profit de la cort* […] *que en la examinacio de vostres comptes vos posant en data les dits XXV lb* […]. *E aximateix per que les dites obres se fassen ab menys despeses vos donan poder facultat que les pugan donar a preu fet al encant o de la manera que mes convenient vos* […] *para a tot avantatge del nostre real patrimoni mirant les temps en lo benefici e augment de aquell.*
>
> « […] lequel [maître des Œuvres] avant d'entrer en exercice fait serment en vos mains de faire bien et loyalement tout à l'avantage et profit de la cour […] qu'[après] l'examen de vos comptes, je mets en dépense lesdits 25 lbs. Et de même pour que lesdits chantiers se fassent à moindres frais nous vous donnons la faculté de donner [les travaux] à prix-fait ou à l'encan ou de la manière qu'il vous conviendra le mieux […] au profit de notre patrimoine royal, voyant toujours le bénéfice et l'augmentation de celui-ci. »

Une fois s'être assuré que l'esprit y est, c'est un contrôle de la tenue des comptes qui est engagé. Ce contrôle passe tout d'abord par la correction

---

171 *Ibid.* : « *Descuentanse en esta nomina XXIII^M DCCXXXVIII drs que no se pagaron a las personas que fueron librados de una paga que se hizo en Salsas del mes de mayo de XCVIII queda que se a recibir en cuenta al dicho Diego de Tordesillas por esta nomina XII^M CCCCLXXIV drs* ».

172 ADPO, 1B 344, f° 18 r°, acte en date du 3/08/1499.

des erreurs de calcul, car les auditeurs de compte ont mission de « *corregir et smenar*[173] » – « corriger et rectifier » –. L'identité des maîtres des comptes, contrôleurs et correcteurs, ne nous est pas précisée dans les comptabilités de Salses. Pour Gérone, on sait que c'est Jachme Pallarès qui effectue le contrôle. Les opérations de contrôle et de corrections sont repérables dans le texte, par changement de main, rature, ou avertissement au lecteur – « *ojo* », « attention » (Mattéoni, 2007, p. 53) –. Un achat de charbon effectué en 1499[174] montre parfaitement toutes les étapes de contrôle. Il a tout d'abord été validé par la signature de don Sancho, Gonzalo de Huerta, Juan de Valladolid, Antonio de Viñes et maître Ramiro pour un montant de 4 880 mrs. Cette validation est faite par une autre main que celle du payeur, Diego de Tordesillas. Mais le calcul était erroné : il a été rayé dans la marge à droite. Puis, sous l'acte, le correcteur explique l'erreur :

> *La suma mayor desta nomina venya errada porque monte cinco mil e ciento e setenta e quatro dineros.*
>
> « Le total de cette entrée en dépense était erroné, car il s'élève à 5 174 deniers ».

On constate que c'est une troisième main, différente des deux précédentes, qui intervient alors. Cette explication vaut presque signature, au sens où ces lignes approuvent la modification (Jeay, 2015, p. 337). Enfin, une dernière marque de monstration est tracée dans la marge à gauche, alertant sur l'erreur : « *ojo* ». Ce travail de correction demande évidemment des compétences de calcul bien ancrées, mais surtout une solide patience et de l'attention. Car les compétences des commis en écriture peuvent poser questions. Pour preuve cette page de compte datant de 1497, où absolument tous les calculs sont faux, et ont dû être rectifiés par le correcteur, qui fait le total général de la page, en chiffres romains et en toutes lettres, pour valider ainsi les corrections effectuées[175].

Ces corrections de contrôle ne concernent pas uniquement les calculs : le relecteur pointe aussi les éléments d'informations manquants dans le texte descriptif de la dépense. Pour ne prendre qu'un exemple, en

173 ACA, Real Patrimonio, Maestre Racional, Tesoreria real de Aragon, Libros ordinarios de la tesoreria de la reina, Volumenes, General, n° 0547, 1462, f° 47 r°.

174 AGS, CMC, 1ª ep., leg. 1000, f° 112.

175 AGS, CMC, 1ª ep., leg. 1874, s.f°, dépenses de juillet 1497.

septembre 1497[176], des corrections de calculs ont été faites dans la marge de droite d'une des pages du compte, mais également dans la marge de gauche. Ici, le correcteur a ajouté, avec le symbole d'une croix (†) la date qui manquait à l'acte. Les rectifications de contrôle ne sont cependant pas toujours effectuées par un relecteur externe postérieurement à la phase de validation finale par signature. Ainsi, en juin 1498, il apparaît que c'est justement au moment de la validation que les erreurs ont été pointées. C'est donc le scripteur lui-même, en l'occurrence Diego de Tordesillas qui explique l'erreur et fait valider la rectification par les signatures de don Sancho, Diego Navarro, Juan de Valladolid, maître Ramiro, Pere de Ribero et lui-même. Il y a ainsi un processus « d'autocontrôle » possible[177]. Cette démarche d'autorégulation apparaît fréquemment dans les comptes. Ainsi, il semble que les dépenses soient tout d'abord calculées de manière théorique, avant le paiement, puis rectifiées par le payeur lui-même si un imprévu apparaît. Diego de Tordesillas a ainsi préparé son entrée en dépenses pour le salaire des terrassiers qui sont arrivés de l'Empordà en mai 1498[178]. La *nomina* annonce un total correspondant à 108 deniers par personne, pour 38 ouvriers. Lors de la validation finale devant Juan de Valladolid, Diego Navarro et Pere de Ribero, Diego de Tordesillas précise qu'il « déduit de ce paiement 1 080 drs pour les personnes qu'il n'a pas payées » – « *abaxandose de esta nomina mil e ochenta drs de personas que non se pagaron* » –, car elles ne se sont visiblement pas présentées[179]. L'explication du payeur vaut pour pièce justificative.

Le mécanisme de procédure croisée de contrôles et corrections permet donc d'assurer une justesse des comptes. Est-il infaillible ? Certes, non. Les registres 180 et 101 de 1500 sont des copies plus ou moins étendues l'un de l'autre[180] et en sont les exemples. Le registre 101 explicite parfois des erreurs présentes dans le registre 180[181]. Il est précisé dans le registre 101 : « *A ocho personas [...] de cierta piedra que dellos se compraron*

176 *Ibid.*, dépense du 9/09/1497.

177 *Ibid.*, f° 382 r° : « *An esta nomina ovo de yerro* [NT : "erreur involontaire"] *contra al pagador Diego de Tordesillas tres mil mrs porque ovo yerro en el suma y asy que ahora monta esta nomina veinte y nueve mil e tres cientos e sesenta e seis drs los quales se an* (sic) *de recebir en cuenta el dicho Diego de Tordesillas* ».

178 *Ibid.*, f° 347 r°.

179 *Ibid.*

180 AGS, CMC, 1ª ep., leg. 180 et leg. 101.

181 *Ibid.*, s.f°, dépense du 31/10/1500.

[ici fin du texte identique au registre 180, la suite est un ajout dans le registre 101] *abaxanse de esta nomina cinco ciento e cuarenta drs que le avian puesto de mas en el pie* ». Mais si le registre 101 rectifie certaines erreurs, il en ajoute aussi. Ainsi, en ayant un niveau de détails plus élevé que le registre 180, le registre 101 multiplie les coquilles et mécomptes[182]. À titre d'exemple, voyons la dépense du 14 novembre 1500, pour le salaire des journées de 4 ouvriers effectuées entre le 9 et le 14 novembre. Le scripteur du registre 101 précise que cela fait un total de 9 journées de travail. Or entre le 9 et le 14 novembre, il n'y a que 6 jours. Même erreur pour l'entrée du 7 novembre, où le même commis aux écritures compte 12 jours de travail entre le 2 et le 6 novembre. Malgré ces erreurs, les totaux sont identiques dans les deux registres et justes tous les deux. Ceci peut expliquer que le détail de la dépense n'ait pas été corrigé, l'important était la somme engagée. On pourrait ainsi multiplier les occurences.

Les corrections fines effectuées, avec une précision généralement remarquable (Mattéoni, 2007, p. 51), il faut également procéder à un contrôle plus global, en confrontant les comptes du chantier avec les autres pièces comptables en possession des contrôleurs. Il s'agit ici d'éviter les malversations, mais surtout de payer deux fois sur deux postes différents les mêmes dépenses. C'est ce qui serait arrivé en 1499 si le contrôle du registre n'avait pas confronté deux registres de comptes : celui du chantier et celui de l'artillerie[183]. Maître Pedro touche le salaire des 28 Basques de son équipe. La dépense est validée, mais une vérification des livres de comptes de l'artillerie montre que le salaire de Pedro a été déjà pris en charge par Martin de Saldinera, en charge des salaires des officiers de l'artillerie. Le montant du salaire, 1 210 mrs, est donc déduit du total, en présence de maître Ramiro, qui valide ainsi la correction. Ce petit épisode nous indique que le contrôle se fait à plusieurs échelles. Il intervient bien sûr au niveau du registre, mais implique également une connaissance des mécanismes des autres procédures, même celles hors du chantier, et des échanges entre les teneurs de comptes. Le registre est contrôlé pour lui-même, mais aussi comme un élément faisant partie d'un tout, dans une démarche de décloisonnement. Enfin, les contrôleurs exigent aussi les pièces justificatives aux paiements, afin

182 *Ibid.*, s.f°, dépense du 14/11/1500.
183 AGS, CMC, 1ª ep., leg. 1000, f° 161 r°.

de donner, là encore, une cohérence à l'édifice administratif. Ainsi, en janvier 1503, il est noté en marge du versement du salaire de 6 000 mrs dû à Bernardo de Alcaraz[184] que les surveillants doivent montrer à partir de quel ordre ils ont procédé au règlement (Mattéoni, 2007, p. 51). Clairement, ici, les contrôleurs veulent éviter les paiements de faux salaires ou de fausses soldes, comme ils avaient eu lieu en 1496[185]. Surtout, le contrôle a pour objectif de rationaliser l'édifice administratif, de faire que chaque dépense soit en cohérence avec les ordres du roi, l'organisation, les processus et procédures qui en découlent (Goody, 2018, p. 171 ; Jeay, 2015, p. 336). Le roi l'avait rappelé à don Enrique dès 1496, quand le désordre régnait sur les chantiers, pour le cas des ouvriers galiciens[186] :

> *Asi mismo se han despedido los peones gallegos y asturianos sin consultar nos primero sobre ello y se le pagaron maravedis demasiados de lo que hubieron de haber y dieron se les cartas de servicio fuera de la orden que se debia dar pues sabeis que llevo por una instruccion Diego de Tordesillas que no se debian dar porque yo, el Rey los habia dado en la copia general que se dio a los peones que este año nos hubieron de servir y quando se diese habia de ser a todos en una copia segun se contiene en la dicha instruccion que llevo el dicho Diego de Tordesillas y asi mismo por la dicha instruccion se dijo que se habia de pagar los dichos peones gallegos y asturianos desde primero de octubre por que hasta entonces estaban pagados, y quando se despidiesen se les habia de pagar todo lo que mas un castellano a cada uno para el camino segun que se hizo con los ortos peones gallegos que se depidieron en Gerona de manera que po resta relacion hubo de haber cada peon seteciento y treinta y cinco maravedis y segun la relacion que de aca vino parece que se pagaron a cada peon mil y ciento y diez maravedis, de manera que se pago a cada peon un ducado de mas, lo cual pagara el dicho Diego de Tordesillas, pues que excedio de lo que se le mando.*
>
> « De même, les piétons galiciens et asturiens ont été licenciés sans nous consulter préalablement et on leur a trop payé de maravédis et donné des lettres de service irrégulièrement, car vous savez que dans une instruction de Diego de Tordesillas, elles ne devaient pas être données, puisque moi, le roi, je les avais incluses dans la copie générale remise aux piétons qui devaient nous servir cette année, et que lorsqu'elles se donneraient, ce devait être à tous dans une seule et même copie ainsi qu'il est précisé dans ladite instruction portée par ledit Diego de Tordesillas. Et en outre dans ladite instruction, il est dit que l'on devait payer lesdits piétons galiciens et asturiens depuis

---

184 AGS, CMC, 1ª ep., leg. 180, fº 49 rº : « *Que a* (sic) *de mostrar los veedors que mandamiento tuvieron para librar este salario* ».

185 AGS, CCA, CED, 2, 2-2, fº 273/234.

186 *Ibid.*

> le 1er octobre, étant payés jusque là, et quand on les licencierait, on devait les payer totalement plus un *castellano* à chacun pour le chemin comme il fut fait avec les autres piétons galiciens qui furent licenciés à Gérone, de manière que, selon ce rapport, chaque piéton a dû avoir 735 maravédis et selon le rapport envoyé ici il semble qu'on ait payé à chaque piéton un ducat de plus lequel paiera ledit Diego de Tordesillas puisqu'il a outrepassé ce qui lui avait été ordonné. »

La responsabilité des payeurs est clairement engagée, par le serment qu'ils prêtent, mais aussi par leurs actes. Dans cette histoire, Tordesillas qui n'avait pas suivi les consignes en sera de sa poche. C'est cette responsabilité individuelle (Dewez et Tryoen, 2019, p. 13) de l'agent face au compte qui a motivé sans aucun doute le plaidoyer de Pere Miquel pour se blanchir dans la malheureusement et rocambolesque affaire du vol du sac de monnaie. En toute logique, épinglé par le contrôle, il aurait dû restituer sur ses fonds propres l'argent manquant. L'enjeu ici est pour le contrôleur de vérifier si les erreurs ont été commises par inadvertance, comme le laisse penser l'emploi du terme « *yerro*[187] » dans certaines explications de corrections, ou par malice (Mattéoni, 2007, p. 52).

FAIRE AVEC ET PASSER OUTRE

Mener des chantiers sous contrainte comme ceux de Salses ou de Gérone ne serait au final que l'art de résoudre des problèmes qui se seraient peut-être posés sous une forme moins aigüe en temps normal. L'enjeu pour les commanditaires est de faire que le chantier ne s'arrête pas, quels que soient les obstacles qui se dressent sur le chemin. Ils doivent faire avec les ressources et le contexte, et passer outre les difficultés.

OPTIMISER LES COÛTS, MOBILISER LES RESSOURCES, ÉCONOMISER LES MOYENS

Le système mis en place par les souverains autant à Salses qu'à Gérone a vocation à administrer et rationaliser – c'est-à-dire organiser d'une manière logique et avec bon sens – la gestion du chantier. Par les agents

187 AGS, CMC, 1a ep., leg. 1874, fº 382 rº.

et les procédures administratives et financières, l'objectif est de mettre en place un édifice administratif solide. Il semble que les souverains et leurs agents ne se contentent pas de simplement bien faire fonctionner leur organisation. Les sources laissent transparaitre des indices d'une recherche d'optimisation du système, c'est-à-dire la volonté de « donner à quelque chose les meilleures conditions d'utilisation, de fonctionnement, de rendement, notamment en économie[188] ». Le terme peut également, simplement, être compris au sens de « rendre meilleur », dans une démarche de recherche de qualité et surtout pour un meilleur profit de la couronne.

Les améliorations peuvent tout d'abord intervenir au niveau administratif, pour gagner en temps et en étapes comptables. En mars 1462, Pere Miquel optimise la tenue de ses comptes : il place dans une même entrée comptable la recette des impositions de mars, de laquelle il déduit le salaire des collecteurs. Il aurait dû faire deux opérations comptables – une recette, une dépense – : il s'économise consciemment en regroupant les deux actions[189]. Il est possible de retrouver cette économie de moyens dans le choix de ne pas prélever certains impôts et taxes, aux vues du contexte, pour ne pas payer inutilement des agents collecteurs[190]. En effet, quand le contexte est difficile, la solution d'amélioration peut passer par le choix du « faire avec ». Dès 1495, les Rois Catholiques savent parfaitement, grâce aux rapports qui leur ont été envoyés, que les coûts sont plus élevés dans les terres roussillonnaises[191]. L'enjeu étant fort, la « défense de cette terre », le roi décide d'accorder des franchises aux hommes d'armes et aux ouvriers, pour compenser cette « injustice ».

188 Trésor de la Langue Française Informatisé, sur le site du Centre National de Ressources Textuelles et Lexicales, [en ligne].

189 ACA, Real Patrimonio, Maestre Racional, Tesoreria real de Aragon, Libros ordinarios de la tesoreria de la reina, Volumenes, General, n° 0547, 1462, f° 4 r° : « *Item a VI del mes de mars, he reebut d'en Pere Beguda, cullidor de les imposicions imposades en la dita ciutat per lo dit mossèn lo capità, trente una liures quatre sous set diners pagant del procehit de les dites imposicions les quals ha donades per mi an Pere Johan Sala e Anthoni Bonet als quals les he comptades en paga del sou que han pres del mes de febrer* ».

190 *Ibid.*, f° 11 r° : « *Les rests de algunes parroquies e persones qui complidament no han pagat, son degudes. E en mon temps no's son pogudes haver per quant no se'n podie fer execucio, e solament reebia ço que portaven e donaven voluntariament per dupte no fossen correguts, e official no anave fora la ciutat. E per quant los Castelans intraren en Empurdà, les parroquies se rebellaren e cessaren pagar, e la ciutat de Gerona fou sitiade per los dits Castelans qui'ns eren lavores contraris* ».

191 ADPO, 1B 342, 1495.

Mais le contexte peut s'avérer également bénéfique, et les rois peuvent en tirer profit. C'est le cas en 1497, où le prix du blé est favorable. Le roi décide donc tout simplement de saisir l'opportunité de spéculer[192] :

> *En lo que decis del trigo pues como escrivis del pan hay alguna necesidad, ahora, tendra mejor venta y antes que mas se dañe sera bien que a dinero o a trueque de cobre pues decis que es menester se despache antes que de todo punto se pierda y brevemente ira buen recaudo de cobre para lo de las fundiciones y haced me saber si enviado ahi buen trigo que a que precio se vendra asi a la gente como a la tierra para que visto el valor mandare proveer en ello segun vieren que conviene.*
>
> « Sur ce que vous dites du blé, étant donné que, comme vous l'écrivez, il y a un peu de pénurie de pain, il se vendra mieux maintenant, ce qui sera plus bénéfique que de le laisser se gâter ou de le troquer contre du cuivre, et puisque vous dites qu'il est nécessaire d'en décider avant qu'il ne se perde totalement, et rapidement une bonne quantité de cuivre sera expédiée pour les fonderies, et faites-moi savoir, si en envoyant là-bas du bon blé à quel prix il pourrait être vendu aussi bien à la troupe qu'aux habitants afin qu'au vu de sa valeur j'ordonne d'y pourvoir le plus convenablement. »

C'est un moyen d'augmenter les ressources financières, mais également matérielles puisqu'il faut noter que dans l'équation, il y a aussi l'option de troquer du pain contre du cuivre ; une pratique qui ne semble pas surprendre. Cette opération mobilise de nombreuses connaissances et compétences : connaissance du cours du blé, dans deux lieux différents, du marché du pain, des prix du cuivre, calcul de rentabilité, gestion de stock périssable, etc. Mais bien plus que ces décisions que l'on peut voir comme des actions ponctuelles, l'optimisation des coûts passe par une meilleure gestion des ressources. L'économie des moyens mis à disposition est également un fort levier, actionné fréquemment par les commanditaires. Dans la même cédule que précédemment, c'est avec un bon sens paternaliste que le roi donne ses ordres pour la gestion des outils[193] :

> *En lo de las herramientas y xarcia y otras cosas desta calidad se debe poner mucho recaudo porque haciendo se asi habra para mucho tiempo y otra manera brevemente habra falta dello y encargue se a personas que tenga dello mucho cy andar continuamente por ello. En lo del hierro y acero que es venido no se debe por*

---

192 AGS, CCA, CED, 2, 2-2, f° 323 r° / 284 r°.
193 *Ibid.*

ahora gastar en otra cosa salvo en lo que fuere menester para las obras y algo si fuere menester para el artilleria.

« Au sujet des outils et câbleries et autres choses de cette nature, on doit en prendre grand soin, car en agissant de la sorte ils dureront longtemps, et dans le cas inverse, ils manqueraient rapidement et qu'on charge des personnes pour en prendre grand soin et s'en occuper en permanence. Pour le fer et l'acier arrivés, on ne doit pas les utiliser pour le moment sauf pour ce qui serait indispensable aux travaux et éventuellement pour l'artillerie en cas de nécessité. »

Ce bon sens, presque pédagogique, employé ici par les Rois Catholiques contraste fortement avec le ton employé, toujours pour la gestion des outils, en 1496. Dans cette cédule de mise en place des processus de fonctionnement du chantier[194], les souverains mettent leurs agents face à leurs charges et obligations, avec contrôle, menace et sanction si besoin. L'optimisation et la rentabilité sont ici atteintes par la responsabilisation des encadrants :

Ytem que todo el hierro y acero y xarcia y madera y herramientas y otras cosas que se compraren para las dichas obras se carguen a una persona muy fiable cual a vos pareciere con acuerdo de maestre Ramiro y Casafranca y Juan de Valladolid y de todo lo que se entregare haga cargo Juan de Valladolid a la persona puesta por el dicho nuestro tesorero y por el dicho nuestro escribano de racion y que todo lo que fuere menester para las dichas obras se entregue por mano de los suso dichos al veedor de cada obra haciendose cargo dello y que este que tuviere cargo de las cosas suso dichas y Juan de Valladolid tenga cargo de pedir lo que hubiere dado a callada la obra de las herramientas y otras cosas que en la obra se gastaren. Asi algunas cosas quebradas hubiere durante la obra lo entregue al tenedor de las dichas cosas por ante Juan de Valladolid el cual tenga cargo de las hacer renovar a los herreros y oficiales del artilleria y renovado se torne a entregar al dicho veedor haciendole cargo dello y que en fin de la obra pida cuenta de todas las cosas entregadas para dicha labor y que los dichos veedores den cuenta de lo que se gastare y lo que sobrare quebrado o sino seran obligados de lo tornar y sino lo tornaren que lo paguen.

« De même, que tout le fer, acier, cordage, bois, outillage et autres choses achetées pour lesdits travaux soient à la charge d'une personne très fiable, de votre choix avec l'accord de maître Ramiro et Casafranca et Juan de Valladolid et que tout ce qui lui sera remis soit mis par Juan de Valladolid au compte d'une personne désignée par notre trésorier et par notre greffier et que tout ce qui sera nécessaire pour lesdits travaux soit remis des mains des susdits à l'inspecteur de chaque chantier qui en rendra compte, et que celui qui aura

194 *Ibid.*, f° 295-296 / 255-256.

> la charge des choses susdites et Juan de Valladolid aient la charge, à la fin du chantier, de demander ce qu'il aura fourni en outillage et autres choses utilisées pour les travaux. Et si pendant les travaux il se détériore quelques choses, qu'il les remette au forgeron devant Juan de Valladolid qui aura la charge de les faire réparer par les forgerons et agents de l'artillerie et une fois rénovées qu'on les remette à nouveau à la charge dudit inspecteur et qu'à la fin du chantier que tous les matériels soient remis pour ledit chantier et que lesdits inspecteurs rendent compte de ce qui a été utilisé et de ce qui restera détérioré, sinon ils seront obligés de les rendre et s'ils ne les rendent pas, ils devront les payer. »

L'économie passe également par le choix fait par le responsable du chantier du mode de rémunération. Il semble, nous l'avons vu, que le prix-fait a de nombreux avantages aux yeux des souverains : délais respectés (en théorie, si on garde en tête l'exemple du retard de Francesc Gomis), équipe constituée et gérée en amont par le preneur du prix-fait, parfois matériaux inclus… L'usage du prix-fait libère donc les administrateurs de la gestion des sous-traitants. C'est le preneur du forfait qui s'en charge. C'est pourquoi la chaine des sous-traitances n'apparaît que rarement dans les sources à la vue du chercheur. Sauf quand les choses dérapent. C'est le cas en janvier 1502. Juan Vizcayno, preneur d'un forfait, meurt[195]. Généralement, les salaires des défunts ne sont pas versés. Mais ici, la situation est plus complexe, et force les gestionnaires à payer ce qui était dû, dévoilant ainsi une cascade de dettes :

> […] *por razon de un destajo que hizo el y Diego de Leon los quales le fueron abaxados en las baxas que se hizieron a los absentes y defuntos y porque parecido quel dicho Juan Vizcayno los devia al dicho Diego de Leon y el dicho Diego de Leon los devian al dicho Diego de Salcedo alguacyl y fue declarado que se les pagaron* […]
>
> « […] [Il paye] pour un prix-fait que fit [Juan Vizcayno, défunt] et Diego de Leon, duquel il a été déduit [les sommes dues] aux absents et aux défunts et parce qu'il semble que ledit Juan Vizcayno devait [cette somme] audit Diego de Leon et que ledit Diego de Leon la devait audit Diego de Salcedo *alguazil*, il fut décidé qu'elle serait payée […] »

Dans le cas de l'approvisionnement en pierres, on constate que les gestionnaires, qui faisaient appel à plusieurs fournisseurs jusqu'en 1497-1498, essaient de concentrer la logistique dans les mains de

195 AGS, CMC, 1ª ep., leg. 180, s.fº, dépense du 08/01/1502.

maître Gomis[196]. C'est peut-être un moyen de se décharger à la fois de l'achat, de l'extraction, du transport et de la logistique, ainsi que de la constitution des équipes d'hommes consacrées à cette tâche. De plus, faire appel à un prestataire permet d'économiser le salaire d'un capitaine pour « *andar sobre la gente* » et vérifier que les ouvriers à la journée travaillent bel et bien. Ferdinand ne s'y trompe pas. Il faut privilégier ce type de contrat, à négocier au plus serré, et plus avantageux que le salaire au temps[197] :

> *En los destajos que se asentaron por Rodrigo de Torres en lo de las cavas me ha parecido bien y me tengo servido dello y desta manera se debe trabajar que se tome a destajo lo de las otras obras y cimientos y otras cosas desta manera.*
>
> « Les prix conclus par Rodrigo de Torres pour les terrassements m'ont paru bien et m'en tiens pour servi et c'est de cette façon dont on doit travailler pour donner à prix-faits d'autres chantiers et fondations et autres choses de cette nature. »

Notons que les équipes ainsi constituées pour des forfaits peuvent regrouper uniquement des maîtres et ne pas suivre forcément un schéma « maître + ses salariés, compagnons et apprentis ». En juillet 1497, c'est ainsi une compagnie de maîtres qui accompagne Pedro de Arandez pour creuser les fossés de Salses et les vider de leur eau[198]. En septembre de la même année[199], une équipe de quatre « maîtres pour faire des murs » marche trois jours pour venir sur le chantier. Également, un maître encadrant, comme peut l'être maître Pedro, qualifié à plusieurs reprises de « *maestre mayor* », peut être en charge d'équipes diverses, avec des spécialités différentes. En 1499, il cornaque ainsi les carriers, les tailleurs de pierres, les piocheurs, les bucherons[200]. Les équipes de maître Pedro étant majoritairement basques, on peut se demander si pour les administrateurs du chantier les compétences prioritaires valorisables de ce maître ne seraient pas linguistiques. Employer ainsi un homme polyvalent pour diriger les hommes est une économie de moyens. Un autre exemple peut illustrer cette capacité à diriger plusieurs équipes : celui de maître Guiterte – ou Guitarte –. Cet artisan

196 AGS, CMC, 1ª ep., leg. 1873 et leg. 1874.
197 AGS, CCA, CED, 2, 2-2, fº 323 rº / 284 rº.
198 AGS, CMC, 1ª ep., leg. 1874, s/fº., dépense en date du 29/07/1497.
199 *Ibid.*, dépense en date du 17/09/1497.
200 AGS, CMC, 1ª ep., leg. 1000.

pointe au salaire de 5 équipes différentes, parfois en même temps, entre juillet et août 1500[201]. Il cumule donc parfois deux ou trois salaires, ce qui compense le fait qu'il soit payé au tarif des ouvriers qu'il encadre.

La gestion budgétaire du chantier utilise les salaires, leur forme et leur versement, comme variables d'ajustement et de réglage. Les salaires sont gérés au plus serré : en 1497, les maîtres sont payés selon trois échelles de rémunération : ceux à 5 sous, ceux à 4 sous et ceux à 3[202]. Aussi, les prix-faits ou les journées de travail ne sont pas toujours payés en temps et en heure, selon ce qui arrange l'administration du chantier. Fin avril 1498, Francisco de Tamayo est payé pour 13 journées de travail effectuées en mars dont le paiement avait été suspendu[203]. Preuve que le blocage du versement est du fait des autorités, il est payé par mandement de don Sancho, sans passer par les vérifications d'usage. De même, maître Francesco, forgeron, reçoit en février 1503 les 160 mrs « d'un reste de compte de quatre charnières qu'on lui a achetées[204] ». Cette possibilité de suspendre les paiements permet en particulier de répartir la charge financière des lourds salaires. Diego de Tordesillas touche son salaire dû de 90 000 mrs en deux fois, une partie en 1497, l'autre en 1498[205]. Les paiements peuvent ainsi être fractionnés. Maître Gomar et son salarié Pascual de Segura, charpentiers, sont payés pour leur travail effectué entre septembre et décembre 1501 en deux échéances : une le 30 novembre pour régler les salaires de septembre et octobre, et une autre en février 1502 pour les journées de novembre et décembre, chaque mensualité s'élevant à 3 300 mrs[206].

Le salaire n'est pas qu'un outil de pression, il peut être aussi un excellent levier de motivation. En 1498, une équipe travaille sans relâche à la « chambre de la forteresse », c'est-à-dire au logement du gouverneur[207]. Ils excavent dans des conditions difficiles, « continuellement dans l'eau ». Pour les gratifier, et les inciter à rester travailler, quatre

---

201 AGS, CMC, 1ª ep., leg. 180, s.fº. Dépenses en date du (par ordre chronologique des comptes) : 1/08/1500, 04/07/1500, 11/08/1500, 18/07/1500, 24/07/1500.

202 AGS, CMC, 1ª ep., leg. 1874, s./fº, dépense du 9/09/1497.

203 AGS, CMC, 1ª ep., leg. 180, fº 341 rº : « [...] *de treze dias del mes de março del dicho año que se quedaron por librar* ».

204 *Ibid.*, fº 20 rº : « [...] *de resto de cuenta de quatro fortissas* [NT : en catalan dans le texte] *que del se compraron* ».

205 *Ibid.*, fº 428 vº.

206 *Ibid.*, fº 6 rº-vº.

207 AGS, CMC, 1ª ep., leg. 1874, fº 399 rº.

ouvriers de l'équipe des Basques de maître Pedro reçoivent une prime d'une demie *dobla* castillane en plus de leur salaire, tout comme le capitaine Diego de Manresa et certains de ses hommes[208]. Cette gratification récompense à la fois le travail en contexte difficile, ce qui peut faire fuir beaucoup d'ouvriers (Victor, 2014, p. 263), mais aussi l'investissement personnel en efforts et en temps. C'est un moyen de maximiser l'implication au travail de certaines équipes. Ces gracieusetés peuvent aussi être en nature. En 1503, neuf ouvriers ont touché des pièces de tissus pour se fabriquer des manteaux – « *cama de ropa* » – au moment de leur embauche. Ce bonus à l'engagement n'est pas cependant tout à fait désintéressé : le montant de la valeur de ce drap est ensuite déduit de leur salaire[209]. Contexte oblige, il faut à la fois attirer des hommes en urgence… sans dilapider le trésor, tout entier consacré à la préparation de la guerre qui approche. À Gérone, le salaire des hommes est complété par la distribution de vin[210].

Un autre levier d'optimisation par l'économie de moyens est une gestion rigoureuse des ressources humaines. Aucun ouvrier ne peut espérer venir sur le chantier et travailler en dilettante. Nous avons vu que certains capitaines sont chargés d'encadrer les hommes et de les faire travailler et se lever tôt. Si malgré cela, certains ouvriers ne font pas l'affaire, c'est sans état d'âme qu'ils sont renvoyés. En 1498, don Sancho licencie de la sorte les 20 ouvriers de l'équipe de carriers de maître Pedro, car « ils étaient mauvais et ne pouvaient pas travailler sur le chantier[211] ». C'est ainsi toute une équipe qui est remerciée,

208 Les Basques sont Garcia de Uscasol, Juan de Mendicanal, Juan de Ingues et Juan de Reguilla, « *maestros de los Vizcaynos que trayo maestro Pedro por el trabajo que tuvieron de andar de contyno en al agua quando se sacava los carrios del quarto de la fortaleza que primo se hizo y por que servieron mucho a cada uno* [doy] *una media dobla castellana* ». Le capitaine est Diego de Manresa, « *por el servicio en lo mismo y trabaja mucho mas que los ortos capitanes se de otras dos doblas* ». Les manœuvres de la capitainerie de Diego de Manresa, parce qu'ils « *anduvieron trabajando en el dicho quarto en el aygua contynuamente* » reçoivent 90 sous d'Aragon.

209 AGS, CMC, 1ª ep., leg. 180, s.f°, dépense en date du 1/04/1503 : Salaire des journées de 9 ouvriers, « *de los quales se abaxaron trenta y seis que estava librados y asimismo se abaxaron tres mil y tres cientos y sesenta y seis maravedis que las dichas personas demande de tres camas de ropa que se les dieron al tiempo que vinieron a trabajar a la dicha obra* ».

210 ACA, Real Patrimonio, Maestre Racional, Tesoreria real de Aragon, Libros ordinarios de la tesoreria de la reina, Volumenes, General, n° 0547, 1462, f° 24 r°.

211 AGS, CMC, 1ª ep., leg. 1874, f° 398 v° : « […] *por quando se despidieron por mandado de don Sancho por que estan dolientes no pueden trabajar en la obra* ».

preuve que l'on ne prend pas de demi-mesure. Le 29 juillet 1497, ce sont 13 entrepreneurs de bâtiment – « *mestres de cases* » – qui sont remerciés par mandement de maître Ramiro[212]. Les licenciements ne sont pas réservés à la main-d'œuvre : les encadrants également sont sous la menace d'un congédiement s'ils ne remplissent pas leur fonction correctement[213] :

> *Ytem que vos cuando buenamente y maestro Ramiro y Juan de Valladolid y la persona puesta por el tesorero continuamente tengais de andar sobre las dichas obras y de requerir las y ver las y que si algun veedor viere les que no usa bien de su cargo o que se levantare tarde e se fuere temprano o no fuere tan cual a nuestro servicio cumple que quiteis aquel y pongais otro tomando por testimonio las causas que tuvesteis para quitarle.*
>
> « Item que lorsque vous [don Enrique de Guzmán] le pourrez avec maître Ramiro, Juan de Valladolid et la personne désignée par le trésorier, vous visiterez lesdits travaux, que vous les inspecterez et examinerez et que si vous constatez que quelque inspecteur n'use pas bien de sa charge ou se lève tardivement ou s'en va tôt ou ne voit ce qui importe à notre service, vous le licencierez et mettrez un autre en prenant témoignage des raisons que vous aviez pour le congédier. »

Les encadrants peuvent être aussi remerciés pour faire des économies d'échelle. En 1498, on rencontre ainsi une équipe d'ouvriers « qui n'a pas de capitaine pour ne pas à avoir à lui payer de salaire[214] ». De même, les équipes sont dissoutes dès que les tâches sont réalisées : la main-d'œuvre devenant inutile, elle est libérée. En 1499, maître Pedro et ses 21 hommes sont licenciés dès que les travaux d'extraction en carrière sont achevés[215]. Cela ne signifie pas que les hommes ne sont plus employés : cela montre que même si l'on sait qu'ils vont travailler de nouveau sur le chantier – c'est le cas de maître Pedro – ils ne sont pas payés pour un temps « entre-deux ». Ils seront embauchés de nouveau, parfois quelques jours à peine plus tard. Pedro, licencié le 31 mars 1499, réapparait dans les comptes pour une autre mission, avec une équipe – la même ? – en avril[216]. Les licenciements sont des formalités, mises en œuvre par le mandement

212 *Ibid.*, s.f°, dépense du 29/07/1497.

213 AGS, CCA, CED, 2, 2-2, f° 295 v° / 255 v°.

214 AGS, CMC, 1ª ep., leg. 1874, f° 300 r° : « *Estos peones que en esta nomina van librados no tuvieron capitan por no darle salario y tuvo cargo dellos Juan de Mira carpinterio de la casa de l'artyleria y estava en Salsas para dezirle y estaguiar lo que hisyesen en la dicha obra y para hazerlos trabajar Pedro de Ribero* [...] ».

215 AGS, CMC, 1ª ep., leg. 1000, f° 138 r°.

216 *Ibid.*, f° 147 r°.

d'un seul homme, par exemple maître Ramiro pour les maîtres carriers et manœuvres de carrière en octobre 1499[217]. Enfin, on emploie tout type de main-d'œuvre si besoin est, esclaves inclus, nombreux sur le marché après la chute de Grenade (Victor, 2019). Entre janvier et mars 1498, ce sont huit « *moros* » qui servent comme charretiers à Salses[218]. Juan Doñate est propriétaire à lui seul de quatre de ces hommes. Cette consommation d'esclaves se retrouve également à Gérone. En décembre 1462, on paie au secrétaire du roi, Jachme Vilar, 16 journées de travail de son esclave sur le chantier[219]. Cet exemple n'est pas isolé.

Les améliorations envisagées peuvent aussi plus concrètement concerner le chantier, par une recherche permanente de l'économie, du rendement, et de la parfaite exploitation des ressources humaines et matérielles. Ainsi, le remploi, la réutilisation ou le recyclage des matériaux sont pratiqués. En 1502, lors de l'inventaire fait des ressources et munitions de la forteresse, on dénombre 200 charges de bois, sans compter « les autres bois vieux et brisés qui se récupèrent du chantier[220] ». Le bois récupéré est ici utilisé comme bois de chauffe – « *leña* » –. Le remploi de matériau dans l'économie du chantier est chose courante (Bernardi et Dessales, 2017 ; Bernardi et L'Héritier, 2019), même si les sources ne le mentionnent pas toujours, puisqu'il ne fait pas l'objet d'achat à priori. Les indices comptables sont donc à chercher dans le salaire de la main-d'œuvre qui doit faire une action sur le matériau : le récupérer et le démonter, le transporter, le transformer, le réparer, le stocker. En 1502, Fernando de Planas est payé pour deux journées et demie passées à récupérer le vieux bois et les charrettes autour de la ville pour Salses pour les amener à la forteresse[221]. À Gérone en 1462, du bois est également récupéré dans l'atelier d'un charpentier, Pere Oliver, rebelle au roi, pour être stocké pour le chantier[222]. Au même moment, un petit compte retrouvé sur une feuille volante dans un registre de notaire dénombre les poutres récupérées dans la ville, aux portes, aux portails et sur les

217 *Ibid.*, s.f°, dépense en date du 17/10/1499.

218 AGS, CMC, 1ª ep., leg. 1874 (partie du cahier copie de leg. 101), f° 309 r°.

219 ACA, Real Patrimonio, Maestre Racional, Tesoreria real de Aragon, Libros ordinarios de la tesoreria de la reina, Volumenes, General, n° 0547, 1462, f° 29 r°.

220 AGS, GA, leg. 1315, f° 98.

221 AGS, CMC, 1ª ep., leg. 180, s.f°, dépense en date du 21/08/1502.

222 ACA, Real Patrimonio, Maestre Racional, Tesoreria real de Aragon, Libros ordinarios de la tesoreria de la reina, Volumenes, General, n° 0547, 1462, f° 41 v°.

places[223]. En 1498, maître Blasco, charpentier, est envoyé pour « réparer » le bois tombé devant Notre Dame de la Grâce pendant 9 jours[224]. Ainsi, outre les exemples précédents qui concernent tous une de ces étapes de manutention, on peut ajouter sur le chantier de Salses, en août 1499, le cas d'un ouvrier payé pour transporter des pierres récupérées dans la vieille ville[225]. Au moment du siège de Gérone, il est intéressant de noter que cette question de remploi et de récupération peut s'appliquer, au-delà des matériaux, à une phase du chantier tout entière. En effet, le 15 novembre 1462, Francesc Raset est payé pour « convertir[226] » une partie de la Torre Geronella[227]. Ce n'est pas un remploi à strictement parler, mais un (ré-) aménagement en partant de l'ancien. Aucun achat de matériaux n'est mentionné à cette occasion, on peut avancer, avec les précautions d'usage, l'hypothèse d'un démontage de l'ancien et d'un remploi massif. La somme allouée, 33 sous, est modeste et peut parfaitement correspondre à la seule main d'œuvre.

L'économie du matériau et sa gestion optimale passent également par l'investissement en infrastructures, ce qui réduit les coûts de transports et la dépendance aux fabricants ou intermédiaires. Aussi, décision est prise de construire sur site des fours à chaux et à briques[228] :

> *La cal y aun los ladrillos que decis parece muy mucho caro segun lo que en otras partes suele valer en todo se debe mirar y proveer como a nuestro servicio cumpla y veed con a mestre Ramiro si sera bien proveer de caleras y de maestros de ladrillo de aca porque si alla hay disposicion de pedreras y barro y leña los hornos ligeros son de hacer.*
>
> « Vous dites que la chaux et encore les briques vous paraissent beaucoup plus chères qu'ailleurs, en tout il faut voir et pourvoir comme il convient à notre service, et voyez avec maître Ramiro s'il serait bien de construire des fours à chaux et [d'envoyer] d'ici des maîtres briquetiers parce que si là-bas il y a à disposition des carrières, de l'argile et du bois, on peut faire des fours légers ».

Enfin la ressource est fortement gérée dans son emploi. Si nous prenons l'exemple du bois, celui-ci, en particulier le chêne, est livré

223 AHPG, Fons notarial Girona, G4-198, Ferrer Sassala, 1462. Feuille volante.

224 AGS, CMC, 1ª ep., leg. 1874, fº 411 rº.

225 AGS, CMC, 1ª ep., leg. 1000, dépense en date du 17/08/1499.

226 ACA, Real Patrimonio, Maestre Racional, Tesoreria real de Aragon, Libros ordinarios de la tesoreria de la reina, Volumenes, General, nº 0547, 1462, fº 27 vº : « [...] *convertir en certa obra* [...] ».

227 *Ibid.*, fº 27 vº.

228 AGS, CCA, CED, 2, 2-2, fº 306 rº / 267 rº.

au *veedor* Pere de Ribero, qui en confie la gestion à Juan de Mira et Diego de Cuenca, charpentiers, qui « ont la charge de celui-ci, et de le garder, et de le donner, et de le dépenser[229] ». Ces hommes sont donc responsables à deux de la ressource, ce qui permet un contrôle mutuel. De même, en septembre 1499, la chaux produite en surplus dans les fours du chantier de Salses est stockée et gardée[230]. Classiquement (Victor, 2008, p. 132-133 ; Bernardi, 2011, p. 105) pour les outils, on veille à leur entretien. En particulier, un forgeron est chargé d'aiguiser les pics et pioches de la carrière[231].

Mobiliser tous les moyens possibles, en maximisant les procédés et les ressources ne garantit pas d'atteindre l'objectif. Les retards, les manques, les pénuries sont le lot commun des chantiers. Dans ces moments difficiles pour les gestionnaires, l'unique solution est d'imposer une action interventionniste forte. C'est le cas en décembre 1501[232]. Le chantier semble en grande difficulté à cette date : des tâches à forfait ne sont pas honorées, il manque des matériaux fondamentaux non livrés : chaux, fer, bois. En 1503, à cours de charbon, il faut payer deux hommes pour aller dans les montagnes et « faire venir du charbon[233] ». On transfère également des matériaux d'un chantier à l'autre en cas de besoin, comme entre Collioure et Salses[234]. Les encadrants peuvent aussi décider d'appeler « au secours[235] » de la main-d'œuvre supplémentaire pour les prix-faits, et de littéralement réquisitionner des matériaux (« qu'on lui a obligé de donner ») ou contraindre à les faire (« qu'ils furent obligés de faire »)[236]. Pour la chaux, il semble que la situation soit plus compliquée encore, et ait un doux relent de chantage : les fournisseurs

229 AGS, CMC, 1ª ep., leg. 1874, fº 410 vº.

230 AGS, CMC, 1ª ep., leg. 1000, s.fº, dépense en date du 10/09/1499.

231 AGS, CMC, 1ª ep., leg. 180, s.fº, dépense du 17/05/1501.

232 *Ibid.*, s.fº, dépenses en date du 15/12/1501, 17/12/1501 et 20/12/1501.

233 *Ibid.*, s.fº, dépense du 06/02/1503 : « [...] *que anduvo en la montaña de la Roca y en otras partes hasiendo traer carvo* ».

234 *Ibid.*, s.fº, dépense en date du 2/03/1503.

235 *Ibid.*, s.fº, dépense en date du 17/12/1501 : « [À Martin Moningo, Alfonso de Santo Domingo et Juan Tuxa] *los quales les avian soccoridos a las dichas personas para en cuenta de ciertos destajos que ellos avian los quales no hizieron* ».

236 *Ibid.*, s.fº, dépense en date du 15/12/1501 : « [A Juan Pos, Miquel Vaquer, Juan Roche, Antoni Gui] *para un cuenta de cierta cal que ellos se obligaron a hazer para la dicha obra, la dicha cal no dieron y por eso selle libraron los dichos quatroze mil y tres y cientos y cuarante maravedis y medio con que ellos estavan socorridos* ». – Dépense du 20/12/1501 : « [A maestro Martin Herrero] *para en cuenta de los que se a de dar de cierto hierro que este obligado a dar*

n'ont pas livré la quantité prise à forfait, et ils demandent d'être payés pour le faire[237]. Pour le reste, c'est un véritable bras de fer qui a dû se jouer entre gestionnaires et fournisseurs : on « n'oblige pas » à livrer avec une douceur toute diplomatique. La force, la contrainte, la pression sont donc peut-être aussi des outils de gestion qu'il ne faut pas négliger. Pour gérer un chantier sous contraintes, avec des contraintes, il faut sans doute passer par la contrainte.

L'extraordinaire dans les documents auxquels nous avons eu la chance d'accéder, c'est la capacité des Rois Catholiques à traiter de tous les sujets, du plus stratégique au plus administratif, en passant par des considérations techniques et organisationnelles étonnantes. Évidemment, cette capacité résulte de la présence de conseillers à leurs côtés. Grâce à eux, ils ont un avis précis sur la manière dont, par exemple, les charrettes doivent retirer la terre des fossés en cours d'excavation[238] :

> [...] *y para sacar tierra seria muy mejor que hubiese lugar para entrar carretas o cherriones que sacarian mucha mas tierra pues en la cava se puede dejar lugar hasta la portre por donde salgan las carretas si hubiese lugar para ello y si desto se puede hallar recaudo esto sera mucho mejor y no habiendo entero recaudo de carretas puede andar de uno y de otro por que la obra se hage mas presto y todo se haga como a don Enrique y a vos pareciere.*
>
> « [...] et pour sortir de la terre, il serait bien plus profitable qu'il y ait un moyen pour amener des charrettes et des chariots qui sortiraient beaucoup plus de terre, car dans le fossé on peut laisser une rampe jusqu'à la fin par où sortiraient les charrettes. S'il y avait cette possibilité et si cela était possible ce serait beaucoup mieux, et s'il ne pouvait y avoir entièrement la solution des charrettes, on peut utiliser l'une et l'autre pour que le travail se fasse plus et que tout s'accomplisse comme il vous [Juan de Valladolid] paraîtra ainsi qu'à don Enrique ».

On entend presque la voix du conseiller technique qui souffle à l'oreille des monarques. Est-ce un conseil de Ramiro, ou d'une autre « mouche » sur le chantier ? En tout cas, on voit bien que les commanditaires ne répugnent à aucun moyen pour optimiser, rationaliser, rentabiliser temps et argent pour atteindre leur objectif. Tous les postes, administratifs,

---

para la dicha obra los quales les dieron de socorro ». – Dépense en date du 15/12/1501 : « [A Juan Buen Ome] *para en cuenta y pago de ciertas bigas quel se obligo a dar* ».

237 AGS, CMC, 1ª ep., leg. 180, s.fº.

238 AGS, CCA, CED, 2, 2-2, fº 306 rº / 267 rº.

techniques, humains, financiers, sont scrutés avec la même vigilance afin qu'aucune déperdition n'apparaisse ou ne reste sans action de remédiation.

Optimiser un chantier relève donc de deux démarches. Une s'apparente d'abord au bon sens, à une économie et une gestion presque domestique. Une autre relève d'une gestion d'entreprise, à la recherche d'un profit par une baisse des coûts, une optimisation des procédures, une gestion stricte des ressources humaines. Même s'il est difficile d'en tirer des conclusions générales, ces constatations sont porteuses de réflexion sur l'État de la fin du Moyen Âge. N'est-il pas le résultat de cet équilibre entre deux modes de gestion et de gouvernement, à la fois proche et lointain, humain et désincarné ? Un temps particulier, avant que la balance ne penche au XVIe siècle vers un État aux contours plus abstraits.

QUE JUSTICE SOIT FAITE

Une des questions posées par l'enquête est de savoir s'il est possible de lire un État « moderne » dans l'administration et la gestion des chantiers. Or un des marqueurs de la naissance de l'État est la justice, notamment criminelle (Gauvard, 2019). Le roi a le pouvoir de juger (Telliez, 2016), il est « fontaine » et débiteur de justice pour le royaume. C'est un des fondements de son pouvoir, ce qui le connecte au divin. Néanmoins, on s'aperçoit que la priorité est souvent donnée à l'accord (Gauvard, 2019, paragr. 10) plus qu'à la punition, comme le dossier géronais nous l'a déjà montré. Mais plus encore, il apparaît que la grâce est également un moyen pour l'État de s'affirmer (Verreycken, 2014, p. 203-244 ; Beaulant, 2019 ; Gauvard, 2010). Or, les chantiers roussillonnais et géronais nous offrent des témoignages de ces modalités d'exercice de la justice par les souverains : pardon, négociations, punition, grâce. À petite échelle, relevant plus de l'indice que de la trace, l'enquête peut modestement s'aventurer sur ce terrain judiciaire.

L'entourage princier n'est pas à l'abri des passions des hommes. Hernando de Zafra, le secrétaire des Rois Catholiques, est ainsi l'auteur d'un meurtre en 1481 (Ladero Quesada, 2005, p. 19). Lors d'une dispute, il tue Fernando de Salamanca, fils du marchand Diego Alfon. Il est pardonné par les souverains en 1482. La rémission et le pardon sont de puissantes armes de pouvoir : ils créent sujétion et fidélité. Celui qui en bénéficie est redevable, tout comme celui qui en fait la demande.

Juan de Valladolid soumet en 1497 une requête au roi : intervenir dans le procès qui s'ouvre contre maître Pedro Antonio[239]. Le cas est intéressant à double titre. Tout d'abord, car la faveur du roi est requise, ce qui fait de Juan de Valladolid un débiteur du roi, resserrant ainsi sa soumission comme agent royal. Mais surtout, cela montre l'enjeu stratégique et prioritaire de la construction de la forteresse de Salses. Après tout, qu'est-ce qu'un artisan pour le roi (Guemara, 2002 ; Bernardi, 2002b) ? Si le roi intervient dans le procès, dont on ne connaît malheureusement pas l'objet, c'est parce que Juan de Valladolid lui a démontré que l'expertise et les compétences de l'artisan sont indispensables à la réalisation du projet[240] :

> [...] *el maestre Pedro Antonio que decis que es tan buen oficial y tanto es menester en manera alguna se le de licencia* [...]
>
> « [...] le maître Pedro Antonio dont vous dites qu'il est si bon artisan et si nécessaire qu'en aucune manière il ne faut le perdre [...] »

D'ailleurs, le roi ne sait pas ce dont on l'accuse, et peu importe. La raison d'État (Friedrich, 1973, p. 31 *sq.* ; Senellart, 2001) est ici plus forte que la justice des hommes. Si ce maître, qui a pris en main une partie des travaux, en particulier en étant maître majeur de la carrière et en encadrant des équipes de Basques, de bucherons et d'autres équipes d'ouvriers dans les fossés[241] venait à manquer, c'est une bonne partie de l'organisation de travail qui devrait être repensée. C'est la force, politique et guerrière, qui est ici en jeu, et non la vertu de justice. Aucun doute, le roi interviendra[242] :

> [...] *y haced me saber la carta que ha menester para sus pleitos para donde es y sobre lo que* [illisible] *lo mando proveer como sea justicia.*
>
> « [...] faites-moi savoir la lettre dont il a besoin pour ses procès, où et sur quoi porte [illisible], je ferai le nécessaire pour que justice soit faite ».

Le cas n'est pas isolé. À la bascule du siècle, Pere Cifre, le maître des Œuvres du roi, est mis en prison à Perpignan pour « certains crimes[243] ».

---

239 AGS, CCA, CED, 2, 2-2 fº 323 rº / 284 rº.
240 *Ibid.*
241 AGS, CMC, 1ª ep., leg. 1874 et leg. 1873.
242 AGS, CCA, CED, 2, 2-2 fº 323 rº / 284 rº.
243 ADPO, 1B 343, feuilles volantes, *circa* 1500.

Le roi intervient par l'intermédiaire de son procurateur fiscal de la *Cort del Patrimoni Real* qui s'adresse à Bernat ça Garriga, bayle de Perpignan. L'intéressant ici est que le roi ne casse pas directement par son pouvoir et son autorité un jugement, mais le procurateur met en place tout un argumentaire, quasiment un réquisitoire, pour démontrer qu'il faut libérer Cifre. Il passe par une démonstration qui mobilise plusieurs justifications : la force du serment, le respect des juridictions, et la menace. L'objectif est ici que Cifre soit livré au procurateur de la *Cort del Patrimoni Real*, car il relève de sa juridiction en tant maître des Œuvres du roi et donc ministre du patrimoine royal. Il ne dépend donc pas de la justice du bayle, mais d'une cour supérieure. De plus, pour être créé maître des Œuvres du roi, il a dû prêter serment de le servir, ce qui lui est empêché par son incarcération. De ce fait, le bayle se rend responsable de dérober Cifre à sa charge, le rendant parjure. On lui rappelle que personne, ni au civil, ni au criminel, ne peut empêcher les ministres de remplir leur charge, si ce n'est le procurateur royal lui-même[244]. De plus, il ne peut aller à l'encontre des pragmatiques royales – *pracmaticas* –. L'utilisation de ces documents montre l'importance de la décision de créer le maître des Œuvres, et l'enjeu de sa charge. C'est une décision directe du roi ; aller à contre-pied est bien maladroit de la part de ça Garriga. Cette requête de libération est faite au bayle de Perpignan, qui est informé qu'une copie a été déposée auprès de l'audience du gouverneur, qui en jugera la validité, et qui « ne vous excuse pas ni peut vous excuser qu'il [Cifre] ne soit tombé sous les peines avec les pragmatiques ainsi posées[245] ». Si ledit bayle n'avait pas encore cerné l'importance de l'affaire et s'il hésitait encore à remettre Cifre au procurateur royal, le dernier argument est clairement une menace : on se retournera contre lui et contre ses biens et garanties[246]. On a ici tout l'appareil d'État en action contre une décision locale : on oppose des arguments de morale (le serment prêté, la foi à avoir dans les pragmatiques), de droit (juridiction,

244 *Ibid.* : « *E tant en sivil en criminal e qualsevol official per proheminent que sia nos pot empetxar de dits ministres de dita casa sino dit senyor procurador real per tant lo fisc de la cort del patrimoni real fahent vos rompre fe dels dites pracmaticas* ».

245 *Ibid.* : « [...] *le qual no us scusa ni us pot scusar no siau caygut en les penes ab dites pracmaticas imposades* ».

246 ADPO, 1B 343, feuilles volantes, *circa* 1500 : « [...] *si asso recussaren fer los que nos creu protesta que vos e vostres fermansses e bens vostres de les penes en dites pracmaticas contengudes e de accusar e exigir aquells de vostres bens e de les vostres fermansses e de convenir vos per aquelles devant degut superior* ».

force de l'ordre écrit), d'administration (hiérarchie) et l'exercice direct du pouvoir (menaces).

Les exemples ici rassemblés sont certes ténus. Le pan judiciaire est largement mobilisé par l'historiographie pour analyser un basculement vers un État « moderne ». Ces quelques exemples tirés des chantiers ne pouvaient être négligés en ce sens.

CONCLUSION

« Autant de récits, autant de questions »

Le 11 février 1503, Philippe le Beau, archiduc d'Autriche et beau-fils des Rois Catholiques visite la forteresse de Salses. Il l'estime imprenable à moins d'une trahison (Lalaing, 1999, p. 476 *sq.*). Pourtant, le 3 septembre 1503, les troupes françaises assiègent la forteresse encore inachevée (Bernáldez, 1870, p. 255-263)[1]. Elles détruisent la tour et une partie d'un baluart (Feliu de la Peña, 1709, p. 115-116). Par une manœuvre devenue fameuse, les Espagnols font exploser les défenses avancées de la partie nord, tuant 400 soldats[2]. Sous la plume de certains auteurs, maître Ramiro[3] devient le héros de cette péripétie, mettant à profit son

1 Une illustration de cette attaque, inédite à la connaissance de l'auteure, est visible dans les *Annales de Toulouse* (AMT, BB273, f° 180 r°).

2 « *Determinaron los nuestros desamparar el baluarte por lo que costava de defenderle, y juzgando le ocuparian los enemigos, pusieron bazo una boveda algunos barriles de polvora ; y aviendole ocupado los enemigos, se pegò fuego a la mina que correspondia a la boveda y bolò el baluarte con los que se hallavan en èl, quedaron muertos de los Franceses y de los nuestros que embistieron mas de quatrocientos hombres* » (Feliu de la Peña, 1709, p. 116). – L'épisode fut relayé par de nombreux chroniqueurs et historiens : « [...] *y porque los que estaban en la fortaleza era poca gente y defendiendo aquel baluarte aventuraban á perder mucha gente, acordaron de lo dejar y antes que lo dejasen metieron ciertas botas de pólvora que tenian en una bóveda del dicho baluarte, y venidos allí los Franceses otro dia, halláronle desamparado, y no del todo, y con concierto de la pólvora que estaba fecho los de la fortaleza, dieronles lugar que lo ganasen, é como estaba mucha gente dentro de los Franceses dieron fuego á la pólvora, u reventó el baluarte por muchas partes, é murieron quamados y achocados é por armas aquel dia pasados de cuatrocientos hombres de los Franceses* [...] » (Bernáldez, 1870). –Également : « [...] *los quales* [les Français] *como intentasen la entrada, y los del castillo viesen que estavan muchos dentro, pusieron fuego a ciertas botas de pólvora que tenian metidas en unas bóvedas del baluarte do estavan, y con gran furia del fuego hiço volar por alto muchos de los Franceses, hechos pedaços los cuerpos, que hera lástima de ver* [...] » (Santa Cruz, 1951).

3 BRAH, colección de Jesuitas, varios, 118 : « *Estando los Franceses sobre Salsas, Maestre Ramiro, gran matemático, había entendido en hacer un baluarte hueco, para que, entrados los enemigos, y puesta dentro pólvora, los volasen ; y visto por el Maestre que los Franceses habían arruinado el muro hizo poner pólvora y cerrar á pedra y lodo la puerta, dejando sus cebaderos, y desque lo vio lleno de Franceses, dióle fuego, y saltan por el campo los medios cuerpos y piernas de Franceses ; y visto esto, alearon el campo los enemigos* » (Torre, 1910, p. 204).

savoir d'ingénieur et de bâtisseur. L'épisode a été largement relayé dans un camp comme dans l'autre (Jacob, 1835, p. 346-347 et p. 361-391 ; Sans i Trave, 1994, p. 306), générant de nombreux rapports sur le vif[4], dont en particulier ceux de Gonzalo de Ayora (1794)[5]. La bataille se tient autour d'une forteresse encore en chantier, malgré les efforts des administrateurs pour la terminer à temps. C'est une destruction qui marque la fin de cette histoire de construction. La forteresse s'en relève, ses murs sont bâtis de nouveau. L'évènement n'est qu'épisode dans la longue histoire du site. Quant à l'autre siège, celui de Gérone, c'est à l'inverse un évènement marquant pour la cité, qui tire de l'affaire son surnom de « ville immortelle » (Victor, 2001, p. 13). Un cas comme l'autre montre que la guerre est bel et bien une perspective de réflexion en Histoire de la construction.

Les administrations des chantiers ont dû, jour après jour, tâche après tâche, mener leur projet en faisant avec les contraintes d'espace, de temps, de ressources. Certaines de ces difficultés sont classiques des grands chantiers, cathédraux en particulier : régularité et pérénité des recettes, priorisation des dépenses, recrutement des compétences nécessaires. Certaines cependant sont posées de manière plus aigüe par les dossiers interrogés. Les chantiers sont ainsi réfléchis de façon multiscalaire, le projet constructif n'étant jamais déconnecté du contexte financier, humain, logistique et économique local, régional et national. Les deux dossiers ont montré des procédures de gestion à la fois classiques et créatives, toujours teintées de pragmatisme. Le réseau documentaire permet de voir que, contrairement aux fabriques où souvent seule la trace comptable nous parvient, mener un chantier dans les contextes contraints que nous avons pu interroger, c'est d'abord mettre en place des stratégies permanentes de résolutions de problèmes, et ce à tous les niveaux de la chaine de commandement et de décision. Tout comme des calculs de rationalité et de rentabilité économiques sont pratiqués,

---

4 Pour le camp français, citons à titre d'exemple les doléances des États du Languedoc aux commissaires du roi de France Louis XII, où il est fait état des dommages occasionnés par la présence des troupes engagées pour le siège de Salses : BNF, mss. Lat. 9180, f° 26. Citons également les informations assemblées par le Vénitien Marino Sanuto (1881).

5 Également, voir les rapports, en particulier sur les risques pour la forteresse si les Français prennent possession du système hydraulique : BRAH, Colección Salazar y Castro, A-11, f° 358.

des procédures et processus administratifs sont optimisés, perfectionnés, améliorés afin de contourner les contraintes et de mener dans la ligne la plus directe possible le projet à terme. Loin d'une bureaucratie sclérosée, lourde et lente, c'est bien une « bureaucratisation efficace » (Genet, 1997, p. 8), ou mieux, une bureaucratie dynamique, qui se déploie sous nos yeux. Le besoin de répondre rapidement aux contraintes des contextes de guerre pousse visiblement les administrations à créer, à être agiles et inventives, à être « fluides » pour mener le chantier au plus vite, au plus économique et au plus serré. En cela, la guerre est un facteur de modernisation, ou en tout cas d'évolution. Le constat n'est pas neuf. Le chantier a été étudié comme marqueur de la vitalité des villes, comme signe du pouvoir des princes, mais avant tout dans une lecture de son résultat constructif : palais, cathédrales, ponts, murailles comme autant de symboles et d'allégories du dynamisme politique et de la vivacité économique d'un temps. En revanche, les gestions administratives et comptables du chantier ont assez peu été considérées comme de potentielles traces des étapes d'une transformation de l'État vers une forme « moderne », ou vers une première Modernité. Or, elles sont porteuses de signes de mutations sociales, de changement de paradigme politique, de transitions économiques. Elles permettent de comprendre les mutations par l'intérieur de l'édifice administratif. Les deux dossiers de Gérone et Salses montrent ainsi bien le passage d'un temps à un autre, non pas comme une « évolution » entre un chantier médiéval et un chantier moderne – Salses ayant été présenté par l'historiographie comme la quintessence de la fortification de la première Modernité – mais bien comme le développement d'un modèle administratif médiéval appliqué à un chantier technologiquement et structurellement novateur. Ainsi, pour reprendre l'expression de Mollat (1958), comme il y a une « économie de la Renaissance », il y a aussi un chantier de la première modernité, dans son aspect technique, certes, mais également dans son encadrement administratif. Avons-nous devant les yeux un « point de bascule » ? Les dossiers étudiés nous montrent davantage un « moment épais » (Fauvelle, 2020), alliant pratiques dans la continuité du XIVe siècle et réelles nouveautés. En fait, les temps nous montrent la capacité des agents non pas à inventer des nouveaux écrits, mais à mobiliser selon les besoins un écrit ou un autre dans le cadre d'une procédure pour la consolider, la renforcer ou pour anticiper des problèmes. Ainsi, nous pouvons souligner un usage plus qualitatif que quantitatif de l'écrit. L'État, de son côté, fait avec l'existant employé comme cadre et l'adapte aux contextes avec de nouvelles procédures. Cela implique une désormais connaissance fine de la part des agents – et pose la question de « l'outillage mental » (Chartier, 2009, p. 36-41) – du réseau documentaire ainsi que du réseau humain qui composent cette procédure. Les agents doivent désormais faire abstraction de l'action individuelle, pour réfléchir de manière plus globale. On assiste au développement de la mémoire administrative collective, dont l'écrit est le référent partagé. Reprenant l'expression de Paul Bertand (2015), l'écrit est désormais « vivant », participant à l'équilibre qui se met en place entre un gestion de bon sens, presque domestique, et une gestion d'État. Le cas de Pere Miquel illustre parfaitement ce moment de glissement. Il est au service de la couronne et non au service de l'État, dont il aurait conscience comme étant plus grand que lui. Il n'a pas procédé à l'intériositation de ses obligation (Weber, 1995). La taille du chantier est-elle en ce sens un accélérateur de mutation ? Probablement, mais l'exemple d'Enrique de Guzmán qui demande au secrétaire Zafra d'avoir affaire à un seul payeur montre que la gestion directe est privilégiée par ses hommes, qui ont peut-être encore une vision trouble de la pyramide administrative et des relais d'autorités indispensables. Cette gestion directe, d'homme à homme, se muant en une gestion collective, distanciée et impersonnelle est-elle alors le « point de bascule » ? En tout état de cause, il semble vain de chercher une « invention », une nouveauté créée ex-nihilo qui serait la borne frontière entre Moyen Âge et Renaissance. Ces dossiers peuvent-ils justement nous aider à définir la notion de « modernité » ? Cette modernité ne résiderait-elle pas dans un contrôle aigü de la logistique et d'une rationalité administrative, qui, tout en élaborant des montages administratifs sécurisant les procédures, aurait conscience de ses limites ? En cela, l'illusion comptable de la « gouvernance par les nombres » (Supiot, 2015) signe un échec bureaucratique qui, paradoxalement serait marqueur de la modernité. Celle-ci ne serait donc qu'une tentative de contrer les défaillances et limites désormais bien connues et diagnostiquées. En somme, ce serait la procédure et son adaptation qui ferait l'État moderne, et non pas tant la production écrite ou l'administration qui ne seraient que des ajustements à cette procédure (Bourdieu, 1997).

Ces chantiers, scrutés au pied de la lettre, permettent donc des enquêtes riches et fructueuses, interrogeant l'État, l'administration, l'entreprise, la modernité des structures et des états d'esprit, les mécanismes économiques et les interactions professionnelles. Le chantier est donc un formidable laboratoire d'observation, qui va plus loin que l'histoire de la construction. C'est la société des hommes en action que nous y voyons. C'est un monde ouvert qui s'offre à la lecture des chercheurs présents et à venir.

ANNEXE I

Exemple de rapport (*memorial*) sur la situation des forteresses de la frontière roussillonnaise (1542)

AGS, GYM, leg. 003, pièces 418 à 422.

PIÈCE 418

/r°/ *V. mt lo a visto y lo sabe y conoce meior que todos de la calidad que es la fortaleza de Salsas y la importancia della y lo que conviene al bien y seguredat del principado de Cathalunya, la conservacion y custodia della, para lo qual se ofrecen en la dicha fortaleza algunas necescidades no de mucho gasto y de mucho provecho sin las quales no se puede exercir lo que conviene al servicio de V. Mt ni a la conservacion de aquella forteleza, suplica ell alcayde mossen Juan Dalbion a quien V. Mt poco a tiene dado el cargo de la guarda y tenencia della las mande ver y con brevedat proveer por lo mucho que a su servicio cumplen.*

La dicha fortaleza tiene hartas inperfeciones y faltas para su defension como V. Mt meio [...] *a visto por que los que la labraron con hazelle las paredes gordas les parecio que le daban todo lo que abia menester y segun la guerra que oy se usa son otras cosas muchas las que una fortaleza de tal calidad y en tal lugar a de tener, y porque estas son de mucho gasto y parece que sin que V. mt enviasse a mandallas ver a personas que lo entendiesse muy bien no las mandaria proveer dezir tan solamente las que al punte se pueden remediar y como dicho es con pocos dineros.*

Ninguna de las torres de donde sa de tirar, no tiene hechos trabeses que es de lo mas necessario de todo para la defension de la casa y para ofender los enemigos y sin ellos estan las torres y baluartes nudos que llegado cerca los enemigos no se les puede dezir nada ni ay de donde, estos trabeses an llegado muy cerca dias a dehazerse tanto que la piedra que para ellos es menester a mas de un año que esta ya en la fortaleza, estos todos son pocos dineros y es obra que en pocos dias sera despachada y no se puede encarecer de quan gran provecho es y quan necessaria V. Mt mando que se hiziessen quando aqui estubo y ni aquello ni otras cosas que aqui deixo mandadas nunca fan efectuado.

Otras labores ay asi tanbien de mucha inportancia como son hazer a las torres sus p[er]*etriles porque ninguna los tiene ni ay de donde tirar a los enemigos sino es quando esten a mas de setecientas passos de la fortaleza, pero todabia lo de los trabeses es muy mayor necessidat.*

En la dicha fortaleza ay tampoca artilleria que se puede dezir que no tiene ninguna segun la que a menester V. Mt tiene en la ciudadela harta artilleria de respecto para este efecto suplica a V. Mt enbie a mandar que se saquen de alli ocha o diez pieças las que ell alcayde pidiere y se trayan luego a Salsas esto conviene mucho y hazese despacio po esso sea de hazer con tiempo.

Asi mismo falta en la fortaleza polbora que no la ay sino tan poca que es empacho ver que se aya sufrido, y la que ay no vale nada por no se adobar el molino de la polvora que con poca costa se adobaria y no se haze. /v°/ *Sepa V. Mt que el numero de la gente que ay en Salsas es muy poco por que no son mas de cien hombres y son menester para ordinarios cinquenta mas hallanse con muy gran dificultat soldados que quieran asentar aqui asi por que les espanta esta clausura y la soledat desta casa y la mala sanidat della como por que temen las malas pagas que aunque de un año aca se les an hecho tres pagas siempre los pagan quando les deben tres tanto de lo que se les paga, y asi nunca salen de necessidat esto principalmente acaeçe a los que nuebamente asientan por que an de passar muchos meses antes que les quepa paga, y el doldado que asienta como no trae mas mueble de su arcabuz y su espada a un que le falte lo demas no le falta la gana de comer y la necessidad de tener en que dormir quando le cabe su ora, estas dos son cosas que como sin ellas no se bibe son de por fuerça que el soldado que asienta las halle el dia que asienta, para el remedio en alguna manera dellas cumple al servicio de Vra. Mt y tanto que sin esto no se hallara hombre que quiera servir aqui, que sienpre sea socorrido el soldado con pan y vino de lo del bastimento lo que abra menester a cuenta de su sueldo y al precio que vale en la tierra, o al que a V. Mt le cuesta y en esto si bien se quiere entender no se abentura mas de ser menester despues menos dineros para cada paga por que los abran ya recebido en bastimento en lo del dormir se provera con enbiar a mandar que de las camas que ay en la ciudadela de respecto se trayan a Salsas por aora treynta o quarenta dellos.*

Cumple mucho al servicio de V. Mt que los bastimentos desta fortaleza esten en poder de personas fiada y que tenga caudal para dar cuenta dellos y probeerlos cada vez que sea menester y sea requerido por ell alcayde que sabra quando abra necessidat que esten enteros en la fortaleza y ternal cuydado que sera menester para ver que sean quales an de fer los dichos bastimentos y pues ay buen salario senyalado para el bastimentero si se sabe buscar muy bien se hallara quien los administre como sera menester.

PIÈCE 419

/r°/ *El prior de Barleta dize que el ha visto la fortaleza de Colibre conforme a lo mandado por las del su consejo de la guerra y que le parece que V. Mt la deve de conservar contro qui es que no podria sofresçer de servir se mucho della pero por causa que si los henemigos la tomasen y quisiesen venir a Perpinan o a otros lugares de Catalunia y Ruysellon esta en buen aparejo para ellos que por mar podrian traer halla sus vituallas y todas las cosas neçesarias a su exerçito y no curarian en este caso nada de Salsas, la qual fortaleza es cosa pequeña que esta sobre aquel puerto y* [fecha] *commo* (?) *Salsas ala antigua que si lo que se gasto se gastara; con razon fueran la una fortaleza y la otra dos de las buenas fuerças de christianos conforme al sitio donde estan por ser pequeñas y aver gastado mucho en ellas. Y por que la dicha fortaleza no esta puesta donde debria de estar de razon y esta muy sujeta a padrastos por una banda y por otra, le pareçe que V. Mt debe demandar probeer que se le hagan doss* (?) *petriles porque la gente pueda estar a la defension della, y asimismo hazer engordar un baluarte que esta sobre la mar para que se puedan thenir* (?) *las trabiesas a un que se an batidos, y asimismo hazer engordar la muralla del castillo donde esta aposentado el alcayde y hazer las trabiesas en la plaça para cubrir la gente por causa de los dichos padrastos en la manera y forma que ha hordenado con el dicho alcayde que cree que podra costar por suma, hasta en quantia de 2500 por mas o menos.*

El prior di Barleta.

/v°/ *El pareçer de la fortifycaçion de la fortaleza de Colibre.*

PIÈCE 420

/r°/ *El prior de Barleta dize que el ha visto la fortaleza de Salsas conforme a lo mandado por los del su consejo de la guerra, a la qual como quier que le ha hallado una buena muralla, le ha hallado sin cosa ninguna que conbiene a una fuerça que se aya de defender por que no tiene ofensa ni defensa de ninguna manera ariba ni abaxo salbo algunas trabiesas echas sin ninguna razon que estan de harte que los henemigos en llegando les perderan y se podrian meter a la muralla y picar y minar la con poco risgo ni costa, y que le pareçe pus que estan gastados en ella tanta cantidad de dineros aun quanto* (?) *con la razon que debrian de ser gastados que V. Mt lo deve demandar probeer pues sin mucha costa se podra dar forma que se hara une gallardisima fuerça y se quitara a los henemigos la esperança de poder la tomar con hazer plaça en los baluarts de dentro para que se sirba de canones en ellos y echarlos de fuera sen das camisas de diez pies de muralla que demas que se haran fuertes los baluartes y para defender unos a otros en lo baxo y en medio se cubriran las trabiesas que se han de hazer de tal manera que no se los perderan sino con mucha dificultad y tiempo, y se hara plaça en lo alto con sus petriles para servirse de canones y demas se daria forma de meter en ella en tiempo de neçeçidad trezi*[ento]*s de caballo y mill ynfantes demas de los que agora se podrian aposentar, por lo qual se daria causa a los henemigos de mudar sus pensamientos en caso que determinasen de pasar adelante por el estorbo que estas gentes les harian en las vituallas y otras cosas, y si pasasen pasarian con mucho risgo, y si a V. Mt no le pareçe al presente hazer tanta costa a lo menos le pareçe que debe demandar hazer las ofensas y defensas de ariba en la manera y forma que ha hordenado.* /v°/ *A don Juan alcayde de la dicha fortaleza para servirse en defender y ofender a los henemigos con el artilleria que esta en ella, que se podra hazer con poca costa, por que si no se remedia desto esta para ser batido y reçibir lo que los henemigos le querran hazer, y ella no para ofender a sus henemigos antes muy sujeta para perderse brevemente. Siendo en el çercar persona que entienda la expunaçion de une fuerça como todo ello claramente con razon ha fecho conoçer al dicho alcayde y se conoçera sobre la traça.*

El prior de Barletta

/Pli extérieur/

El prior de la fortificaçion de la fortaleza de Salsas.

PIÈCE 421

/r°/ *El prior de Barleta dize que el ha visto la fortaleza de Perpinan conforme a lo mandado por los de su consejo de la guerra y por que para querer hazer plaça fuerte requiere mucha costa y mucho tiempo le pareçe que sabiendo que los henemigos oviesen devenir sobre ella se debria de reparar en la manera seguiente. Lo primero enforcar* (?) *de reparos los dos baluartes que estan en la fossa de partes del canpo con sus troneras como* (?) *conviene para que defiendan el fosso de la fortaleza de fuera por aquella parte aussi que no se podran metre pieças gruesas asi por ser*[...]*que mo*[...] *los baluartes como* (?) *porque el reparo o c*[...]*para* (?) *parte dellos se podra servir con arcabuzes y pieças pequeñas y que el reparo sea de alto cinco pies y de ancho doze pies y sea de madera faxina y terra ligado y fecho* (?) *de la manera y forma que ha dicho a maestro Regatado* (?). *Item otro reparo en la parte de azia el campo donde no esta terra plena y que sea de la misma manera y mas alto donde sera menesser. Item en la plaça que esta en entrando en la fortaleza de terno en torno hazer otro reparo del mismo anchor y altor y de la misma manera asi porla parte de azia el campo como* (?) *azta la villa con sus troneras que describran* (*deslibran* ?) *al campo y que batan ariba y abaxo y aura parte y a otra y que ci ynden unas o otras conforme a razon. Item otro reparo en la liça y muralla de azia la villa dela misma manera. Item otro reparo de la misma manera en la ciutadela azi a la parte del campo y tambien aviendo neçeçidad por la parte de la villa y todo segund y como veran los de dentro que ay neçeçidad y en aquellas partes y haziendo plataformas por donde juegue* /v°/ *el artilleria de la fortaleza para ofender al artilleria que los henemigos que vanporir* (?) *a las partes que veran que quieren ofender.*

Que los reparos se han de hazer sabiendo que los henemigos han de venir contra la dicha fortaleza y tiran por causa que si qui sies en batir la dicha fortaleza o coûta de la retubiesen labaterir como veran los que en la denfension se hallaron y visto lo que los henemigos querran hazer y por donde baten podran remediar lo de mas po de dentro de reparos y trabiesas conforme a razon porque estando echos estos reparos tenan tiempo para ello.

Lo prior de Barletta

/Pli extérieur/

El pareçer del raparar la forteleza de Perpinan. Es original del prior de Barleta.

PIÈCE 422

/r°/ *El prior de Barleta dize que el ha visto la villa de Perpinan conforme a lo mandado por los del su consejo de la guerra y lo que le parece se debe hazer si los henemigos vinieron sobre ella es o seguiente.*

Lo primero que por quanto ay mucha costa y requiere mucho tiempo por ser el sitio y si defensçion tal para fortificarla enprefiçion, y asimismo haziendo baluartes de reparo por defuera de la muralla no podrian responder las trabiesas unas a otras sin mucha costa por causa que el sitio no lo da lepereçe qie abiendo neçeçidad y sabiendo que los henemigos han de venir sobre la dicha villa se debe de reparar con tiempo por de dentro y que el reparo sea de madera afxina y tera en esta manera. Que se hiziese un reparo de torno en torno de la villa por partes de dentro de doze pies de ancho y de alto donde la tera esta elta y tres pies y donde esta baxa seys pies y en otros lugares donde no esta alto ni baxo quatro pies y cinco pies poco mas o menos conforman dose con la difensiçion del lugar, ligado y fecho el dicho reparo conforme e de la manera que ha dicho a [...] *debe a*[...].

Lo qual le parece se debria hazer que los henemigos viniesen porque no les tomasen de ymproviso y los que tobieren cargo de guardar la villa a un que batiesen la muralla ternan por causa deste reparo tiempo de hazer otro reparo por de dentro de la villa con sus trabiesas que haziendo las conforme a razon sera dificultosos a los heneligos de quitarlas y si les quitasen seria en largo tiempo y ternan los de dentro tiempo de hazer otros reparos y trabiesas con sus fosos delante como la razon requiere lo qual podran hazer conforme a lo que vieren que los henemigos haran en este caso. /v°/ *Asimismo le pareçe que se debria de hazer junto ala yglesia de Santiago une plataforma para poner en ella el artilleria porque descubre mucha parte del canpo y en lo de mas conformar con lo que vieren que los henemigos tienta hazer, lo qual todo de mas que ha dicho al dicho don Françes les dixo y mostro a los capitanes Salazar y Pedro de Campo, y tambien a maestro Regalado la mañana de los reparos que devian hazer.*

El prior de Barletta

ANNEXE II

Rapport fait au roi Ferdinand II des travaux restants à faire à Salses (1503)

AGS, Guerra Antigua, leg. 1315.

/f° 127 r°/ *Relacion de lo que queda por hazer e dar complimiento a la obra de Salsas*

En la torre del omenage estan hechados los tablamentos y falta el remate y al menos y esta elegido para fazer un clochel con sus ochavos e remates para quel alcayde que fue en la fuerza pueda mirar a toda la casa y en esta torre salen quatro torres bolantes en que ay por fazer de obra en toda ella LXX canas	*70 canas*	
En la barrera que esta pegada a la dicha torre de omenaje a los dos lados esta por hazer veynte canas	*20 canas*	
En la torre que esta ala parte de la syerra estan echados los tablamentos y esta por fazer media cana y en esta media cana en la plaça que esta entre lasdos torres que se ha de alzar al nivel de la barrera que estan por fazer XL canas	*40 canas*	*153 canas*
En la barrera que esta en la parte de Salsas que esta sobre la puerta falsa fasta el atajo que selan las torres de los cantones que apartan del retraimiento de la casa esta por fazer treze canas	*13 canas*	

En la pared del atajo que esta sobre el patin del retraymiento con su torre volante que esta sobre la puerta donde entran al patin de retraimiento estan por fazer diez canas	*10 canas*	
	153 canas	

/fº 127 vº/

	153 canas	
Por la barrera que esta sobre la puerta principal esta por hazer hasta el atajo del reutraymiento e dela casa que tiene puente levadiza e de las torres de los cantones quarenta canas	*40 canas*	
En la pared de la casa que esta sobre la barrera estan por hazer treynta canas	*30 canas*	
En las dos torres pequeñas que estan sobre las torres de los cantones quedan por hazer veynte canas	*20 canas*	*594 canas*
En la pared que que ataja la casa y el retraymiento que esta sobre la cava del del patin y la torre de tres puertas y la otra pared que esta a la otra parte sobre el patin de la casa en todas tres estan por hazer CCLX *canas*	*260 canas*	*747 canas*

(marge : *almenas*[1])

1 « Créneaux, remparts ».

En la torre del omenaje y en las torres de los cantones y en la barrera de todo el retraymiento hasta las torres donde se aparta la casa e el retraymiento ay de al menas gruesas a la horden que suso dudias (?) *por hazer ciento e quarenta syet canas las quales sedevan contar cana en quadra porque son mas esquivas al hazer*

147 canas

(marge : *almenas*)

Las almenas de la pared de la casa que esta sobre el patin del retraymiento de sobre la entre barrera e en la dicha pared ha de levar su petril[2] *e almenas de grueso de dos palmos e medio a la parte de dentro su petril en que estas se pueden contar dos canas por una que son por todas noventa set canas*

97 canas

594 canas

Asi que esta por hazer en el retraymiento e torre del omenaje e torres e barreras e petriles e almenas todo puesto en per [...]

747 canas

/fº 128 rº/ *Lo que queda por hazer en la casa syn el retraymiento en la barrera e otras cosas de la casa*

En la barrera esta echado el viaje en altaria de una cana e dos palmos queda por hazer para dar complimiento a caballa

120 canas

En las dos torres de los cantones que estan ala parte del estano estan echados los tablamentos y estan por alçar media cana y para acaballasion sus plaças e cantones que dan por hazer

100 canas

2 « Parapet ».

(marge : *almenas*)

De almenas gruesas que se han de hazer en estas dos torres en los otros lienços[3]

127 canas

Las paredes de las cavallerizas estan los dos partes cimentadas e puestas sus pesembreras ala parte de la pared e de la cavalleriza que esta ala parte del estano esta por cementar en que se ha de alçar ocho canas en alto mas une cana en la barrera queda en esto por hazer

820 canas

1437 canas

En los petriles e almenas que han de estar sobre la dicha pared queda por hazer

40 canas

El rasear de las bovedas que han de estar sobre las dichas cavallerizas y sobrelos aposentos[4] *con el nuncio que terna la entrebarrera queda por hazer*

100 canas

En el atajo de la cava del baluart menor esta por hazer XXX canas

30 canas

Asy que suman las cavas que estan por hazer fuera de retraymiento e torre del omenaje segund dichos *1437 canas*

Suman las cavas que estan por hazer en el aposeta e torre del omenaje *747 canas*

Son todas *2184 canas*

---

3 *Lienzos de muralla* : « pans de murailles ».

4 « Pièces ».

/fº 201 rº/ *Relacion de lo quel Rey nuestro senyor da alos destajeros de la obra de Salsas segund que por lo capitulado parece y lo que mas dello es menester obrar y lo que monta en ello est en esta guisa*

Vuestra Alteza les manda dar 20 000 ducados por lo capitulado que valen 7 500 000 mrs.

Mas les manda dar vuestra alteza por lo capitulado de la piedra y cal que vale segund que por la tasacion[5] *que se hizo parece 960 ducados a maravedis 360 000.*

Mas les manda dar vuestra alteza toda la madera que esta en la fortaleza asy la nueva como la vieja que syrve en andamios que segund la tasacion vale 647 ducados como quiera que de la madera de los andamios non tasaron mas de la meytad de lo que coûta que es a maravedis 239 500 mrs.

Mas les manda dar vuestra alteza todas las rexas y hierro y erramientas y cerraduras y cadenas y chapas y otras cosas de mas saliende delas hierramientas com que se syrve la obra el dia de oy que se tasaron en 455 ducados 18 s. que valen a maravedis 17 830 mrs.

Asy que monta todo lo que vuestra alteza les manda dar segund y en la manera que dicha es 22 062 ducados que valen a maravedis 8 273 466 mrs.

/fº 201 vº/ *Montalo que se ha de hazer hoy de mas de lo que esta asentado lo seguiente*

Per lo que se acrecienta de mas de lo que los destajeros estan obligados por lo capitulado es enpedrar del patio y caballejizas y otras cosas que vuestra alteza manda que se enpiedran 407 ducados 26 s. que tasaron los maravedis de Varcelona [*sic*] *que valen a maravedis 161 474 mrs.*

Por acrecienta se mas el gasto de los coredores que ha de aver en el aposento real y cavallerizas que segund la tasacion que hizieron dichos maravedis son 560 ducados 14 s. que valen a maravedis 211 060 mrs.

Por acrecientase mas el sacar de la tierra de los baluartes y ponerlo al peso que ha de quedar y la estacada para la chapa que setaso en 146 ducados que valen 54 750 mrs.

Por acrecientar se mas el abrir de los citios de la chapa de los baluartes que es a cargo de los mandar abrir vuestra alteza que los tasaron en 37 ducados 12 s. que valen 13 400 mrs.

5 « Estimation ».

Per crecientarse mas el allanar de la terra para se hazer plaça enderedor (sic) *de la fortaleza que se tasa a parecer de maestro Ramiro en 600 ducados que valen a marevdis 225 000 mrs.*

Asy que monta en lo acrecentado de mas de lo capitulado segund y en la manera que dicha es 1750 ducados que valen a maravedis 665 688 mrs.

/f° 222 r°/ *Lo que esta por obrar en los baluares y chapar y lobera ques a cargo de maestro Pedro*

Estan por la obrar en los baluartes y chapa y lobera ques a cargo de maestro Pedro 1 124 canas que montan en ellas a razon de 2 000 mrs la cana 2 248 000 mrs.

Asy que monta en todo asy en lo uno como en lo otro segund y en la manera que dicha es para dar fin ala dicha obra lo que ha de costar segund lo capitulado y acrecentado com los dichos baluartes y chapa y lobera 11 182 154 mrs esto se entiende cargandose les a dinero los 2 062 drs en que fueron a perciadas la cal y piedra y madera y cosas de hierro.

Lo queda mas por hazeer que no esta tasado[6]

[…] *pecho que se ha de hazer en la cabda del atajo del del retraymiento de ladrillo piedra de l'Amporda que fue tasado en 44 ducados que valen 16 650 mrs.*

Una escalera grande para subir a la entrebarrera que se tasa en 200 ducados la piedra y obra della que valen a maravedis 75 000 mrs.

El alinpiar de la caba y ponella alpeso qie ha de dar se taso en 400 ducados esta caba se ha dever por justia asy maestro Pedro y Maestro Yñigo que la tomaron a destajo sy son obligados a la acabar de hazer que valen a maravedis 150 000 mrs.

/f° 186 r°/ *Carta de Antonio de San Martí al Rey*

Ya tengo dicha toda mi opinion al governador de lo que ha de faser para estar seguro en Salsas que una vez haga acabar el muro e las defensas de arriba asy de las torres como de los adarves.

6 « Estimé ».

ANNEXE III

Reddition de comptes de Gabriel Sanchez, trésorier général du roi d'Aragon, 1499 (extraits)

ACA, Real Patrimonio, Maestre Racional, volumenes, serie general 661, libros de albaranes, libro de albaranes de Guillermo Sanchez, 1497-1500.

/f° 4 v°/ *De monseyn Gabriel Sanchez*

Nosaltres Galceran Bertran loctinent en lo offici de Mestre Racional alla cort del senyor Rey e Pere de Bordils scrivà en lo dit offici commissaris [...] *et insolidum elets e havent ample et bastant poder del dit senyor Rey ab sa patent promissio de la sua ma signada e en lo dors sagellada e altres acostumades solemnitats expedida per aoyr examinar liquidar impugnar e finar los comptes de vos molt magnifich monseyn Gabriel Sanchez conseller e tresorer general del dit senyor Rey e per fer les diffinicions necessaries sagelladores ab lo sagell del offici de Mestre racional servant en tot e per tot les ordinacions* [...] *La qual commissio es feta a nosaltres attes que lo molt magnifich monseyn Guillem Sanchez cavaller conseller e roper del dit senyor Rey ierma vostre* [...] *erat stat creat Mestre Racional dele regia cort e no fora cosa honestat de dar a ell vostre compte i sens preiudici de note sua segons que en la dita real promissio es mes largament contengut; La qual es dada en la ciutat de Segovia a XX de Agost any Mil CCCCLXXXXV. E deputats e delegats ab altra promissio en paper de la real ma en la forma solita expedida ab la qual lo dit senyor declarant que la intencio e voluntat sua son e es ab la prop dita promissio no solament cometre a nosaltres la recepcio e liquidacio dels comptes de vos dits tresorer com a tresorer general de la maiestat mes encara com a tresorer del Illustrissimo princep don Johan fill seu que haie Sancta Esglesia e encara com a receptor que fos de les rendes e emoluments del Reverentissimo e illustre don Alfonso Darago elet e administrador* /f° 5 r°/ *perpetual de la yglesia de Çaragosa fill seu en lo temps que stava dins sa potestat de nou specialment nos comet e mana la audicio e examinacio de aquells segons stil e pratica del Racional volent sa magestat examinen e clogam los dits comptes vostres com a tresorer del dit princep e receptor de les rendes del dit Archibisbe com si expressament lo dit poder nos fos dat ab la sua precalendada promissio segons que mes largament es contengut en la sua real letra la qual es dada en Toledo a IIII de maig any present e dieus scrit e registrada en lo principi de vostre compte designat; Atorgam a vos dit en Gabriel Sanchez conseller e tresorer del dit Senyor princep primogenit del dit Senyor Rey e de sos regnes e terres general governador que havets comptat ab nosaltres en lo nom que dessus dela administracio del offici dela tresoreria del dit Senyor princep en la forma ques segueix; Es asaber que lo dit Senyor Rey e la Illustrissima Senyora Reyna dona Elisabet pare e mare e legittimus administradors tudors e curadors de la presona [sic] e bens del dit Illustrissimo princep don Johan princep de les Asturies e de Gerona primogenit e hereu dels Regnes de Castella de Arago e de Scicilia, Duch de Montblanch e senyor de la ciutat de Balaguer fill primogenit llur carissim ab llur carta enpergami scrita ab lo real sagell pendant sagellada i dada en la ciutat de Trugillo lo primer de febrer any de la nativitat de nostre Senyor Mil CCCCLXXVIIII per quant vos dit en Gabriel Sanchez lavors loctinent de tresorer general del dit Senyor Rey en lo regiment de la dita loctinencia be e lealment e ab gran vigilencia e diligencia vos erets portat les quals coses indulgien los llures reals animos a promoureus amaior cosa deliberadament e de certa sciencia en los dits noms e en altra manera en aquella millor via e forma que poden vos dit en Gabriel Sanchez statuye creben e ordenen tresorer e receptor general del dit Illustrissimo princep e llur com atudors e curadors damunt dits* […] *Aixi que vos dit en Gabriel Sanchez e nengu altre mentres* /f° 5 v°/ *viurets siats general Tresorer del dit illustrissimo princep e primogenit* […] *havent deffenent e per vostres forces conservat e demanane e recobrant apoches diffuncions e quelsevol altres cautelles de pagua fahent e atorgant aqualsevol receptors los comptes e rachons de aquells exhigint e llurs restes havent e llurs errors corregint e puniint e finalment fahent e exercint totes altres coses que al damunt dit offici de thresorer e receptor general pertangue enqualsevol manera* […] [détails de l'exercice du compte-rendu] / f° 7 r°/ […] *lo qual compte resta conservat en lo archiu de casa del Racional ab les cauteles de aquell en testimoni de les quals coses havem fet a vos lo present albara sagellat ab lo sagell del offici del Racional scrit en Barchinona a XXVI de juliol anno anativitate Domini millesimo CCCCLXXXXVIIII.*

SOURCES

FONDS D'ARCHIVES

ARCHIVO GENERAL DE SIMANCAS (AGS)

Fondos de Instituciones del Antiguo Régimen

- Contaduría Mayor de Cuentas (CMC). 1ª epoca (1EP)

Leg. 40	Leg. 141	Leg. 1873
Leg. 42	Leg. 142	Leg. 1874
Leg. 101	Leg. 180	Leg. 1930
Leg. 140	Leg. 1000	

- Guerra Antigua (GYM)

Legajos (LEG)

Leg. 3	Leg. 21	Leg. 1315
Leg. 5	Leg. 26	Leg. 1691
Leg. 7	Leg. 28	Leg. 1689
Leg. 11	Leg. 1314	

- Francia (K)

Leg. 1639

- Camara de Castilla (CCA)

Libros registros de cédulas (CED)

Libros generales de la cámara

CED, 1, 93, 1	CED, 2, 2-2, 25, 4	CED, 3-1, 8, 5
CED, 2, 2-1, 90, 3	CED, 2, 2-2, 10-5	CED, 3-1, 18, 1
CED, 2-1, 175, 37	CED, 2, 2-2, 11, 1	CED, 3-1, 43, 1
CED, 2, 2-1, 53, 6	CED, 2, 2-2, 58, 1	CED, 3-2, 56, 3

CED, 2, 2-2, 7, 1
CED, 2, 2-2, 60, 7
CED, 2, 2-2, 25, 2
CED, 2, 2-2, 25, 3
CED, 5, 76, 1
CED, 5, 75, 8
CED, 5, 76, 1
CED, 5, 171, 5
CED, 6, 5, 2
CED, 6, 39, 1
CED, 2, 2-2, 63, 2
CED, 2, 2-2, 66, 1
CED, 2, 2-2, 71, 5
CED, 2, 2-2
CED, 6, 77, 3
CED, 105, 2
CED, 6, 110, 10
CED, 6, 120, 4
CED, 6, 126, 2
CED, 6, 130, 2
CED, 4, 55, 4
CED, 4, 21, 1
CED, 4, 45, 3
CED, 5, 171, 5
CED, 6, 147, 4
CED, 6, 176, 5
CED, 6, 177, 2
CED, 6, 227, 2

- Personas (PER)

Leg. 12
Leg. 14
Leg. 15
Leg. 23

- Escribania Mayor de Rentas (EMR)

Mercedes y Privilegios (MER)
Leg. 98-50
Leg. 98-84

- Tenenzias de Fortalezas (TEN)

Leg. 4 (identique à *Contaduria mayor de Hacienda (2.13), Tenencia de fortalezas*, leg. 368-382)

- Contaduria Mayor del sueldo

2ª serie, leg. 98
1ª serie, leg. 122

- Cancillería. Sello de Corte

Registros del Sello de Corte (RGS)
LEG, 148909, 174
LEG, 149404, 257.

Legajos (LEG)
LEG, 149703, 75
LEG, 149102, 113
LEG, 149112, 15
LEG, 149506, 47

LEG, 149603, 115
LEG, 149703, 212

- Patronato Real (PTR)

Legajos (LEG)

LEG, 53, doc. 72
LEG, 52, doc. 88

ARCHIVES DÉPARTEMENTALES DES PYRÉNÉES ORIENTALES (ADPO)

- Série B

1B 313 (1478-1479)
1B 341 (1494)
1B 342 (1494-1496)
1B 343 (1492-1500)
1B 344 (1319-1505)
1B 345 (1475-1512)
1B 357 (1151-1599)
1B 413 (1440-1494)
1B 414 (1495)
1B 415 (1494-1501)
1B 416 (1315-1505)
1B 418 (1497)

- Série G

G 238

- Notariat

3^{E}1/866 : Romaguera, Perpignan, 1491-1497
3^{E}1/2014 : Raynalt, Perpignan, 1497-1499
3^{E}1/2015 : Raynalt, Perpignan, 1499
3^{E}1/2047 : Jorda, perpignan, 1497
3^{E}2/323 : Mas, Perpignan, 1497-1511

- Archives communales déposées

112 EDT 4
112 EDT 24 (1275-1508)
112 EDT 10 (1457-1659)
112 EDT 12 (1457-1660)

ARXIU HISTÒRIC DE GIRONA (AHG)

- Fons notarial Girona

Districte notarial Girona 1 (Gi-01)
462, Roca (pare), 1462-1467
471, Roca (pare), 1456-1474
495, Roca (fill), 1496-1497
502, Roca (fill), 1495-1496
503, Roca (fill), 1496-1497
559, Roca (fill), 1494

Districte notarial Girona 3 (Gi-03)
92, Arnau, 1461-1462

Districte notarial Girona 4 (Gi-04)
198, Ferrer Sasala, 1462

Districte notarial Girona 6 (Gi-06)
188, Masdevall, 1462-1476
97, 1503
239, 1507

Districte notarial Girona 9 (Gi-09)
63, Verrell, 1462

Districte notarial Girona 11 (Gi-11)
68, Cerdà, 1495
69, Cerdà, 1495-1496
74, Cerdà, 1490-1508
76, Cerdà, 1497-1499
78, Cerdà, 1499

- Fons notarial La Bisbal d'Empordà (LB)

20, Saguer, 1502
35, Trias, 1502-1504
1499, Nató, 1499-1500
1637, Nató, 1499-1532
1770, no identificat, 1472-1504
1956, no identificat, 1476-1496

ARXIU MUNICIPAL GIRONA (AMG)

- Manuals d'Acords

RG 17564, 1462-1464, vol. 71

- Llettres reials

ARCHIVO DE LA CORONA DE ARAGÓN (ACA)

- Real Cancillería
    Cartas reales
        Fernando II

Caja 2, 142

Registros de la Real Cancillería
    Registros de Juan II
        Comune

1, núm. 3495, 1461-1462
2, núm. 3496, 1461-1462
3, núm 3497, 1461-1462

Registros de Fernando II el Católico
    Comune

11, núm. 3531, 1493-1498
12, núm. 3532, 1493-1498
13, núm 3533, 1496-1507
14, núm. 3534, 1496-1507

Curie Sigilli Secreti

7, núm. 3611, 1493-1497
10, núm. 3614, 1495-1503

Registros de Juan II el Grande
    Registros de la lugartenecia del infante y la reina
        Comune (Infante Carlos y Reina Juana. 1461-1462)

1, núm. 3495, 1461-1462
2, núm 3496, 1461-1462
3, núm 3497, 1461-1462

- Real Patrimonio

Maestre Racional

Libros de albaranes
Libros de albaranes de Guillermo Sanchez

Núm. 661

Escribania de Racio del Rey
Registros de albaranes
Registres de albaranes extraordinarias de Luis Santángel
Núm. 0875
Núm. 0876
Registro de albaranes de Andrès de Paguera
Núm. 660
Registro de albaranes de Guillermo Sanchez
Núm. 661

- Tesoreria Real de Aragon

Libros ordinarios de la tesoreria de la Reina
Núm. 0547.

Procuracion real de los Condados de Rosellon y Cerdaña
Libro ordinario del procurador Antonio Desvivers
Núm. 114
Núm. 115
Núm. 116
Núm. 117
Núm. 119
Núm. 0547

ARXIU DIOCESA DE GIRONA (ADG)

- Llibres d'Obra

Núm. 51, 52

BIBLIOTECA DE LA REAL ACADEMIA DE LA HISTORIA (BRAH)

- Colección Salazar y Castro (CSC)

A-8
A-9
A-11

- Colección de Jesuitas

Varios, 118.

ARXIU HISTÒRIC DEL PROTOCOL DE BARCELONA

- Pergamins

715

SOURCES ÉDITÉES

ANGHIERA, Piedro Martire d', *Opus epistolarum Petri Martyris Anglerii Mediolanensis... Cui accesserunt epistolae Ferdinandi de Pulgar coaeanei, latinae pariter atque hispanicae cum tractatu hispanico de viris Castellae illustribus*, Amsterdam-Paris, Editio postrema, 1670.

ARNALL JUAN, Mª Josefa (éd.), *Lletres reials a la ciutat de Girona*, Gérone : Barcelone, Ajuntament de Girona ; Fundació Noguera, 2000, vol. II.

AYORA DE CÓRDOBA, Gonzalo de, *Cartas de Gonzalo Ayora, cronista de los Reyes Católicos ... escribialas al Rey don Fernando en el año 1503 desde el Rosellón, sobre el estado de la guerra con los Franceses*, Madrid, Sancha, 1794.

BERNÁLDEZ, Andrés, *Historia de los Reyes Católicos d. Fernando y Dona Isabel*, Sevilla, Geofrin, 1870.

BOFARRULL Y MASCARÓ, Próspero, *Colección de documentos inéditos del Archivo de la Corona de Aragon. Procesos de las antiguas cortes y parlamentos de Cataluña, Aragón y Valencia custodiados en el Archivo General de la Corona de Aragón y publicados de Real Órden por Próspero de Bofarrull y Mascaró*, Barcelone, José Eusebio Monfort, 1847, vol. V.

BOILEAU, Étienne, *Le livre des métiers*, Reproduction en fac-Similé, Revigny-sur-Ornain, Bibliothèque des arts, des sciences & des techniques, 2005.

COMMINES, Philippe de, *Les Mémoires de Messire Philippe de Commines, Chevalier, Seigneur d'Argenton : sur les principaux faicts et gestes de Louis onzième et de Charles huictiéme, son fils, Roys de France. Reveus et corrigez par Denis Sauvage de Fontailles en Brie, sur un Exemplaire pris à l'original de l'Auteur, et suyvant les bons Historiographes et Chroniqueurs*, Livre Huit, chap. 16, Paris, 1552.

Cortes de los Antiguos Reinos de León y Castilla publicadas por la Real Academia de la Historia, Madrid, Real Academia de la Historia, 1866, vol. III.

CAPMANY Y DE MONTPALAU, Antonio de, *Cartas de Gonzalo de Ayora ... escribialas al Rey Don Fernando en el año 1503 desde el Rosellón, sobre el estado de la guerra con los franceses dalas a la luz D.G.V.*, Madrid, En la Impremta de Sancha, 1794.

ERRARD de BAR-LE-DUC, Jean, *La fortification desmonstrée et reduicte en art par Jean Errard de Bar-Le-Duc, Ingénieur du Treschrestien Roy de France et de Navarre. Dédiée à la Maiesté. À Paris, 1604*, Rungis, Maxtor, 2012.

FELIU DE LA PEÑA, Narciso, *Anales de Catalunya*, Barcelone, 1709, vol. III.

FERNADEZ DE OVIEDO, Gonzalo, *Libro de la camara real del principe don Juan (ed. original 1548)*, Valence, Publicaciones de la Universidad de Valencia, 2006.

FITA Y COLOMÉ, Fidel (dir.), *Los reys de Aragó y la seu de Girona desde l'any 1462 fins al 1482 : Col-lecció de actes capitulars, escritas per Andreu Alfonsello, vicari general de Girona*, Barcelone, Estampa Catalana de L. Obradors y P. Sulé, 1873.

JACOB, Paul L. (éd.), *Chroniques de Jean d'Auton*, Paris, Sylvestre, 1835, vol. II.

LAFAILLE, Germain de, *Annales de la ville de Toulouse*, Toulouse, 1687, vol. 1.

LALAING, Antonio de, « Primer Viaje de Felipe el Hermoso a España en 1501 », *Viajes de Extranjeros por España y Portugal*, éd. J. Garcia Mercadal, 2e éd., Madrid, Junta de Castilla y León, Consejería de Educación y Cultura, 1999, vol. V.

MAÎTRE RAOUL, *Le Mémorial des Finances de Robert de Bourgogne (1273-1285)*, Paris, A. Picard, 1933.

MARIANA, Jean de, *Histoire générale d'Espagne du P. Jean de Mariana, de la Compagnie de Jésus. Traduite en françois, avec des notes et des cartes par le P. Joseph-Nicolas Charenton, de la même Compagnie*, Paris, 1725, tome cinquième.

MARTORELL, Francesc (dir.), *Epistolari del segle* XV. *Recull de cartes privades*, Barcelone, Barcino, 1926.

MÜNZER, Jérôme, « Viaje por España y Portugal en los años 1494 y 1495 », *Boletín de la Real Academia de la Historia*, 84, 1924, p. 32-119.

PULGAR, Fernando del, *Crónica de los Reyes Católicos*, Madrid, Espasa-Calpe, 1943.

RUIZ GÓMEZ, Vicenç (éd.), *Els Pergamins documentals de l'Arxiu Històric de Protocols de Barcelona, 1142-1500*, Barcelone, Fundació Noguera, 2014.

RUMEU DE ARMAS, Antonio, *Itinerario de los Reyes Católicos : 1474-1516*, Madrid, Instituto Jerónimo Zurita, 1974.

SANDOVAL, Prudencio de, *Historia de la vida y hechos del emperador Carlos V*, Saragosse, 1634.

SANS I TRAVE, Josep Maria (éd.), *Dietaris de la Generalitat de Catalunya*, Barcelone, Generalitat de Catalunya, 1994, vol. I : *anys 1411 a 1539*.

SANTA CRUZ, Alonso de, *Crónica de los Reyes Católicos. Hasta ahora inédita*, Séville, Escuela de Estudios Hispano-Americanos de Sevilla, 1951.

SANUTO, Marino, *I diarii*, Venise, F. Stefani, 1881, vol. V.

ZURITA, Jerónimo, *Historia del Rey don Hernando el Catolico : de las empresas y ligas de Italia (éd. original 1579)*, Saragosse, Departamento de Cultura y Educación, 1989.

BIBLIOGRAPHIE

AGAMBEN, Giorgio, *Le sacrement du langage : archéologie du serment. (Homo sacer II, 3)*, Paris, J. Vrin, 2009.

AGLIETTA, Michel, « Monnaie et confiance dans les sociétés marchandes », *La confiance : Un dialogue interdisciplinaire*, dir. A. Gaillet, N. Perlo et J. Schmitz, Toulouse, Presses universitaires Toulouse 1-Capitole, 2019, p. 103-113.

ALLARD, Olivier, CAREY, Matthew et RENAULT, Rachel, « De l'art de se méfier », *Tracés. Revue de Sciences humaines*, 31, 2016, p. 7-20.

ALTURO, Jesus, « Le statut du scripteur en Catalogne (XIIe-XIIIe siècles) », *Le statut du scripteur au Moyen Âge : actes du XIIe colloque scientifique du Comité International de Paléographie Latine, (Cluny, 17-20 juillet 1998)*, dir. M.-C. Hubert, Paris, Champion, 2000, p. 41-55.

ANDRÉS DIAS, Rosana de, *El último decenio del reinado de Isabel I a través de la tesorería de Alonso de Morales (1495-1504)*, Valladolid, Secretariado de Publicaciones e Intercambio Editorial, Universidad de Valladolid : Instituto Universitario de Historia Simancas, 2004.

ANDUJAR CASTILLO, Francisco, *El sonido del dinero. Monarquía, ejército y venalidad en la España del siglo XVIII*, Madrid, Marcial Pons, 2004.

ANGOTTI, Claire, CHASTANG, Pierre, DEBIAIS, Vincent et KENDRICK, Laura, *Le pouvoir des listes au Moyen Âge*, Paris, Éditions de la Sorbonne, 2019.

ANHEIM, Étienne et CHASTANG, Pierre, « Les pratiques de l'écrit dans les sociétés médiévales (VIe-XIIIe siècle) », *Médiévales*, 56, 2009, p. 5-10.

ANHEIM, Étienne, « La normalisation des procédures d'enregistrement comptable sous Jean XXII et Benoît XII (1316-1342) : une approche philologique », *Mélanges de l'École française de Rome*, 118-2, 2006, p. 183-201.

APARICI MARTÍ, Joaquín, « Obra en piedra. Maestros vizcaínos en la plana de Castelló (siglos XV-XVI) », *Millars : Espai i historia*, 29, 2006, p. 133-150.

ARNOUX, Mathieu, « Relation salariale et temps du travail dans l'industrie médiévale », *Le Moyen Âge*, Tome CXV-3, 2009, p. 557-581.

ARRIBET-DEROIN, Danielle, « Ouvrer et besogner au Moyen Âge : à l'atelier, à l'usine », *Quoi de neuf au Moyen Âge ?* dir. I. Catteddu et H. Noizet, Paris, Éditions de la Martinière, 2016, p. 64-80.

AUBERT, Marcel, « La construction au Moyen Âge (Suite. L'architecte) », *Bulletin Monumental*, 119-1, 1961a, p. 7-42.

AUBERT, Marcel, « La construction au Moyen Âge (suite) », *Bulletin Monumental*, 119-2, 1961b, p. 81-120.

AUBERT, Marcel, « La construction au Moyen Âge (suite) », *Bulletin Monumental*, 119-3, 1961c, p. 181-209.

AUBERT, Marcel, « La construction au Moyen Âge (Fin. III. Le chantier) », *Bulletin Monumental*, 119-4, 1961d, p. 297-323.

AUBERT, Marcel, « La construction au Moyen Âge », *Bulletin Monumental*, 118-4, 1960, p. 241-259.

AUBERT, Marcel, « La construction au Moyen Âge. Loges d'Allemagne. Maçons et Francs-maçons en Angleterre », *Bulletin Monumental*, 116-4, 1958, p. 231-241.

AURELL, Martin (dir.), *Convaincre et persuader : communication et propagande aux* XIIe *et* XIIIe, Poitiers, Centre d'Études Supérieures de Civilisation Médiévale, 2007.

AURELL, Martin, AURELL I CARDONA, Jaume et HERRERO LÓPEZ, Montserrat (dir.), *Le sacré et la parole : le serment au Moyen Âge*, Paris, Classiques Garnier, 2018.

AUTRAND, Françoise, « Conclusions », *Les serviteurs de l'État au Moyen Âge : XXIX*[e] *Congrès de la SHMESP (Pau, mai 1998)*, Paris, Publications de la Sorbonne, 1999, p. 299-303.

AYMARD, Maurice, « L'entrepreneur dans la société de son temps », *L'impresa. Industria Commercio Banca. Secc.* XIII-XVIII. *Prato, 30 aprile – 4 maggio 1990*, éd. S. Cavaciocchi, Paris, Le Monnier, vol. 22, 1991, p. 791-817.

BALDUCCI PEGOLOTTI, Francesco, *La pratica della mercatura*, Cambridge, Mediaeval Academy of America, 1936.

BALDWIN, John W., *Philippe Auguste et son gouvernement : les fondations du pouvoir royal en France au Moyen Âge*, Paris, Fayard, 1991.

BALOUZAT-LOUBET, Christelle, « Bien s'entourer pour mieux gouverner : Les officiers de Mahaut, comtesse d'Artois (1302-1329) », *Annales de Bretagne et des pays de l'Ouest*, 116-1, 2009, p. 146-165.

BARJOT, Dominique, « Histoire économique et historiographie française : crise ou renouveau ? », *Histoire, économie et société*, 31e année-2, 2012, p. 5-27.

BARNES, John Arundel, *Politics in a Changing Society. A Political History of the Fort Jameson Ngoni*, Manchester University Press, 1967.

BARRAL I ALTET, Xavier (dir.), *Artistes, artisans et production artistique au Moyen Âge : colloque international, Centre national de la recherche scientifique, Université de Rennes II, Haute-Bretagne, 2-6 mai 1983*, Paris, Picard, 1986.

BATLLE I PRATS, Lluís, « El rey Católico y la ciudad de Gerona », *Annals de l'Institut d'Estudis Gironins*, 7, 1952, p. 156-266.

BATLLE, Monique, *« Fogatges » catalans : Capcir, Cerdanya, Conflent, Rosselló, Vallespir : recensements du* XIe *au* XXe *siècles*, Perpignan, Terra Nostra, 1973.

BAYROU, Lucien, FAUCHERRE, Nicolas, CHARBONNEAU, Jean-Paul et QUATREFAGES, René, *La forteresse de Salses*, Paris, Édition du Patrimoine-Centre des monuments nationaux, 2012.

BEAUCHAMP, Alexandra, « Écrit et pouvoir royal en péninsule Ibérique », *Écrit, pouvoirs et société en Occident aux XIIe-XIVe siècles : Angleterre, France, Italie, péninsule Ibérique*, Paris, Ellipses, 2019, p. 241-253.

BEAUCHAMP, Alexandra, « Conseillers scélérats et mauvais gouvernement : le roi d'Aragon, ses conseillers et le conseil à la fin du XIVe siècle », *Anales de la Universidad de Alicante. Historia Medieval*, 19, 2017, p. 175-191.

BEAUCHAMP, Alexandra, « La composition de la Casa i Cort du roi d'Aragon. Normes et pratiques au début du règne de Pierre le Cérémonieux », *Erasmo. Revista de historia Bajomedieval y Moderna*, 1, 2014, p. 21-42.

BEAUCHAMP, Alexandra, « Contra injurias, violencias, corrumpciones sordidas, fraudes enormes, extorsiones illicitas … : enquêtes générales et contrôle des officiers royaux dans la Couronne d'Aragon des années 1340 », *Quand gouverner c'est enquêter : les pratiques politiques de l'enquête princière (Occident, XIIIe-XIVe siècles) : actes du colloque international d'Aix-en-Provence et Marseille 19-21 mars 2009*, dir. T. Pécout, Paris, De Boccard, 2010, p. 55-76.

BEAUCHAMP, Alexandra, « Les lieutenants généraux des rois d'Aragon de la fin du Moyen Âge : médiateurs de la parole du prince ou voix de la royauté », *Cahiers d'études hispaniques médiévales*, 31-1, 2008, p. 45-64.

BEAUCHAMP, Alexandra et NARBONA CÁRCELES, María, « Des bureaucraties au service des cours. Administrateurs et gestion des affaires curiales dans la péninsule Ibérique aux derniers siècles du Moyen Âge. Présentation », *e-Spania. Revue interdisciplinaire d'études hispaniques médiévales et modernes*, 20, 2015.

BEAUCHAMP, Alexandra et SÁIZ SERRANO, Jorge, « En ració de cort. Fuentes e imágenes de la corte del rey de Aragón desde la actividad del escrivà de ració (siglos XIV-XV) », *Mélanges de la Casa de Velázquez. Nouvelle série*, 45-2, 2015, p. 51-68.

BEAULANT, Rudi, « Les lettres de rémission des ducs de Bourgogne. Étude sur les normativités sociales, politiques et juridiques. Thèse de doctorat en histoire médiévale, sous la direction de Bruno Lemesle, université de Bourgogne–Franche-Comté, soutenue le 30 novembre 2018 », *Bulletin du centre d'études médiévales d'Auxerre, BUCEMA*, 23.2, 2019.

BECHMANN, Roland, *Les racines des cathédrales : l'architecture gothique, expression des conditions du milieu*, Paris, Payot, 1981.

BECK, Patrice, « Le vocabulaire et la rhétorique des comptabilités médiévales. Modèles, innovations, formalisation. Propos d'orientation générale », *Comptabilité(S). Revue d'histoire des comptabilités*, 4, 2012, [en ligne].

BECK, Patrice, BERNARDI, Philippe et FELLER, Laurent (dir.), *Rémunérer le travail au Moyen Âge : pour une histoire sociale du salariat*, Paris, Picard, 2014.

BECK, Patrice et MATTÉONI, Olivier (dir.), *Classer, dire, compter : discipline du chiffre et fabrique d'une norme comptable à la fin du Moyen Âge : colloque des 10 et 11 octobre 2012*, IGPDE, Paris, Comité pour l'histoire économique et financière de la France, 2015.

BEDAGUE, Jean-Charles, « Écrit et pouvoir royal capétien (XIIe-XIVe siècle) », *Écrit, pouvoirs et société en Occident aux XIIe-XIVe siècles : Angleterre, France, Italie, péninsule Ibérique*, dir. C. Bousquet-Labouérie et A. Destemberg, Paris, Ellipses, 2019, p. 187-200.

BENOÎT, Paul, « Artisans ou combattants ? Les canonniers dans le royaume de France à la fin du Moyen Âge », *Le combattant au Moyen Âge, Actes de la Société des historiens médiévistes de l'enseignement supérieur public*, 18-1, 1987, p. 287-296.

BENVENISTE, Émile, *Le vocabulaire des institutions indo-européennes*, Paris, Éditions de Minuit, 1987.

BERLAND, Florence et LEMAIGRE-GAFFIER, Pauline, « Ce que compter veut dire : culture de cour, gouvernement princier et pratiques comptables (Europe occidentale, XIIIe-XVIIIe siècles) », *Comptabilité(S). Revue d'histoire des comptabilités*, 11, 2019.

BERNARDI, Philippe, « L'enregistrement des dépenses pontificales : calculs et pratiques comptables à Avignon au XIVe siècle », *Comptabilité(S). Revue d'histoire des comptabilités*, 7, 2015.

BERNARDI, Philippe, *Bâtir au Moyen Âge, XIIIe-milieu XVIe siècle*, Paris, CNRS éditions, 2011.

BERNARDI, Philippe, *Maître, valet et apprenti au Moyen Âge : essai sur une production bien ordonnée*, Toulouse, CNRS-Université Toulouse-Le Mirail, 2009.

BERNARDI, Philippe, « Construction », *Dictionnaire du Moyen Âge*, dir. Cl. Gauvard, A. de Libera et M. Zink, Paris, Presses Universitaires de France, 2002a, p. 336-337.

BERNARDI, Philippe, « Jeune, pauvre, étranger… : d'autres manières d'être maître », *Le petit peuple dans l'Occident médiéval : terminologies, perceptions, réalités. Actes du congrès international tenu à l'Université de Montréal, 18-23 octobre 1999*, dir. R. Delort, Cl. Gauvard et P. Boglioni, Paris, Publications de la Sorbonne, 2002b, p. 421-435.

BERNARDI, Philippe et DESSALES, Hélène, « Les réemplois en architecture, entre Antiquité et Moyen Âge : introduction à l'école d'été (Rome, 19-23 septembre 2016) », *Mélanges de l'École française de Rome-Moyen Âge*, 129-1, 2017.

BERNARDI, Philippe et L'HÉRITIER, Maxime, « Introduction », *Ædificare*, 2018-2, n° 4, 2019, p. 23-36.

BERNARDI, Philippe et MIGNON, Jean-Marc, « Évaluation et mesure des bâtiments. L'exemple de la Provence médiévale », *Histoire & mesure*, XVI-3/4, 2001, p. 309-343.

BERTRAND, Paul, *Les écritures ordinaires : sociologie d'un temps de révolution documentaire (entre royaume de France et Empire, 1250-1350)*, Paris, Publications de la Sorbonne, 2015.

BERTRAND, Paul, « Jeux d'écriture : Censiers, comptabilités, quittances… (France du Nord, XIIIe-XIVe siècles) », *Décrire, inventorier, enregistrer entre Seine et Rhin au Moyen Âge : formes, fonctions et usages des écrits de gestion ; actes du colloque international organisé à l'Université de Namur (FUNDP) les 8 et 9 mai 2008*, éd. X. Hermand, Paris, École des Chartes, 2012, p. 165-195.

BERTRAND, Paul, « À propos de la révolution de l'écrit (Xe-XIIIe siècle). Considérations inactuelles », *Médiévales*, 56, 2009, p. 75-92.

BERTRAND, Paul et CHASTANG, Pierre, « Les temps des écritures grises. Formation et temporalités du gouvernement par l'écrit (v. 1080-v. 1350) », *Écritures grises : les instruments de travail des administrations (XIIe-XVIIe siècle)*, dir. A. Fossier, J. Petitjean et C. Revest, Paris, École nationale des Chartes, 2019, p. 29-64.

BESSON, Florian et KIKUCHI, Catherine, « L'Erreur, l'échec, la faute : introduction », *Questes*, 30, 2015, p. 13-31.

BIENVENU, Gilles, MONTEIL, Martial et ROUSTEAU-CHAMBON, Hélène (dir.), *Construire ! Entre antiquité et époque contemporaine : actes du 3e congrès francophone d'histoire de la construction, Nantes, 21-23 juin 2017*, Paris, Picard, 2019.

BIGET, Jean-Louis, « Recherches sur le financement des cathédrales du Midi au XIIIe siècle », *Les cahiers de Fanjeaux*, La naissance et l'essor du gothique méridional au XIIIe siècle-9, 1976, p. 127-164.

BILLAND, Pascal, « Rationalité et coopération : le rôle de la confiance en économie », *Revue d'économie industrielle*, 84-1, 1998, p. 67-84.

BLAINEY, Geoffrey, *The tyranny of distance : how distance shaped Australia's history*, Melbourne, Sun Books, 1966.

BLANC, Jérôme, *Les monnaies parallèles. Approches historiques et théoriques*, Thèse de doctorat sous la direction de J.-M. Servet, Lyon, Université Lumière-Lyon II, 1998.

BLOCH, Marc, « Le maçon médiéval : problèmes de salariat », *Annales d'histoire économique et sociale*, 7, 1935, p. 216-217.

BOIS, Guy, *La grande dépression médiévale : XIVe-XVe siècles : le précédent d'une crise systémique*, Paris, Presses Universitaires de France, 2000.

BOIS, Guy, « Sur la monnaie et les prix à la fin du Moyen Âge : réponse à John Day », *Annales. Histoire, Sciences Sociales*, 34-2, 1979, p. 319-324.

BOMPAIRE, Marc, « Compter au XIIIe siècle avec la diversité des monnaies : livres, sous et deniers », *Comptabilité(S). Revue d'histoire des comptabilités*, 7, 2015.

BOMPAIRE, Marc, « Évaluer les monnaies à la fin du Moyen-Âge. Une information imparfaite et inégale », *Revue européenne des sciences sociales*, XLV-137, 2007, p. 69-79.

BOMPAIRE, Marc, « Compétences et pratiques de calcul dans les livres de changeurs français (XIVe-XVe siècles) », *Écrire, compter, mesurer : Vers une histoire des rationalités pratiques*, dir. N. Coquery, F. Menant et F. Weber, Paris, Édition Rue d'Ulm, 2006, p. 143-162.

BOMPAIRE, Marc et DUMAS-DUBOURG, Françoise, *Numismatique médiévale : monnaies et documents d'origine française*, Turnhout, Brepols, 2000.

BONNASSIE, Pierre, *La organización del trabajo en Barcelona a fines de siglo* XV, Barcelone, Consejo Superior de Investigaciones Científicas, 1975.

BORLÉE, Denise, « Fabrique », *Dictionnaire d'histoire de l'art du Moyen Âge occidental*, dir. P. Charron et J.-M. Guillouët, Paris, R. Laffont, 2009, p. 359-360.

BOUCHERON, Patrick, *Le pouvoir de bâtir. Urbanisme et politique édilitaire à Milan (XIVe-XVe siècles)*, Rome, École française de Rome, 1998, vol. 239.

BOUDREAU, Claire, FIANU, Kouky, GAUVARD, Claude et HÉBERT, Michel (dir.), *Information et société en Occident à la fin du Moyen Âge : actes du colloque international tenu à l'Université du Québec à Montréal et l'Université d'Ottawa, 9-11 mai 2002*, Paris, Publications de la Sorbonne, 2004.

BOURDIEU, Pierre, « De la maison du roi à la raison d'État », *Actes de la Recherche en Sciences Sociales*, 118-1, 1997, p. 55-68.

BOURDIEU, Pierre, *La noblesse d'État. Grandes écoles et esprit de corps*, Paris, Les Éditions de Minuit, 1989.

BOURLET, Caroline, BOVE, Boris et CLAUSTRE, Julie, « Les acteurs de l'écrit à Paris : scribes, clercs, greffiers, notaires, écrivains (XIIe-XVe siècle) », *Mémoires publiés par la fédération des sociétés historiques et archéologiques de Paris et l'Ile de France*, 2012, p. 175-190.

BOUSQUET-LABOUÉRIE, Christine et DESTEMBERG, Antoine, *Écrit, pouvoirs et société en Occident aux XIIe-XIVe siècles : Angleterre, France, Italie, péninsule Ibérique*, Paris, Ellipses, 2019.

BRAUNSTEIN, Philippe, « La peine des hommes est-elle objet d'histoire ? », *Médiévales*, 15-30, 1996, p. 9-12.

BRENDECKE, Arndt et MARTÍN ROMERA, Mª Ángeles, « El "habitus" del oficial real : ideal, percepción y ejercicio del cargo en la monarquía hispánica (siglos XV-XVIII) », *Studia Historica : Historia Moderna*, 39-1, 2017, p. 23-51.

BRIAND, Julien, « Informer, persuader, contrôler et réprimer : la maîtrise de l'information et des hommes dans les villes champenoises du XVe siècle », *Gouverner les hommes, gouverner les âmes, Actes du colloque de la Société des historiens médiévistes de l'enseignement supérieur public*, Paris, Éditions de la Sorbonne, 2016, p. 281-293.

BRITNELL, R. H. (dir.), *Pragmatic literacy, East and West, 1200-1330*, Woodbridge-Rochester, Boydell Press, 1997.

BUCHHOLZER, Laurence et LACHAUD, Frédérique, « Le serment dans les villes du bas Moyen Âge (XIVe-début XVIe siècle) », *Histoire urbaine*, 39-1, 2014, p. 7-27.

BUSSAC, Georges de, *Inventaire de la commune de Salses (document dactylographié)*, Service régional de l'Inventaire Languedoc-Roussillon, 1969.

BUZZATI, Dino, *Le désert des Tartares*, Paris, Laffont, 1982.

La Construction dans la péninsule Ibérique. Cahiers de la Méditerranée, 31-1, 1985

CAMÓS CABRUJA, Luís, « El libro de la administración de la Corte Real de Gerona. 1462-1463 », *Annals de l'Institut d'Estudis Gironins*, 7, 1952, p. 60-141.

CAMÓS CABRUJA, Luís, « La Força Vella de Girona en 1462-1463 segons un manuscrit de l'època », *Butlletí de la Reial Acadèmia de Bones Lletres de Barcelona*, 16, 1936, p. 98-119.

CAPET, Élodie, *Les étrangers au travail (Perpignan, milieu du XIVe-fin XVe)*, Thèse de doctorat sous la direction de C. Verna, Paris, Université Paris VIII, 2020.

CARVAIS, Robert, NÈGRE, Valérie, SAKAROVITCH, Joël et GUILLERME, André (dir.), *Édifice & artifice. Histoires constructives : recueil de textes issus du premier Congrès francophone d'histoire de la construction, Paris, 19-21 juin 2008*, Paris, Picard, 2010.

CASTELNUOVO, Guido et VICTOR, Sandrine (dir.), *L'histoire à la source : acter, compter, enregistrer : Catalogne, Savoie, Italie, XIIe-XVe siècle. Mélanges offerts à Christian Guilleré*, Chambéry, Université Savoie-Mont Blanc, Laboratoire LLSETI, 2017.

CHAIX, Gérald, « Notes dix-septiémistes : Gerhard Oestreich », *Bulletin de la MHFA*, 21, 1990, p. 125-149.

CHAPELOT, Odette (dir.), *Du projet au chantier : maîtres d'ouvrage et maîtres d'œuvre aux XIVe-XVIe siècles*, Paris, École des Hautes Études en Sciences Sociales, 2001.

CHARRON, Pascale et GUILLOUËT, Jean Marie (dir.), *Dictionnaire d'histoire de l'art du Moyen Âge occidental*, Paris, Robert Laffont, 2009.

CHARTIER, Roger, *Les pratiques de l'écriture ordinaire dans les sociétés d'Ancien Régime*, Lyon, Groupe de Recherche sur la Socialisation Université Lyon 2-CNRS, 1996.

CHARTIER, Roger, *Au bord de la falaise : l'histoire entre certitudes et inquiétude*, Paris, Albin Michel, 2009.

CHARTIER, Roger, ANHEIM, Étienne et CHASTANG, Pierre, « Les usages de l'écrit du Moyen Âge aux Temps modernes : Entretien avec Roger Chartier. Propos recueillis par Étienne Anheim et Pierre Chastang », *Médiévales*, 56, 2009, p. 93-114.

CHASTANG, Pierre, « À la recherche du rapport d'expert. Procédures et écritures de l'expertise à Montpellier au XIVe siècle. », *Expertise et valeur des choses au Moyen Âge. II. Savoirs, écritures, pratiques*, dir. L. Feller et A. Rodríguez, Madrid, Casa de Velázquez, 2016, p. 139-153.

CHASTANG, Pierre, *La ville, le gouvernement et l'écrit à Montpellier (XIIe-XIVe siècle)*, Paris, Éditions de la Sorbonne, 2013.

CHILÀ, Roxane, « Les pratiques comptables dans l'hôtel d'Alphonse le Magnanime (1416-1458) : acteurs et évolutions d'une gestion à l'épreuve des distances », *Comptabilité(S). Revue d'histoire des comptabilités*, 11, 2019.

CLANCHY, Michaël T., *From Memory to Written Record : England, 1066-1307*, Chichester, John Wiley & Sons, 2013.

CLAUSTRE, Julie, *Faire ses comptes au Moyen Âge. Les mémoires de besogne de Colin de Lormoye*, Paris, Les Belles Lettres, 2021.

CLAUSTRE, Julie « Notariat, expertise et valeur des choses. De quoi le notaire est-il l'expert ? », *Expertise et valeur des choses au Moyen Âge. II. Savoirs, écritures, pratiques*, dir. L. Feller et A. Rodríguez, Madrid, Casa de Velázquez, 2016, p. 101-114.

CLAUSTRE, Julie, *La fin du Moyen Âge : 1180-1515*, Paris, Hachette supérieur, 2015.

COATIVY, Yves, « L'outillage mental des changeurs, en France, à la fin du Moyen Âge », *ESKA, Annales des Mines-Réalités industrielles*, 2009/1, février 2009, p. 10-16.

COBOS GUERRA, Fernando, « "... Quien a mi rey no obedeciera de mi se guardara". La arquitectura militar con Fernando el Católico (1474-1516) », *L'architettura militare nell'età di Leonardo : « Guerre milanesi » e diffusione del bastione in Italia e in Europa : atti del Convegno internazionale di studi, Locarno, Scuola magistrale, 2-3 giugno 2007*, éd. M. Viganò, Bellinzona, Ed. Casagrande, 2008, p. 143-165.

COBOS GUERRA, Fernando, « Los orígenes de la Escuela Española de Fortificación del primer Renacimiento », *Artillería y fortificaciones en la Corona de Castilla durante el reinado de Isabel la Católica. 1474-1504*, dir. A. Valdez Sánchez, Madrid, Secretaría General Técnica, 2004a, p. 224-267.

COBOS GUERRA, Fernando (dir.), *La artillería de los Reyes Católicos : exposición Castillo de la Mota, Medina del Campo, agosto-octubre 2004*, Valladolid, Junta de Castilla y León, 2004b.

COBOS GUERRA, Fernando et CASTRO FERNÁNDEZ, José Javier de, « Artillería y poliorcética castellana en la estrategia de Fernando el Católico contra Francia (Documentos para su estudio) », *Gladius*, 20-0, 2000, p. 251-268.

COBOS GUERRA, Fernando et CASTRO FERNÁNDEZ, José Javier de, « La fortaleza de Salsas y la fortificación de transición española », *Castillos de*

España : publicación de la Asociación Española de Amigos de los Castillos, 110, 1998, p. 19-30.

COLSON, Achille, *Recherches sur les monnaies qui ont eu cours en Roussillon*, Perpignan, J. B. Alzine, 1854.

CONESA SORIANO, Julia, « Les comptes de la cathédrale de Barcelone : la construction d'une administration ecclésiastique (XIVe-XVe siècles) », *Comptabilité(S). Revue d'histoire des comptabilités*, 10, 2019, [en ligne].

CONTAMINE, Philippe, « Le Moyen Âge occidental a-t-il connu des "serviteurs de l'État" ? », *Les serviteurs de l'État au Moyen Âge, Actes du congrès de la Société des historiens médiévistes de l'enseignement supérieur public*, Paris, Éditions de la Sorbonne, 1999, p. 9-20.

CONTAMINE, Philippe, « Introduction », *La circulation des nouvelles au Moyen Âge. Actes du congrès de la Société des historiens médiévistes de l'enseignement supérieur public, Avignon, 1993*, Paris, Éditions de la Sorbonne, 1994, p. 9-24.

CONTI, Marco, « Notes, comptabilités et mémoire. L'élaboration des registres comptables de la trésorerie de Bologne à la fin du XIIIe siècle. », *Écritures grises : les instruments de travail des administrations (XIIe-XVIIe siècle)*, dir. A. Fossier, J. Petitjean et C. Revest, Paris, École nationale des Chartes, 2019, p. 281-293.

COROMINES, Joan, *Breve diccionario etimológico de la lengua castellana*, Madrid, Gredos, 1973.

CROUZET-PAVAN, Élisabeth, « À la recherche des techniciens fantômes », *Le technicien dans la cité en Europe occidentale, 1250-1650*, dir. P. Monnet et M. Arnoux, Rome, École française de Rome, 2004, p. 43-59.

CRUSAFONT I SABATER, Miquel, *Numismàtica de la corona catalano-aragonesa medieval, 785-1516*, Madrid, Vico, 1982.

CRUSAFONT I SABATER, Miquel et COMAS I EZEQUIEL, Rafael, *El florí d'or català : Catalunya, València, Mallorca : emès un curt temps a Saragossa i conegut històricament com a florí d'or d'Aragó*, Barcelone, Institut d'Estudis Catalans, 1996.

DAUMAS, Jean-Claude (dir.), *L'histoire économique en mouvement : entre héritages et renouvellements*, Villeneuve-d'Ascq, Presses Universitaires du Septentrion, 2012.

DAVOINE, Charles, d'HARCOURT, Ambre et L'HÉRITIER, Maxime (dir.), Sarta Tecta *: de l'entretien à la conservation des édifices : Antiquité, Moyen Âge, début de la période moderne*, Aix-en-Provence, Presses Universitaires de Provence, 2019.

DAY, John, « Réponse à Guy Bois », *Annales. Histoire, Sciences Sociales*, 34-2, 1979, p. 323-324.

DAY, John, *Monnaies et marchés au Moyen Âge*, Paris, Comité pour l'Histoire Économique et Financière de la France, 1994.

DELLONG, Eric, *Forteresses de Salses : Réduit. Salses-le-Château, Pyrénées-Orientales. Rapport final d'opération archéologique. Période médiévale et moderne*, Centre des Monuments Nationaux, HADES-Bureau d'investigations archéologiques, 2015.

DELORT, Robert, GAUVARD, Claude et BOGLIONI, Pierre (dir.), *Le petit peuple dans l'Occident médiéval : terminologies, perceptions, réalités : actes du congrès international tenu à l'Université de Montréal, 18-23 octobre 1999*, Paris, Publications de la Sorbonne, 2002.

DENJEAN, Claude, « La mesure du bien commun. Apports de l'histoire médiévale à la question de la fraude », *Fraudes, frontières et territoires (XIIIe-XXIe siècle)*, dir. B. Touchelay, Paris, Institut de la gestion publique et du développement économique, 2020, p. 245-259.

DENJEAN, Claude et FELLER, Laurent (dir.), *Le besoin d'expertise*, Madrid, Casa de Velázquez, 2013, vol. 1.

DEWEZ, Harmony, « L'innovation documentaire à la fin du Moyen Âge », *Médiévales*, n° 76-1, 2019, p. 5-10.

DEWEZ, Harmony et TRYOEN, Lucie (dir.), *Administrer par l'écrit au Moyen Âge (XIIe-XVe siècle)*, Paris, Éditions de la Sorbonne, 2019.

DOMENGE I MESQUIDA, Joan, *L'obra de la seu : el procés de construcció de la catedral de Mallorca en el tres-cents*, Palma de Majorque, Institut d'Estudis Baleàrics, 1997.

DOMÍNGUEZ CASAS, Rafael, *Arte y etiqueta de los Reyes Católicos : artistas, residencias, jardines y bosques*, Madrid, Alpuerto, 1993.

DOMINGUEZ ORTÍZ, Antonio, « La venta de cargos y oficios públicos en Castilla y sus consecuencias económicas y sociales », *Instituciones y sociedad en la España de los Austrias*, Barcelone, Ariel, 1985, p. 146-183.

DU COLOMBIER, Pierre, *Les chantiers des cathédrales*, Paris, Picard, 1953.

DUBOIS MORESTIN, Mélanie, *Être entrepreneur au Moyen Âge. Jean Teisseire, artisan cordier d'Avignon*, Villeneuve d'Ascq, Presses Universitaires du Septentrion, 2022.

DUBOIS MORESTIN, Mélanie, « Lire, écrire, compter : Jean Teisseire, une petite élite urbaine du XIVe siècle », *La fabrique des sociétés médiévales méditerranéennes : les Moyen Âge de François Menant*, dir. D. Chamboduc de Saint Pulgent et M. Dejoux, Paris, Publications de la Sorbonne, 2018, p. 373-380.

DUFOURCQ, Charles-Emmanuel, « Les rapports de la France et de la couronne d'Aragon aux XIIIe, XIVe, XVe siècles », *Mélanges de la bibliothèque espagnole*, 1, 1977, p. 101-118.

DUMÉZIL, Georges, *Mythe et épopée*, Paris, Gallimard, 1995.

DURLIAT, Jean, *Les finances publiques de Dioclétien aux Carolingiens : 284-889*, Sigmaringen, Thorbecke, 1990.

Edgerton, Samuel Y., *Pictures and Punishment : Art and Criminal Prosecution during the Florentine Renaissance*, Ithaca, Cornell University Press, 1985.

Elias, Norbert, *La dynamique de l'Occident*, Paris, Calmann-Lévy, 2009.

Erlande-Brandenburg, Alain, *La cathédrale*, Paris, Fayard, 1989.

Erskine, Audrey M. (dir.), *The Accounts of the Fabric of Exeter Cathedral, 1279-1353*, Torquay, Devonshire Pr, 1981.

Ezquerra Revilla, Ignacio Javier et Martínez Millán, José, « La integración de las elites sociales en las monarquías dinásticas : los continos », *Espacios de poder : cortes, ciudades y villas (s.* xvi-xviii*)*, dir. J. Bravo Lozano, Madrid, Universidad Autónoma de Madrid, 2002, vol. 1, p. 339-380.

Faggion, Lucien, Mailloux, Anne et Verdon, Laure (dir.), *Le notaire : entre métier et espace public en Europe,* viiie-xviiie *siècle*, Aix-en-Provence, Presses Universitaires de Provence, 2008.

Farge, Arlette, *Vies oubliées*, Paris, La Découverte, 2019.

Faucherre, Nicolas, *Les citadelles du roi de France sous Charles VII et Louis XI*, Chagny, Édition du Centre de castellologie de Bourgogne, 2019.

Fauvelle, François-Xavier, « Royaumes musulmans d'Éthiopie médiévale : fatalités, conceptions du temps, incertitudes géographiques », *Introduction aux mondes africains médiévaux (saison 2)*, cours au Collège de France, 2020-2021, [en ligne] https://www.college-de-france.fr/site/francois-xavier-fauvelle/course-2020-11-09-14h00.htm (consulté le 01/08/2022).

Febvre, Lucien, « Pierre du Colombier, Les chantiers des cathédrales », *Annales. Économies, Sociétés, Civilisations*, 9-4, 1954, p. 555-556.

Feller, Laurent, « Les écritures de l'économie au Moyen Âge », *Revue historique*, n° 693-1, 2020, p. 25-65.

Ferrer i Mallol, María Teresa, « Los vascos en el Mediterráneo medieval : los primeros tiempos », *Itsas memoria : revista de estudios marítimos del País Vasco*, 4, 2003, p. 115-128.

Fontaine, Laurence, *L'économie morale : Pauvreté, crédit et confiance dans l'Europe préindustrielle*, Paris, Gallimard, 2008.

Fossier, Arnaud, Petitjean, Johann et Revest, Clémence, *Écritures grises : les instruments de travail des administrations (*xiie-xviie *siècle)*, Paris, École nationale des chartes, 2019.

Fraenkel, Béatrice, *La signature, genèse d'un signe*, Paris, Gallimard, 1992.

Fraenkel, Béatrice, « Les surprises de la signature, signe écrit », *Langage et société*, 44-1, 1988, p. 5-31.

Freixas i Camps, Pere, « Girona medieval : muralles i ponts », *Annals de l'Institut d'Estudis Gironins*, 25-1, 1979, p. 395-406.

Friedrich, Meinecke, *L'idée de raison d'État dans l'Histoire des Temps Modernes*, Paris, Droz, 1973.

GAILLET, Aurore, PERLO, Nicoletta et SCHMITZ, Julia, *La confiance : Un dialogue interdisciplinaire*, Toulouse, Presses universitaires Toulouse 1-Capitole, 2019.

GALERA MENDOZA, Ester, *Arquitectos y maestros de obras en la Alhambra (siglos XVI-XVIII) : artífices de cantería, albañilería, yesería y forja*, Grenade, Universidad de Granada : Patronato de la Alhambra y Generalife, Edicíones Comares, 2014.

GAMERO IGEA, Germán, « Entre Castilla y Aragón. Los continos en el reinado de Fernando el Católico », *Poder, fisco y mercado en las ciudades de la Península Ibérica (siglos XIV-XVI)*, dir. D. Carvajal de la Vega, I. Vítores Casado et J. Añibarro Rodríguez, Valladolid, Castilla Ediciones, 2016, p. 193-208.

GAMERO IGEA, Germán, « El modelo administrativo de la Corte de Fernando el Católico. Cambios y permanencias en la gestión cortesana de la Corona de Aragón », *e-Spania*, 20, 2015.

GARCÍA GRANADOS, Juan Antonio et TRILLO SAN JOSÉ, María Carmen, « Obras de los Reyes Católicos en Granada (1492-1495) », *Cuadernos de La Alhambra*, 26, 1990, p. 145-168.

GARCIA, Jaume, TRÉTON, Rodrigue et BÉNÉZET, Jérôme (dir.), *El llibre de les monedes de Barcelona i dels florins d'or d'Aragó*, Lleida, Pagès, 2009.

GARZÓN PAREJA, Manuel, « Hernando de Zafra, cortesano y hombre de empresa de los Reyes Católicos », *Cuadernos de estudios medievales y ciencias y técnicas historiográficas*, 2-3, 1974, p. 127-147.

GAUVARD, Claude, « La justice pénale du roi de France à la fin du Moyen Âge », *Le pénal dans tous ses États : Justice, États et sociétés en Europe (XIIe-XXe siècles)*, dir. X. Rousseaux et R. Lévy, Bruxelles, Presses Universitaires de Saint-Louis, 2019, p. 81-112.

GAUVARD, Claude, *« De grace especial » : crime, état et société en France à la fin du Moyen Âge*, Paris, Publications de la Sorbonne, 2010.

GAUVARD, Claude (dir.), *Dictionnaire du Moyen Âge*, Paris, Presses Universitaires de France, 2002.

GAUVARD, Claude, « La *fama*, une parole fondatrice », *Médiévales*, 12-24, 1993, p. 5-13.

GAUVARD, Claude et SIRINELLI, Jean-François (dir.), *Dictionnaire de l'historien*, Paris, Presses Universitaires de France, 2015.

GEARY, Patrick J., *Mémoire et oubli à la fin du premier millénaire*, Paris, Aubier, 1996.

GENET, Jean-Philippe, « La genèse de l'État moderne », *Actes de la Recherche en Sciences Sociales*, 118-1, 1997, p. 3-18.

GENET, Jean-Pierre, « Préface », *Les origines médiévales de l'État moderne*, dir. J. R. Strayer, Paris, Klincksieck, 2018.

GÉRARD-POWELL, Véronique, « L'organisation des chantiers royaux en Espagne au XVIe siècle », *Les Chantiers de la Renaissance*, dir. J. Guillaume, Paris, Picard, 1991, p. 155 *sq.*

GERBET, Marie-Claude, *L'Espagne au Moyen Âge : v^e-xve siècle*, Paris, Colin, 2000.

GEREMEK, Bronisław, *Le salariat dans l'artisanat parisien aux XIIIe-XVe siècles, étude sur le marché de la main-d'œuvre au Moyen Âge*, Paris, École des Hautes Études en Sciences Sociales, 1992.

GEVERTZ, Laure, « Prêter serment de fidélité et de loyauté au métier = Swearing Faithfulness and Loyalty to a Trade : the Oath and Guilds in London in the late Middle Ages », *Histoire urbaine*, 39, 2014, p. 45-61.

GILLARD, Lucien, « Unités de compte et espèces monnayées au Moyen Âge », *Médiévales*, 1-1, 1982, p. 85-88.

GIMENO BLAY, Francisco M[a], « "Si necessitat s'esdevenia a escriure". Escritura y gobierno en la Corona de Aragón (siglo XIV) », *Monarquía, crónicas, archivos y cancillerías en los reinos hispano-cristianos : siglos XIII-XV*, dir. E. Sarasa Sánchez, Saragosse, Institución Fernando el Católico, 2014, p. 185-221.

GIMENO, Domingo, *GEÒTOP 167 Traquites de Vilacolum. Generalitat de Catalunya, Departament de Medi Ambient i Habitatge, Direcció General del Medi Natural*, Barcelone, Generalitat de Catalunya, Departament de Medi Ambient i Habitatge, Direcció General del Medi Natural, s.d. [en ligne].

GIMPEL, Jean, *Les bâtisseurs de cathédrales*, Paris, Seuil, 1980.

GLADWELL, Malcolm, *Le point de bascule : comment faire une grande différence avec de très petites choses*, Paris, Flammarion, 2012.

GOODY, Jack, *La logique de l'écriture : l'écrit et l'organisation de la société*, Malakoff, Armand Colin, 2018.

GOODY, Jack, *Pouvoirs et savoirs de l'écrit*, Paris, La Dispute, 2007.

GOODY, Jack, *La Raison graphique : la domestication de la pensée sauvage*, Paris, Les Éditions de Minuit, 1979.

GOROCHOV, Nathalie, DE LAS HERAS, Amélie, FOSSIER, Arnaud, FOURCADE, Sara et TOUATI, François-Olivier, *Écrit, pouvoirs et société : Occident*, Paris, Atlande, 2020.

GREVIN, Benoit, « Les styles de la gestion administrative et gouvernementale, une friche de la recherche en histoire médiévale ? », *Écritures grises : les instruments de travail des administrations (XIIe-XVIIe siècle)*, dir. J. Petitjean, C. Revest et A. Fossier, Paris, École nationale des Chartes, 2019, p. 131-159.

GRIERSON, Philip, CRUSAFONT, Miquel et BALAGUER, Anna M[a], *Medieval European coinage, vol. 6 : The Iberian Peninsula*, Cambridge-New York, Cambridge University Press, 1986.

GUEMARA, Raoudha, « Le "petit peuple" lainier à Vérone de 1425 à 1502 : artisans indispensables, *cives* allivrés et pauvres laborieux », *Le petit peuple dans l'Occident médiéval : terminologies, perceptions, réalités : actes du congrès international tenu à l'Université de Montréal, 18-23 octobre 1999*, dir. R. Delort, Cl. Gauvard et P. Boglioni, Paris, Publications de la Sorbonne, 2002, p. 365-378.

GUENÉE, Bernard, *L 'Occident aux XIVe et XVe siècles : les États*, Paris, Nouvelle Clio, 1998.

GUILLERÉ, Christian, *Girona al segle XIV*, Gérone-Barcelone, Ajuntament de Girona, Publicacións de l'Abadia de Montserrat, 1993.

GUINNANE, Timothy W., « Trust : A Concept Too Many », *Jahrbuch für Wirtschaftsgeschichte / Economic History Yearbook*, 46-1, 2005.

GUYOTJEANNIN, Olivier (dir.), *L'art médiéval du registre : chancelleries royales et princières*, Paris, École des Chartes, 2018.

HAINES, Margaret et RICCETTI, Lucio (dir.), *Opera : carattere e ruolo delle fabbriche cittadine fino all'inizio dell'età moderna : atti della Tavola rotonda, Villa I Tatti, Firenze, 3 aprile 1991*, Florence, Olschki, 1996.

HAMON, Étienne, « Chantier », *Dictionnaire d'histoire de l'art du Moyen Âge occidental*, dir. P. Charron et J.-M. Guillouët, Paris, Robert Laffont, 2009a, p. 210-212.

HAMON, Étienne, « Comptes », *Dictionnaire d'histoire de l'art du Moyen Âge occidental*, dir. P. Charron et J.-M. Guillouët, Paris, Robert Laffont, 2009b, p. 267-268.

HANNE, Georges et JUDDE DE LARIVIÈRE, Claire (dir.), *Noms de métiers et catégories professionnelles : Acteurs, pratiques, discours (XVe siècle à nos jours)*, Toulouse, Presses Universitaires du Midi, 2010.

HIGHSMITH, James A., *Agile Software Development Ecosystems*, Addison-Wesley Professional, 2002.

HILLGARTH, Jocelyn N., *Readers and Books in Majorca : 1229-1550*, Paris, Éditions du CNRS, 1992.

HUERTA, Santiago, « Construction History in Spain », *Construction History : Research Perspectives in Europe*, dir. A. Becchi, M. Corradi, F. Foce et O. Pedemonte, Fucecchio, KWB, 2004, p. 43-59.

JAMME, Armand, « Du journal de caisse au monument comptable : les fonctions changeantes de l'enregistrement dans le Patrimoine de Saint-Pierre (fin XIIIe-XIVe siècle) », *Mélanges de l'École française de Rome. Moyen-Âge*, tome 118, n° 2, 2006, p. 247-268.

JASSEMIN, Henri-Frédéric, *La chambre des comptes de Paris au XVe siècle*, Paris, A. Picard, 1933.

JEANNIN, Pierre, « Les manuels de comptabilité », *L'impresa, industria, commercio, banca secc. XIII-XVIII : atti della « ventiduesima Settimana di studi » : 30 aprile-4 maggio 1990*, éd. S. Cavaciocchi et Istituto internazionale di storia economica F. Datini, Florence-Paris, Le Monnier, 1991, p. 243-259.

JEAY, Claude, *Signature et pouvoir au Moyen Âge*, Paris, École des chartes, 2015.

JOUANNA, Arlette, « La notion de Renaissance : réflexions sur un paradoxe historiographique », *Revue d'histoire moderne contemporaine*, n° 49-4 bis-5, 2002, p. 5-16.

JUDDE DE LARIVIÈRE, Claire, « Les historiens, la confiance et la question de la "modernité" », *La confiance : un dialogue interdisciplinaire*, dir. A. Gaillet, N. Perlo et J. Schmitz, Presses Universitaires Toulouse 1-Capitole, 2019, p. 49-55.

JUSTO SÁNCHEZ, Daniel, « ¿Paisajes de guerra o paisajes del poder ? Conflictos en los castillos de la cuenca del Duero a partir del registro escrito (siglos IX-XII) », *Nuestra Historia*, 9, 2020, p. 37-54.

KANTOROWICZ, Ernst Hartwig, *Les deux corps du roi : essai sur la théologie politique du Moyen Âge*, Paris, Gallimard, 1989.

KELLER, Hagen, « Pragmatische Schriftlichkeit im Mittelalter. Erscheinungsformen und Entwicklungsstufen. Einführung zum Kolloquium in Münster, 17.-19. Mai 1989 », *Pragmatische Schriftlichkeit im Mittelalter. Erscheinungsformen und Entwicklungsstufen*, dir. H. Keller, K. Grubmüller et N. Staubach, Munich, Wilhelm Fink, 1992, p. 1-7.

KERHERVÉ, Jean, *L'État breton aux 14e et 15e siècles : les ducs, l'argent et les hommes*, vol. I., Paris, Maloine, 1987.

KLAPISCH-ZUBER, Christiane, *Les maîtres du marbre : Carrare, 1300-1600*, Paris, École des Hautes Études en Sciences Sociales, 1969.

KNOOP, Douglas et JONES, G. P., *The Mediaeval Mason : an Economic History of English Stone Building in the Later Middle Ages and early Modern Times*, Manchester, Manchester University Press, 1933.

KOCKA, Jürgen, « Otto Hintze, Max Weber und das Problem der Bürokratie », *Historische Zeitschrift*, 1-233, 1981, p. 65-105.

KRAUS, Henry, *À prix d'or : Le financement des cathédrales*, Paris, Cerf, 1991.

KUCHENBUCH, Ludolf, « Les baguettes de taille au Moyen Âge : un moyen de calcul sans écriture ? », *Écrire, compter, mesurer : Vers une histoire des rationalités pratiques*, dir. N. Coquery, F. Menant et F. Weber, Paris, Édition Rue d'Ulm, 2006, p. 113-142.

LA RONCIÈRE, Charles-M. de, *Prix et salaires à Florence au XIVe siècle (1280-1380)*, Rome, École française de Rome, 1982.

LADERO GALÁN, Aurora, « "La frontera de Perpiñán". Nuevos datos sobre la primera guerra del Rosellón (1495-1499) », *En la España medieval*, 27, 2004, p. 225-283.

LADERO QUESADA, Miguel Ángel, *La España de los Reyes Católicos*, Madrid, Alianza Ed., 2014.

LADERO QUESADA, Miguel Ángel, *Ejércitos y armadas de los Reyes Católicos : Nápoles y el Rosellón (1494-1504)*, Madrid, Real Academia de la Historia, 2010.

LADERO QUESADA, Miguel Ángel, *Hernando de Zafra : secretario de los Reyes Católicos*, Madrid, Comité Español de Ciencias Históricas, Dykinson, 2005.

LADERO QUESADA, Miguel Ángel, « El ejercicio del poder real en la Corona de Aragón : instituciones e instrumentos de gobierno (siglos XIV y XV) », *En la España Medieval*, 17, 1994, p. 31-93.

LADERO QUESADA, Miguel Ángel, « Las relaciones entre Francia y España en la época de los Reyes Católicos », *Mélanges de la bibliothèque espagnole*, 1, 1977, p. 119-139.

LADERO QUESADA, Miguel Ángel, « Les finances royales de Castille à la veille des temps modernes », *Annales. Histoire, Sciences Sociales*, 25-3, 1970, p. 775-788.

LAINÉ, Françoise, « L'infanterie de Pierre IV en Roussillon (1344) », *Le prince, l'argent, les hommes au Moyen Âge : Mélanges offerts à Jean Kerhervé*, éd. J.-Ch. Cassard, Y. Coativy, A. Gallicé et D. Le Page, Rennes, Presses universitaires de Rennes, 2015, p. 513-527.

LALOU, Élisabeth, « *Per cedulam* : notes pour une diplomatique des cédules et mandements au trésor du roi (fin XIIIe-début XIVe siècle) », *Le prince, l'argent, les hommes au Moyen Âge*, dir. J.-Ch. Cassard, Y. Coativy, A. Gallicé et D. Le Page, Rennes, Presses universitaires de Rennes, 2008, p. 345-352.

LARDIN, Philippe, « Le rôle des maîtres des œuvres sur les chantiers du bâtiment en Normandie à la fin du Moyen Âge », *Ædificare. Revue internationale d'histoire de la construction*, 1-3, 2019, p. 57-82.

LARDIN, Philippe, « Monnaie de compte et monnaie réelle : des relations mal étudiées », *Revue européenne des sciences sociales*, XLV-137, 2007, p. 45-68.

LARDIN, Philippe, « Les hommes de terrain. Les maîtres des Œuvres du roi en Normandie », *Les serviteurs de l'État au Moyen Âge, Actes du XXIXe Congrès de la Société des historiens médiévistes de l'enseignement supérieur public*, Paris, Publications de la Sorbonne, 1999, p. 133 *sq.*

LARDIN, Philippe et LEGUAY, Jean-Pierre, *Les chantiers du bâtiment en Normandie orientale (XIVe-XVIe siècles) (les matériaux et les hommes)*, Villeneuve d'Ascq, Presses Universitaires du Septentrion, 2001.

LAURENT, Françoise (dir.), *Serment, promesse et engagement : rituels et modalités au Moyen Âge*, Montpellier, Presses universitaires de la Méditerranée, 2008.

LE GOFF, Jacques, *Pour un autre Moyen Âge : temps, travail et culture en Occident. 18 essais*, Paris, Gallimard, 2004.

LECUPPRE-DESJARDIN, Élodie, *Le royaume inachevé des ducs de Bourgogne : XIVe-XVe siècles*, Paris, Belin, 2016.

LEGUAY, Jean-Pierre, « Accidents du travail et maladies professionnelles au Moyen Âge », *L'information Historique*, 43, 1981, p. 223-233.

LEMARCHAND, Yannick, « Comptabilité marchande (XIVe s. et XVIIIe s.) », *Dictionnaire historique de comptabilité des entreprises*, dir. D. Bensadon, N. Praquin et B. Touchelay, Villeneuve d'Ascq, Presses Universitaires du Septentrion, 2018, p. 455-456.

LEROY, Béatrice, « Les grands chantiers publics en Navarre sous la dynastie d'Évreux (1328-1430) », *Cahiers de la Méditerranée : La construction dans la péninsule Ibérique*, 31-1, 1985, p. 55-71.

LETOUZEY-RÉTY, Catherine, « Administrer par l'écrit dans une grande abbaye de femmes anglo-normande. La Sainte-Trinité de Caen (XIIe-XIIIe siècles) », *Administrer par l'écrit au Moyen Âge (XIIe-XVe siècle)*, dir. H. Dewez et L. Tryoen, Paris, Éditions de la Sorbonne, 2019, p. 23-39.

LEVASSEUR, Aurelle, « L'enquête générale princière comme technique de gouvernement : réflexions typologiques à partir de l'exemple du Dauphiné (1250-1349) », *Quand gouverner c'est enquêter : les pratiques politiques de l'enquête princière (Occident, XIIIe-XIVe siècles) : actes du colloque international d'Aix-en-Provence et Marseille 19-21 mars 2009*, dir. T. Pécout, Paris, De Boccard, 2010, p. 183-194.

LOPEZ, Robert Sabatino, « Économie et architecture médiévale. Cela aurait-il tué ceci ? », *Annales. Histoire, Sciences Sociales*, 7-4, 1952, p. 433-438.

LÓPEZ RODRÍGUEZ, Carlos, « El archivo de la Corona de Aragón en la baja Edad Media », *Monarquía, crónicas, archivos y cancillerías en los reinos hispano-cristianos : siglos XIII-XV*, dir. E. Sarasa Sánchez, Saragosse, Institución Fernando el Católico, 2014, p. 145-184.

LORENTE LIARTE, Jesús, *Geopolítica del Pirineo Central (1591-1763) : hermetización versus permeabilidad hispanofrancesa*, Thèse de doctorat, Saragosse, Universidad de Zaragoza, 2012.

LORIGA, Sabina, *Le petit x : de la biographie à l'histoire*, Paris, Seuil, 2010.

MADELINE, Fanny, « Chapitre III. Les acteurs du chantier : clercs, ingénieurs, notables », *Les Plantagenêts et leur empire : Construire un territoire politique*, Rennes, Presses universitaires de Rennes, 2014, p. 61-76.

MADELINE, Fanny, « Formes et figures de l'expertise dans les chantiers royaux en Angleterre aux XIIe et XIIIe siècles : des compétences techniques au service du politique », Paris, Publications de la Sorbonne, 2012.

MAITTE, Corine et TERRIER, Didier, *Les temps du travail : normes, pratiques, évolutions. XIVe-XIXe siècle*, Rennes, Presses Universitaires de Rennes, 2014.

MAITTE, Corine et TERRIER, Didier, *Les rythmes du labeur : Enquête sur le temps de travail en Europe occidentale XVe-XIXe siècle*, Paris, La Dispute, 2020.

MARAVALL, José Antonio, *El concepto de España en la Edad Media*, Madrid, Instituto de Estudios Políticos, 1954.

MARCET I JUNCOSA, Alícia, « Louis XI et le Roussillon », *Histoire et archéologie des terres catalanes au Moyen Âge*, dir. Ph. Sénac, Presses Universitaires de Perpignan, 1995, p. 431-444.

MARCET I JUNCOSA, Alícia, *Abrégé d'histoire des terres catalanes du nord*, Perpignan, Trabucaire, 1994.

MARKIEWICZ, Christian, *Forteresse de Salses (Pyrénées-Orientales). Campagne de sondages archéologiques 2008. Étude complémentaire des fossés ouest, est et nord*, Conservation Régionale des Monuments Historiques Languedoc-Roussillon, 2008.

MARKIEWICZ, Christian, *Forteresse de Salses (Pyrénées-Orientales). Campagne de sondages archéologiques et analyse du bâti. Document final de synthèse.*, DRAC Languedos-Roussillon, Conservation Régionale des Monuments Historiques, Conservation Régionale de l'Archéologie, 2007.

MATEU Y LLOPIS, Felipe, « Relaciones monetarias entre Perpiñán, Gerona y Valencia en el siglo XV », *Annals de l'Institut d'Estudis Gironins*, 3, 1948, p. 127-144.

MATTÉONI, Olivier, « Vérifier, corriger, juger. », *Revue historique*, n° 641-1, 2007, p. 31-69.

MCNAMEE, Colm, *The wars of the Bruces. Scotland, England and Ireland, 1306-1328*, Edinburgh, Birlinn, 2012.

MENANT, François, « Le notaire médiéval, producteur de texte », Nagoya, S. Sato, 2009.

MENANT, François, « Les transformations de l'écrit documentaire entre le XIIe et le XIIIe siècle », *Écrire, compter, mesurer : Vers une histoire des rationalités pratiques*, dir. N. Coquery, F. Menant et F. Weber, Paris, Édition Rue d'Ulm, 2006, p. 33-50.

MENJOT, Denis, *Les Espagnes médiévales, 409-1474*, Paris, Hachette, 1996.

MESQUI, Jean, « André Châtelain : Châteaux forts, images de pierre des guerres médiévales », *Bulletin Monumental*, 141-2, 1983, p. 220-221.

MICHON, Pierre, *Vies minuscules*, Paris, Gallimard, 2009.

MINEO, Émilie, « Écriture épigraphique, société et pouvoir », *Écrit, pouvoirs et société en Occident aux XIIe-XIVe siècles : Angleterre, France, Italie, péninsule Ibérique*, Paris, Ellipses, 2019, p. 13-24.

MOLLAT, Michel, « Y a-t-il une économie de la Renaissance ? », *Actes du Colloque sur la Renaissance : Sorbonne 30 juin-1er juillet 1956*, dir. L. Febvre, A. Renaudet et É. Coornaert, Paris, J. Vrin, 1958, p. 37-54.

MONTAGUT I ESTRAGUÉS, Tomàs de, *El mestre racional a la Corona d'Aragó (1283-1419)*, Barcelone, Fundació Noguera, 1987.

MORSEL, Joseph, « Ce qu'écrire veut dire au Moyen Âge… Observations préliminaires à une étude de la scripturalité médiévale », *Memini. Travaux et documents*, 4, 2000, p. 3-43.

MORSEL, Joseph, LEMARCHAND, Yannick, GAUTIÉ, Jérôme, COQUERY, Natacha, MENANT, François et WEBER, Florence, *Écrire, compter, mesurer : Vers une histoire des rationalités pratiques*, Paris, Rue d'Ulm, 2006.

MORTET, Victor et DESCHAMPS, Paul, *Recueil de textes relatifs à l'histoire de l'architecture et à la condition des architectes en France au Moyen Âge : XIe-XIIe siècles*,

Paris, Picard, 1911 ; rééd. Paris, Éditions du Comité des Travaux Historiques et Scientifiques, 1995.

NADAL I FARRERAS, Joaquim et WOLFF, Philippe (dir.), *Histoire de la Catalogne*, Toulouse, Privat, 1982.

NADRIGNY, Xavier, « La place des messageries dans la municipalité toulousaine durant la première moitié du XVe siècle », *Information et société en Occident à la fin du Moyen Âge : actes du colloque international tenu à l'Université du Québec à Montréal et l'Université d'Ottawa, 9-11 mai 2002*, dir. C. Boudreau, K. Fianu, C. Gauvard et M. Hébert, Paris, Publications de la Sorbonne, 2004, p. 261-280.

NIETO SORIA, José Manuel, « Conceptos de España en tiempos de los Reyes Católicos », *Norba : Revista de historia*, 19, 2006, p. 105-123.

NOIRIEL, Gérard, *Introduction à la socio-histoire*, Paris, La découverte, 2014.

OBRA SIERRA, Juan Mª de la, *Correspondencia de Hernando de Zafra*, Grenade, Universidad de Granada, 2011.

ORTALLI, Gherardo, *La peinture infamante : du XIIIe au XVIe siècle*, Paris, Imago Mundi, Gérard Montfort éditeur, 1994.

PARADIS, Bruno, « Messagerie, communication organisationnelle et informations stéréotypées dans les comptes des receveurs généraux du Dauphiné, 1355-1370 », *Information et société en Occident à la fin du Moyen Âge : actes du colloque international tenu à l'Université du Québec à Montréal et l'Université d'Ottawa, 9-11 mai 2002*, dir. C. Boudreau, K. Fianu, C. Gauvard et M. Hébert, Paris, Publications de la Sorbonne, 2004, p. 247-260.

PARAVICINI, Werner, « Administrateurs professionnels et princes dilettantes : Remarques sur un problème de sociologie administrative à la fin du Moyen Âge », *Histoire comparée de l'administration (IVe–XVIIIe siècles) : Actes du XIVe colloque historique franco-allemand de l'Institut Historique Allemand de Paris*, Munich, Artemis Verlag, 1980, p. 168-181.

PASSERON, Jean-Claude et REVEL, Jacques (dir.), *Penser par cas*, Paris, École des Hautes Études en Sciences Sociales, 2005.

PAZ ESPESO, Julián, *Castillos y fortalezas del reino*, Madrid, Imp. de la Rev. de Arch., Bibl. y Museos, 1914.

PÉCOUT, Thierry (dir.), *Les officiers et la chose publique dans les territoires angevins (XIIIe-XVe siècle) : vers une culture politique ? = Gli ufficiali e la cosa pubblica nei territori angioini (XIII-XV secolo) : verso una cultura politica ?*, Rome, École française de Rome, 2020.

PÉCOUT, Thierry, « La visite est-elle une enquête et vice-versa ? », *Gouverner les hommes, gouverner les âmes, Actes du congrès de la Société des historiens médiévistes de l'enseignement supérieur public*, Paris, Éditions de la Sorbonne, 2016, p. 265-280.

PÉCOUT, Thierry (dir.), *Quand gouverner c'est enquêter : les pratiques politiques de l'enquête princière (Occident, XIIIe-XIVe siècles) : actes du colloque international d'Aix-en-Provence et Marseille 19-21 mars 2009*, Paris, De Boccard, 2010.

PÉCOUT, Thierry et LENOBLE, Clément (dir.), *De l'autel à l'écritoire : genèse des comptabilités princières en Occident (XIIe-XIVe siècle)*, Paris, De Boccard, 2017.

PEQUIGNOT, Stéphane, « Lettres et listes, notes et mémoriales. Les écrits de travail dans les archives royales de la péninsule Ibérique à la fin du Moyen Âge », *Écritures grises : les instruments de travail des administrations (XIIe-XVIIe siècle)*, dir. A. Fossier, J. Petitjean et C. Revest, Paris, École nationale des Chartes, 2019, p. 359-374.

PETRUCCI, Armando, *Writers and Readers in Medieval Italy : Studies in the History of Written Culture*, New Haven, Yale University Press, 1995.

PINTO, Antony et VERNA, Catherine, « Les Basques dans les forges de Catalogne : migration, culture technique et industrie rurale (XVe-début XVIe siècle) », *Entreprises en mouvement : migrants, pratiques entrepreneuriales et diversités culturelles dans le monde, XVe-XXe siècle*, dir. C. Maitte, I. Mandé, M. Martini et D. Terrier, Valenciennes, Presses Universitaires de Valenciennes, 2009, p. 33-46.

POTIÉ, Philippe, « Pour une histoire de la construction », *L'Idée constructive en architecture*, dir. X. Malverti, Paris, Picard, 1987, p. 7-8.

PRIOTTI, Jean-Philippe, « Basques péninsulaires et réseaux portuaires en Méditerranée (fin XIIIe-milieu du XVIe siècle) », *Rives méditerranéennes*, 13, 2003, p. 33-46.

PRODI, Paolo, *Il sacramento del potere. Il giuramento politico nella storia costituzionale dell'Occidente*, Bologne, Il Mulino, 1992.

PUÑAL FERNÁNDEZ, Tomás, « Escribir al rey : la comunicación de las ciudades realengas de la meseta castellana con la Corona en la Baja Edad Media », *Documenta & Instrumenta*, 17, 2019, p. 127-145.

QUATREFAGES, René, *L'organisation militaire de l'Espagne (1492-1592)*, Thèse de doctorat d'État ès Lettres, Paris, Université Paris Sorbonne-Paris IV, 1989.

QUATREFAGES, René, « À la naissance de l'armée moderne », *Mélanges de la Casa de Velázquez*, 13-1, 1977, p. 119-159.

QUINTANILLA RASO, Mª de la Concepción, « La tenencia de fortalezas en Castilla durante la Baja Edad Media. », *En la España Medieval*, 9-Tomo V, 1986, p. 861-896.

RATHEAU, Alexandre, *Le château de Salses*, Paris, Res Universis, 1989.

RICHARD, Olivier, « Le serment comme technique de gouvernement dans les villes du Rhin supérieur à la fin du Moyen Âge », *Gouverner les hommes, gouverner les âmes, Actes du congrès de la Société des historiens médiévistes de l'enseignement supérieur public*, Paris, Éditions de la Sorbonne, 2016, p. 199-210.

RICHÉ, Pierre, BOURNAZEL, Éric et AUTRAND, Françoise, *Histoire de la fonction publique en France*, Paris, Nouvelle Librairie de France, 1993, vol. 1.

ROCCA, Françoise de et ROCCA, Michel de, *Fitou et Salses : le mouton, la vigne, les Romains, la frontière, la forteresse*, Paris, Édition d'En face – Jacques Reich, 2017.

RONDININI, G. S., *Finanziare cattedrali e grandi opere pubbliche nel Medioevo : Nord e media Italia (secoli* XII-XV*)*, Rome, Società editrice Dante Alighieri, 2003.

ROUBELAT, Fabrice, « Flexibilité », *Quaderni*, 63-1, 2007, p. 44-45.

ROUQUET, Jérôme, *Rapport de diagnostic archéologique. Salses-le-Château (Pyrénées-Orientales). Sondages archéologiques dans les fossés du fort*, Montpellier, Service Régional de l'Archéologie, 1996.

ROY, Thomas, *Rémunérations, travail et niveaux de vie à Dijon à la fin du Moyen Âge*, Thèse de doctorat sous la direction de M. Clouzot et P. Beck, Dijon, Université de Dijon, 2019.

RUCQUOI, Adeline, *Histoire médiévale de la péninsule Ibérique*, Paris, Seuil, 1993.

RYDER, Alan Frederick Charles, *The Wreck of Catalonia : Civil War in the Fifteenth Century*, Oxford, Oxford University Press, 2007.

SAGNES, Jean (dir.), *Nouvelle histoire du Roussillon*, Perpignan, Trabucaire, 1999.

SALAMAGNE, Alain, *Les villes fortes au Moyen Âge*, Paris, Gisserot, 2002.

SALAT, Josef, *Tratado de las monedas labradas en el Principado de Cataluña, con instrumentos justificativos*, Barcelone, Antonio Brusi, 1818, vol. 1.

SALZMAN, L. F., *Building in England down to 1540 : a Documentary History*, Oxford, Clarendon Press, 1952.

SÁNCHEZ MARTÍNEZ, Manuel, « Les villes de Catalogne et les grandes Compagnies (1365-1366) », *Villes en guerre : actes du colloque tenu à l'Université de Provence (Aix en Provence, 8-9 juin 2006)*, dir. Ch. Raynaud, Aix-en-Provence, Publications de l'Université de Provence, 2008, p. 43-62.

SANTAMARIA, Jean-Baptiste, « Comptabilité publique et innovation à la fin du Moyen Âge : les institutions princières et l'émergence d'une culture numérique dans un ordre conservateur », *Médiévales*, 76, 2019, p. 113-132.

SANTAMARIA, Jean-Baptiste, *Le secret du prince : gouverner par le secret : France-Bourgogne,* XIII*e*-XV*e siècle*, Ceyzérieu, Champ Vallon, 2018.

SANTAMARIA, Jean-Baptiste, « Les comptables au Moyen Âge : parcours collectifs et individuels. Introduction », *Comptabilité(S). Revue d'histoire des comptabilités*, 9, 2017, [en ligne].

SAVY, Nicolas, *Les villes du Quercy en guerre : la défense des villes et des bourgs du Haut-Quercy pendant la guerre de cent ans : aspects militaires, politiques et socio-économiques*, Pradines, Éd. Savy Æ, 2009.

SCHELER, Dieter, « L'apparition des prévisions budgétaires dans les églises collégiales de la basse vallée du Rhin : l'exemple du chapitre de Xanten », *Écrire, compter, mesurer : Vers une histoire des rationalités pratiques*, dir. N. Coquery, F. Menant et F. Weber, Paris, Édition Rue d'Ulm, 2006, p. 192-212.

Schmitt, Jean-Claude, *Les rythmes au Moyen Âge*, Paris, Gallimard, 2016.

Schrimpf-Patey, Albane, « S'emparer du territoire dans la *Terra Sancti Benedicti.* Le *castrum Cervarii* sous les abbés Bernard et Thomas (fin du xiiie) », *Administrer par l'écrit au Moyen Âge (xiie-xve siècle)*, dir. H. Dewez et L. Tryoen, Paris, Éditions de la Sorbonne, 2019, p. 41-53.

Senellart, Michel, « Machiavel, penseur de l'État moderne ? », *Le nouveau Magazine Littéraire*, 397, 2001, [en ligne].

Sesma Muñoz, José Ángel, « ¿Nueva monarquía de los Reyes Católicos ? », *Aragón en la Edad Media*, 19, 2006, p. 521-534.

Shelby, Lon R., « The Role of the Master Mason in Mediaeval English Building », *Speculum*, 39/3, 1964, p. 387-403.

Sibon, Juliette et Victor, Sandrine (éd.), *Normes et marchés en Occident, xiiie-xve siècle. De la professionnalisation des activités économiques autour de la viande et du vin*, Cahiers de la Méditerranée, Aix-Marseille, Presses Universitaires de Provence, 2017.

Sobrequés i Vidal, Santiago, « La leyenda y la historia en el sitio "de Gerona" de 1462 », *Annals de l'Institut d'Estudis Gironins*, 7, 1952, p. 267-350.

Sobrequés Vidal, Santiago, *El setge de la Força de Girona en 1462*, Barcelone, Rafael Dalmau, 1962.

Société des Historiens Médiévistes de l'Enseignement Supérieur Public (éd.), *Experts et expertise au Moyen Âge : Consilium quaeritur a perito ; Actes du congrès de la Société des historiens médiévistes de l'enseignement supérieur public (Oxford, 31 mars – 3 avril 2011)*, Paris, Publications de la Sorbonne, 2012.

Société des Historiens Médiévistes de l'Enseignement Supérieur Public (éd.), *Les serviteurs de l'État au Moyen Âge, Actes du XXIXe Congrès de la Société des historiens médiévistes de l'enseignement supérieur public (Pau, mai 1998)*, Paris, Publications de la Sorbonne, 1999.

Société des Historiens Médiévistes de l'Enseignement Supérieur (éd.), *La construction au Moyen Âge. Histoire et archéologie, Actes du congrès de la Société des historiens médiévistes de l'enseignement supérieur public, 3e congrès, Besançon, 1972*, Paris, Les Belles Lettres, 1973.

Soulard, Thierry, « Le financement du chœur gothique de la cathédrale de Limoges », *Bulletin de la Société Nationale des Antiquaires de France*, 1995-1, 1997, p. 76-92.

« Sources narratives locales de l'Histoire de Roussillon en Langue catalane », *Ruscino, revue d'histoire et d'archéologie du Roussillon et des autres pays catalans*, 1913.

SPUFFORD, Peter, *Handbook of medieval exchange*, Londres, Offices of the Royal Historical Society, 1986.

SPUFFORD, Peter, *Money and Its Use in Medieval Europe*, Cambridge, Cambridge University Press, 2009.

STOLLEIS, Mickaël, « Grundzüge der Beamtenethik (1550-1650) », *Staat und Staatsräson in der frühen Neuzeit : Studien zur Geschichte des öffentlichen Rechts*, dir. M. Stolleis, Francfort, Del Meno, Suhrkamp, 1990, p. 197-231.

STRAYER, Joseph Reese, *Les origines médiévales de l'État moderne*, Paris, Klincksieck, 2018.

SUÁREZ FERNÁNDEZ, Luis, *Política internacional de Isabel La Católica : estudio y documentos*, Valladolid, Universidad de Valladolid-Instituto Universitario de Historia Simancas, 1972, vol. V. SUMMERSON, John (Sir), « What is the History of Construction ? », *Construction History*, 1, 1985, p. 1-2.

SUPIOT, Alain, *La gouvernance par les nombres : cours au Collège de France, 2012-2014*, Paris, Fayard, 2015.

TELLIEZ, Romain, *Les institutions de la France médiévale : XIe-XVe siècle*, Paris, Armand Colin, 2016.

TELLIEZ, Romain, *Officiers devant la justice dans le royaume de France au XIVe siècle : « per potentiam officii »*, Paris, H. Champion, 2005.

THEIS, Valérie et ANHEIM, Étienne, « La comptabilité des dépenses de la papauté au XIVe siècle : structure documentaire et usages de l'écrit », *Mélanges de l'École française de Rome*, 118-2, 2006, p. 165-168.

THOMPSON, Edward P., « Time, Work-Discipline, and Industrial Capitalism », *Past & Present*, 38, 1967, p. 56-97.

THUDEROZ, Christian, MANGEMATIN, Vincent et HARRISSON, Denis, *La confiance : approches économiques et sociologiques*, Paris, Morin, 1999.

TODESCHINI, Giacomo, *Au pays des sans-nom : gens de mauvaise vie, personnes suspectes ou ordinaires du Moyen Âge à l'époque moderne*, Lagrasse, Verdier, 2015.

TORRE, Lucas de, « La Academia del Gran Capitán. I Pedro Navarro », *Revista de Archivos, bibliotecas y museos*, XXII, 1910

TORRE Y DEL CERRO, Antonio de la et TORRE, E. A. de la, *Cuentas de Gonzalo de Baeza, tesorero de Isabel la Católica*, Madrid, Consejo Superior de Investigaciones Científicas, Patronato Marcelino Menéndez Pelayo, 1955.

TOUCHELAY, Béatrice, « Éditorial. Les comptables au Moyen Âge », *Comptabilité(S). Revue d'histoire des comptabilités*, 9, 2017, [en ligne].

TRAVAINI, Lucia, « Monnaies, marchands et mathématiques. Les listes des monnaies dans les traités de mathématiques et les traités de marchandise du Moyen Âge italien », *Revue Numismatique*, 6-167, 2011, p. 19-32.

TRAVERSIER, Mélanie, BOUCHERON, Patrick, BRIOIST, Pascal et CARRANGEOT, Delphine, *Le Prince et les Arts : France, Italie, XIVe-XVIIIe siècles*, Neuilly, Atlande, 2010.

TRUTTMANN, Philippe, *La forteresse de Salses*, Paris, Caisse nationale des monuments historiques et des sites, 1980.

UGHETTO, Pascal, « Flexibilité », *Psychologie du travail et des organisations : 110 notions clés*, dir. G. Vallery, M.-É. Bobillier Chaumon, É. Brangier et M. Dubois, Dunod, 2016, p. 206-208.

VAN WERVEKE, Hans, « Monnaie de compte et monnaie réelle », *Revue belge de philologie et d'histoire*, 13-1, 1934, p. 123-152.

VÉRIN, Hélène, *Entrepreneurs, entreprise. Histoire d'une idée*, Paris, Classiques Garnier, 2011.

VÉRIN, Hélène, « "Ingénieur" : L'identité de "l'ingénieur" : quelques repères historiques », *Recherche & Formation*, 29-1, 1998, p. 11-20.

VÉRIN, Hélène, *La gloire des ingénieurs : l'intelligence technique du XVIe au XVIIIe siècle*, Paris, Michel, 1993.

VÉRIN, Hélène, « Le mot : ingénieur », *Culture technique*, 12, 1984, p. 18-27.

VERNA, Catherine, *L'industrie au village : essai de micro-histoire (Arles-sur-Tech, XIVe et XVe siècles)*, Paris, Les Belles Lettres, 2017.

VERNA, Catherine, « Quelles sources pour quelles entreprises du XIIIe au XVe siècle ? », *Dove va la storia economica ? Metodi e prospettive, secc. XIII-XVIII = Where is Economic History Going ? Methods and Prospects from the 13th to the 18th centuries : atti della « Quarantaduesima settimana di studi », 18-22 aprile 2010*, éd. F. Ammannati, Florence, Firenze University Press, 2011, vol. 42, p. 339-371.

VERREYCKEN, Quentin, *Pour nous servir en l'armée : le gouvernement et le pardon des gens de guerre sous Charles le Téméraire, duc de Bourgogne (1467-1477)*, Louvain, Presses Universitaires de Louvain, 2014.

VICTOR, Sandrine, *Les fils de Canaan : l'esclavage au Moyen Âge*, Paris, Vendémiaire, 2019.

VICTOR, Sandrine, « Quantifier, compter, se tromper : le quotidien comptable des fabriques en Catalogne à la fin du Moyen Âge », *Comptabilité(S). Revue d'histoire des comptabilités*, 7, 2015, [en ligne].

VICTOR, Sandrine, « Les formes de salaires sur les chantiers de construction : l'exemple de Gérone au bas Moyen Âge », *Rémunérer le travail au Moyen Âge : pour une histoire sociale du salariat*, dir. P. Beck, Ph. Bernardi et L. Feller, Paris, Picard, 2014, p. 251-264.

VICTOR, Sandrine, « Une comptabilité au service de l'art gothique : les comptes des fabriques des chantiers cathédraux à la fin du Moyen Âge. L'exemple de Gérone aux XIVe et XVe siècle », *La comptabilité publique en Europe (1500-1850)*, dir. A. Dubet et M.-L. Legay, Rennes, Presses Universitaires de Rennes, 2011, p. 19-30.

VICTOR, Sandrine, *La construction et les métiers de la construction à Gérone au XVe-siècle*, Toulouse, CNRS-Université de Toulouse-le Mirail, 2008.

VICTOR, Sandrine, « Choix architecturaux et financements : l'exemple de la cathédrale de Gérone », *Les cités épiscopales du Midi*, dir. P. Nélidoff, Albi, Presses du Centre Universitaire Champollion, 2006, p. 133-140.

VICTOR, Sandrine, *La Girona medieval. Canvis i ruptures (1460-1519)*, Gérone, Ajuntament de Girona, Diputacio de Girona, 2001.

VICTOR, Sandrine et NÈGRE, Valérie (dir.), « Dossier : l'entrepreneur de bâtiment. Nouvelles perspectives (Moyen Âge – XXe siècle) », *Ædificare*, 2019, vol. 1, p. 21-212.

VILAR, Pierre, *Or et monnaie dans l'Histoire*, Paris, Champs Flammarion, 1978.

VROOM, Wim, *Financing Cathedral Building in the Middle Ages : The Generosity of the Faithful*, Amsterdam, Amsterdam University Press, 2010.

WEBER, Max, *Le savant et le politique*, Paris, Plon 10/18, 1995.

WEBER, Max, *Économie et Société*, Paris, Pocket, 2008, vol. 1 et 2.

WYFFELS, Carlos, « De kerfstock in onze gewesten », *Mededelingen van de Koninklijke Academie voor Wetenschappen, Letteren en Schone Kunsten van Belgie. Klasse der Letteren*, 1988, vol. 50/1, p. 19-39.

YARZA LUACES, Joaquín, « Artista-artesano en el gótico catalán, I », *Lambard : Estudis d'art medieval*, 3, 1983, p. 129-169.

ZIMMERMANN, Michel, *Écrire et lire en Catalogne (IXe-XIIe siècle)*, Madrid, Casa de Velázquez, 2003.

ZIMMERMANN, Michel (dir.), *Auctor et auctoritas : invention et conformisme dans l'écriture médiévale. Actes du colloque tenu à l'Université de Versailles-Saint-Quentin-en-Yvelines (14-16 juin 1999)*, Paris, École des Chartes, 2001.

ZUILI, Marc, *Société et économie de l'Espagne au XVIe siècle*, Palaiseau, École polytechnique, 2008.

INDEX DES NOMS DE PERSONNES

INDEX DES THÈMES ET NOTIONS

TABLE DES FIGURES

TABLE DES MATIÈRES

COLLECTION
« BIBLIOTHÈQUE D'HISTOIRE MÉDIÉVALE »

La collection « Bibliothèque d'histoire médiévale » publie les ouvrages de chercheurs, jeunes et moins jeunes, qui allient efficacement problématiques actuelles, érudition traditionnelle renouvelée et qualité d'écriture. Elle entend s'inscrire dans une perspective d'histoire globale, appelant l'interdisciplinarité, pour s'ouvrir à tous les domaines de la connaissance historique, des institutions à la culture matérielle, aux croyances et aux représentations. Croisant érudition rigoureuse et questionnements audacieux, les livres de la collection « Bibliothèque d'histoire médiévale » entendent participer pleinement à l'approfondissement de la connaissance du Moyen Âge.

Retrouvez tous les titres de la collection en scannant ce code QR :

Et pour recevoir nos dernières actualités, abonnez-vous ici :